本书承教育部人文社会科学研究青年基金项目『社会时间分配机制研究：马克思时间理论的法学重述』（批准号：19YJC820016）资助

工时博弈

休息权的实现与限度

黄镇 著

法律出版社
LAW PRESS·CHINA

序

黄镇博士的《工时博弈——休息权的实现与限度》一书，是在他的博士论文基础上加工完成的。坦率地说，书稿所涉及的问题范围已经大大超出当年博士论文选题设计的初衷，即对休息权及其实现机制展开研究。当时，我们已经意识到，对我们这个以勤劳为本的民族来说，随着物质需要的逐渐满足，休息的权利已经成为一个问题了。我们需要从微观层面，结合国家实际情况，分析与思考中国人的休息权是如何实现的。黄镇博士的研究，在广度与深度上，都超出了这个范围，推进了我们对休息权利的深入思考。

他的研究，涉及休息、休息权等基本概念，宪法及有关法律法规对于休息权以及诸如病假、产假、探亲假、节假、劳动时间等各种具体权利的规定，司法审判案件中有关休息权的案例，可以说，比较系统全面地分析了我国现行有关休息权的各种制度及其实现中所面临的法律问题。

更重要的是，在书稿中，他提出了一个问题，休息难，“难”在哪里了？休息权利背后的决定性因素是什么？人们争取自己的休息权利，究竟意味着什么？用他的话说，就是“工时博弈”。在这场有关时间的博弈中，各方在争取什么？他敏锐地观察到，有关时间的博弈，其实是一种生命方式的博弈，即人应该以什么样的方式实现自己的生命。

在《美国工厂》这部影片中，记录了中国企业家曹德旺在美国举办实业与美国本地劳工之间围绕是否成立工会发生的故事；在海外，华人经常因为自己的勤勉而被当地人投诉，如华人商铺在当地的休息时间继续开业；在中国，企业老板、单位领导带头加班，也是一个常态化的普遍现象;第一代的农民工更是以争取更多的加班机会为满足。其实,勤劳,换言之,就是生活不易、不拼不行。而当生活条件改善之后,情况或许就不同了。尽管作为一种文化现象,劳动的强烈意愿与放弃休息机会依然可能会在一个较长的时期内被当作一种美德,但是,美好生活最终一定会体现为人们对自己可支配时间的自主与有效的控制,体现在人们从事自己乐于从事的活动的能力的提高。法律上,对休息权的保护,只是人的这一愿望的体现;其实现程度,取决于基于现实条件的社会博弈。

黄镇博士讨论了一个很好的问题!

葛洪义

2020年2月28日于广州大学城

前　言

我国当下，劳动领域中的工时博弈越发激烈，“996 工作制”盛行、“过劳死”事件频发。人们不禁感叹：时间都去哪儿了？尽管我国《宪法》第四十三条明确规定：“中华人民共和国劳动者有休息的权利。”但现实中工时博弈的结果是劳动者的休息权得不到有效的保障。2017 年 10 月 18 日，习近平总书记在党的十九大报告中指出：新时代我国社会主要矛盾转化为人民日益增长的美好生活需要和不平衡不充分的发展之间的矛盾。而人们日益增长的自由时间需要与社会时间不规范不公平的分配之间的矛盾，正是新时代我国社会主要矛盾的具体表现之一。正因如此，对工时博弈展开系统的研究具有鲜明的时代性与突出的紧迫性。

在劳动法的研究进路中，休息权的实现往往被理解为“劳动者利益的实现”。然而根据对马克思时间理论的分析，我们发现：休息权制度化的初衷并非仅仅在于保护劳动者的自由时间利益，更在于平衡劳资双方在工时分配问题上产生的利益冲突，即工时博弈。由此出发，休息权研究应当超越“单一保护模式”，进入“多元博弈模式”。

因此，本书将以马克思时间理论为理论基础，以当前我国社会工时博弈的主要矛盾为现实面向，构建新时代中国特色马克思主义休息权理论。

本书的研究主要分为三个部分：

首先是理论篇。运用法律的经济分析方法（economic analysis of law）探析休息权制度产生的经济基础；从辩证的角度，考察工时博弈关系中的内在矛盾，厘清休息权概念的内涵与外延；基于休息权所调整的社会关系，勾勒出休息权实现的博弈机制。

其次是实证篇。运用文本分析方法对我国现行法律体系展开研究，揭示工时博弈领域存在的规范竞争现象；运用案例分析、统计分析等方法对相关生效司法判决文书展开实证研究，描绘工时博弈真实的交锋情况，归纳出工时博弈的主要争点；根据规范与案例分析的结论，推演出工时博弈的三种模式。

最后是应用篇。以前述理论与实证分析为基础，提出工时立法应当遵循的原则建议；以产假制度为例，运用工时博弈与休息权相关理论剖析该制度目前存在的主要矛盾，提出以家庭生育假作为产假制度改革的参考路径。

本书的主要结论包括：

第一，休息权研究的元问题是社会时间的规范分配问题，人们日益增长的自由时间需要与社会时间不规范不公平分配之间的冲突，是导致当前我国工时博弈关系失衡的主要原因。

第二，休息权制度化的初衷并非仅仅在于保护劳动者的自由时间利益，更在于平衡劳资双方在时间分配问题上产生的利益冲突。因此，休息权的实现不仅是指劳动者利益的实现，更是指劳资双方通过规范的方式对工作时间做出合理有效的分配。

第三，工时博弈的基本矛盾是作为经济基础的工作时间分配关系与作为上层建筑的休息权之间的矛盾，因此，当工时分配关系发生变化时，休息权立法也应当及时做出回应。

目　录

实 证 篇

应 用 篇

图表索引

绪　论

第一节　话题的起源

一、背景

2015 年 4 月，中共中央、国务院印发了《关于构建和谐劳动关系的意见》（以下简称《意见》），《意见》指出“劳动关系是否和谐，事关广大职工和企业的切身利益，事关经济发展与社会和谐”，“我国正处于经济社会转型时期，劳动关系的主体及其利益诉求越来越多元化，劳动关系矛盾已进入凸显期和多发期”。《意见》明确提出，要“切实保障职工休息休假的权利。完善并落实国家关于职工工作时间、全国年节及纪念日假期、带薪年休假等规定，规范企业实行特殊工时制度的审批管理，督促企业依法安排职工休息休假”。

工时问题逐渐成为公众关注和讨论的热点。一方面，随着物质生活条件的提升，人们逐渐认识到除了工作外还应当有适当的休闲与娱乐活动；另一方面，工作压力大、熬夜加班使人们身心疲惫，甚至频发“过劳死”，人们也逐渐认识到过度加班对身心造成的危害。根据 2015 年 3 月 9 日中央电视台财经频道发布的《CCTV 中国经济生活大调查 2014—2015》数据显示，中国人每天的休闲时间平均是 2.55小时，相比较 3 年前的 2.16 小时有所增加，但仍只有发达经济体的一半；每天休闲时间不足 1 小时的国民占据了调查总人数的

25%；1小时至2小时的超过20%；还有10%的人一点休闲时间都没有。[1] 北京师范大学劳动力市场研究中心发布的《2014中国劳动力市场发展报告——迈向高收入国家进程中的工作时间》指出，"工作时间长是大部分国家在经济快速发展过程中的特征之一，几乎每个国家在从贫穷到富有的发展史中都出现过劳动者工作时间过长、挤占闲暇活动的现象"。[2] 而当前我国劳动者工作时间也呈现八大特征："虽然工时制度逐步与世界接轨，但加班现象仍然严重；'长工时低收入'与'短工时高收入'并存；过度劳动伴随工时闲置；男性'长工时'与女性'第二轮班'并存；城乡劳动者工作时间差异大；特大城市劳动者上下班时间长；雇主比雇员工作时间长；国人假期时间远少于世界平均水平。"[3]

二、问题

工作时间与自由时间的分配问题受社会、经济、文化、政治、法律等多重因素的影响，本书将从规范层面对工时博弈现象展开研究。

在规范层面，我国法律法规对休息权做了较为全面的规定。现行法律体系中有标准工时、特殊工时、法定节假、带薪年休假、产假、婚假、病假、工伤假、探亲假等多种制度来保障人们获得必要的自由时间。然而在现实生活中，人们实际能够享受的自由时间，却往往受到各种限制。对此，以往针对休息权的研究提供了大致四种解释进路：(1)休息权相关法律制度不健全；(2)劳动执法部门执法不严；(3)用人单位法律意识与社会责任感缺失；(4)权利人休息权意识薄弱。与此相对应的解决方案通常是：完善立法、严格执法、大力普法。

---

[1] 中央电视台：《CCTV中国经济生活大调查2014—2015》，载央视网经济频道：http://jingji.cntv.cn/special/jjshddc2015/index.shtml，2020年2月21日最后访问。

[2] 赖德胜、孟大虎、李长安、王琦等：《2014中国劳动力市场发展报告——迈向高收入国家进程中的工作时间》，北京师范大学出版社2014年版，第1页。

[3] 赖德胜、孟大虎、李长安、王琦等：《2014中国劳动力市场发展报告——迈向高收入国家进程中的工作时间》，北京师范大学出版社2014年版，第3~6页。

然而,此类大而化之的解释并未触及问题的根本,此类解释进路与其说是对休息权实现困境的解释,不如说是对困境的客观描述(甚至不一定是客观的)。换言之,休息权实现的困境表现在以上四个方面,即病征。而造成这些困境的原因才是症结。

因此,从法学的角度出发,工时博弈问题最终指向的是作为法律权利的休息权如何真实反映劳资双方的博弈关系,并做出合理有效的调整。

三、前景

基于对工时博弈问题内涵的重新理解,与休息权相关的理论与现实也将呈现不同以往的景象。

首先,以平衡原则指导权利保护。传统研究进路将休息权的实现理解为"劳动者的利益的实现",这便将研究的格局限制在了劳动者的个人利益之上。尽管有一种解释认为,这样做体现了法律对劳动者的特殊保护,但实际上,如果仅仅强调对劳动者利益的保护而忽略了社会整体的利益平衡,就有可能导致对劳动者的保护止于法律宣誓,而无法真正地推行下去。更严重的是,这将有损于法律的权威。因此,工时博弈框架下的休息权研究将以平衡各方利益作为研究的整体格局。休息权实现困境中的诸多障碍便可以理解为不同主体之间的利益博弈过程,而如何促成利益分配平衡就是解决休息权实现困境的突破口。

其次,还原工时博弈的多元格局。工时立法的初衷并非仅仅在于保护劳动者的自由时间利益,更在于平衡劳资双方在工作时间分配问题上产生的利益冲突。从休息权的角度来看,参与主体应当包含劳动者、用人单位,以及作为规则制定者的公权力机关,此三方主体均有自己特定的利益需求。当传统研究进路将问题归结为"劳动执法部门执法不严;用人单位法律意识与社会责任感缺失;权利人休息权意识薄弱"的时候,事实上只看到了工时立法对劳动者自由时间利益的保护,而忽视了用人单位的合理利益需求,也忽视了行政机关可能存在对自身利益的考量。

最后,工时立法应当反映真实的社会关系。工时博弈并未随着立法活动的结束而终止,而是随着法律的制定与实施不断的制度化与再制度化的动态过程。这意味着完美休息权立法在理论上说是一项无止境的工作。因此,工时立法应当以真实的社会关系变化为依据,揭示工时博弈的普遍规律,可以为工时立法提供理论参考。

第二节 国内外研究述评

一、休息权研究的酝酿期

休息权研究是从法学的视角对社会中人的工作时间与自由时间如何分配所做的一项专门研究,它的目的是通过规范的方式调整社会分工中人的时间分配关系,在工作时间与自由时间之间形成合理的分配规范,从而平衡劳动者、用人单位、国家等多方主体利益,促进社会的公平正义与可持续发展。在休息权形成系统的研究之前,经历了一个漫长的酝酿期。

休息权研究的酝酿期,最早可以追溯至哲学家对时间与人的全面发展关系的思考。在古希腊,哲学家们按照人的活动状态,将时间大致分为“劳”和“闲”,由此形成了两种对立的观点。一种观点认为:劳动是人幸福的源泉。古希腊诗人赫西俄德(Hesiod,公元前8~前7世纪)认为:“活着无所事事的人,神和人都会痛之恨之,因为其禀性有如无刺的雄蜂,只吃不做,白白浪费工蜂的劳动……人类只有通过劳动才能增加羊群和财富,而且也只有从事劳动才能倍受永生神灵的眷爱。劳动不是耻辱,耻辱是懒惰。”[4]另一种观点则认为:

〔4〕[古希腊]赫西俄德:《工作与时日神谱》,蒋平等译,商务印书馆1991年版,第10页。

休闲才是人的目的。古希腊哲学家亚里士多德(Aristotle,公元前384～前322)说:"闲暇自有其内在的愉悦与快乐和人生的幸福境界;这些内在的快乐只有闲暇的人才能体会;如果一生勤劳,他就永远不能领会这样的快乐。"[5]"人类天赋具有求取勤劳服务同时又愿获得安闲的优良本性;这里我们当再一次重复确认我们全部生活的目的应该是操持闲暇。勤劳和闲暇的确都是必需的;但这也是确实的,闲暇比勤劳更为高尚,而人生所以不惜繁忙,其目的正是在获致闲暇。"[6]"唯有安闲的快乐[出于自得,不靠外求]才是完全没有痛苦的快乐。"[7]

与此相关的哲学思想一直延续至今。然而,将人的自由时间作为学术研究的对象予以考察,进而形成一门系统的学科,则始于20世纪休闲学研究的出现。美国社会学家托斯丹·凡勃伦(Thorstein Bunde Veblen)1899年出版了经济学著作《有闲阶级论》(The Theory of The Leisure Class),从制度经济学的角度将有闲阶级视为现代生活中的一个经济因素,并对其社会地位和价值做了考察。尽管这项研究的目的是借助对有闲阶级的分析来构建作者的制度经济学体系,但它却首次用社会科学的分析方法将休闲(leisure)推进了学术视野。此后,不断有学者对休闲问题进行专门的研究。这些研究除了有来自经济学领域以外,还有来自宗教领域的,如德国宗教思想家约瑟夫·皮珀(Josef Pieper)所著《闲暇:文化的基础》以及《节庆、休闲与文化》等;有来自人类学的,如维克多·特纳(Victor Witter Turner)从时间角度提出人类社会基本关系由等级性的结构关系与反结构性的共睦关系连续构成,并以此为基础阐释了工作与休闲的关系;等等。在国际期刊文献中,已有《休闲研究期刊》(Journal of Leisure Research)、《休闲研究》(Leisure Studies)、《休闲科学》(Leisure Sci-

---

[5] [古希腊]亚里士多德:《政治学》,吴寿彭译,商务印书馆1965年版,第410页。

[6] [古希腊]亚里士多德:《政治学》,吴寿彭译,商务印书馆1965年版,第410页。

[7] [古希腊]亚里士多德:《政治学》,吴寿彭译,商务印书馆1965年版,第410页。

ence）等多个国际休闲学英文核心期刊。

在我国学术界，休息权相关研究可以追溯至20世纪八九十年代，一批学者对休闲、闲暇、自由时间等问题展开了较大范围的讨论。讨论主要集中于以下几个领域：

首先，是自由时间（或称闲暇时间）的基本理论，包括它的内涵与外延、作用与价值等，主要文献包括《论闲暇时间的价值及有关社会问题》（夏邦新，社会科学战线，1981）、《闲暇不闲》（金哲、陈燮君，社会，1985）、《科学利用闲暇时间是社会文明进步的标志》（郜峰，探索与争鸣，1986）、《闲暇时间刍议》（陆立德、郑本法，学术界，1987）、《谈闲暇道德》（伊德，道德与文明，1988）、《闲暇时间与人的全面发展》（李迎生，社会学研究，1991）、《论闲暇时间及其价值》（王云川，社会科学研究，1995）、《科技进步、闲暇时间与人的全面发展》（李芹，山东大学学报哲学社会科学版，1996）、《休闲问题的理论初探》（马惠娣，清华大学学报哲学社会科学版，2001）、《闲暇时间与"以人为本"的科学发展观》（马惠娣，自然辩证法研究，2004）、《关于"闲暇"与"休闲"两个概念的对话录》（于光远、马惠娣，自然辩证法研究，2006）等。具有代表性的学者是于光远、陈鲁直等，于光远认为"'闲'是同'社会生产力'这个大字眼密切相关的事物……'闲'是生产力发展的根本目的之一。"[8] 陈鲁直的著作《民闲论》系统地整理了马克思关于"劳"与"闲"关系的论述，阐述了马克思在《共产党宣言》中提出的"每个人的自由发展是一切人自由发展的条件"。

其次，是自由时间的社会实证研究，主要文献包括《苏刊谈城市青少年闲暇时间的利用》（毛华田，国外社会科学，1982）、《当代中国青年职工的闲暇生活》（刘崇顺，社会学研究，1986）、《生活方式变迁初探》（时运生，社会学研究，1986）、《乡镇企业职工用时结构的变化》（柳志明，社会学研究，1986）、《苏联工人时间安排的过去和未来》（V. D. 帕特鲁舍夫、曾达明，国际社会科学杂志，1987）、《我国现

[8] 陈鲁直：《民闲论》，中国经济出版社2005年版，第1～2页。于光远作序一。

阶段闲暇文化发展的特点和趋势》(张平宇,探索,1993)等。

再次,是自由时间的经济学研究,也称休闲经济研究。主要文献包括《略论休闲经济》(王宁,中山大学学报哲学社会科学版,2000)、《休闲与休闲经济》(邓志阳,南方经济,2001)、《生态休闲与休闲经济》(包庆德、叶立国,自然辩证法研究,2003)、《国外休闲经济研究的历史与进展》(郭鲁芳,经济学家,2004)、《TOPSIS - AHP 模型的休闲经济效能评价》(熊俊华,求索,2009)、《基于因子分析的休闲经济竞争力的综合评价》(彭维湘、李悦,统计与决策,2013)等。具有代表性的著作是《走向人文关怀的休闲经济》(马惠娣,中国经济出版社,2004),通过大量的文献与数据系统论述了休闲经济、休闲产业、休闲消费的本质问题。

最后,只有为数不多的学者从权利义务的角度来关注休闲问题,如《从权利义务角度谈休闲问题》(王健,自然辩证法研究,2009)、《休闲权利论》(张斌,东北师范大学博士学位论文,2011)、《休闲问题的法学镜像》(黄镇,中国休闲研究,2014)等。

二、休息权研究的形成期

经过酝酿期之后,休息权研究的社会基础与知识储备已经逐步具备,系统的休息权研究便逐渐形成。

严格来说,休息权的研究与休闲学当属同源,它们皆是对人的时间问题的研究。有所不同的是,两者在研究目的和研究手段上存在学科差异。在休闲学的研究中,自由时间也可称为闲暇。它指“非劳动时间”,是人们在履行社会职责及各种生活时间支出后,由个人自由支配的时间,它是一种以时间形态存在的社会资源。[9] 因为“休闲哲学是以人的休闲状态和生命态度为对象,是对人‘成为人’的过

[9] 参见于光远、马惠娣:《于光远马惠娣十年对话——关于休闲学研究的基本问题》,重庆大学出版社2008年版,第135~148页。

程的一种观照与探索。"[10]所以休闲学对自由时间的关注集中在人对自由时间的使用上，即人如何利用自由时间去实现自己的全面发展。而法学是一门规范学科，它对自由时间的关注，是从规范的角度探寻自由时间作为人的一项权利如何在相应的社会关系中得到合理、公正的分配。然而，这种区别并非从一开始就存在。

几乎所有的休闲学研究在大体上都将时间按照人的生理、心理状态分为劳动时间（或工作时间）与自由时间（或闲暇时间），这种划分是基于独立的人的劳动，因此劳动与休息都是对于同一个主体而言的。然而，马克思却认为伴随私有制而产生的异化劳动，使劳动者丧失了主体地位。异化劳动是其用来表述资本主义雇佣劳动的概念，他认为劳动作为自由自觉的活动是人的类本质，但在私有制条件下却发生了异化，劳动不仅对人的发展具有积极的推动作用，同时也产生了消极的阻碍作用。提出异化劳动的概念，旨在揭示资本主义社会的自我异化，论证在共产主义条件下异化的克服，由此引申出资本主义制度必然灭亡和共产主义必然胜利的结论。[11] 然而在随后的社会发展中，资本主义制度依靠凯恩斯主义、福利国家制度、技术进步等手段对自身结构进行了不断的调整。以至于"资本主义的发展已经改变了这两大阶级（无产阶级和资产阶级）的结构和功能，使他们不再成为历史变革的动因。维持和改善现制度这个凌驾于一切之上的利益，在当代社会最发达的地区把先前的敌手联合起来了。"[12]于是，不同阶级都在为了同一个目标而活动，即资本增值。在这个背景下，人的时间从"劳动时间与自由时间"的对立，发展成为了"异化劳动时间与自由时间"的对立。换言之，"劳动与休息"关系中的主体同一性裂变为"异化劳动与休息"关系中异化劳动的占有者

---

〔10〕　于光远、马惠娣：《于光远马惠娣十年对话——关于休闲学研究的基本问题》，重庆大学出版社 2008 年版，第 41 页。

〔11〕　金炳华主编：《马克思主义哲学大辞典》，上海辞书出版社 2003 年版，第 301 页。

〔12〕　[美]赫伯特·马尔库塞：《单向度的人》，刘继译，上海译文出版社 2008 年版，第 4 页。

（雇主）与异化劳动的付出者（雇员）之间的矛盾对立。休闲学关注的自由时间是以独立的人作为基本单位，而休息权关注的自由时间则是以雇佣关系中的对立双方作为基本单位。

因此，正是“异化劳动”的出现将休息权从休闲中分化了出来。这一分化使休息权研究具备了法学研究的相应特质：它研究在一定社会关系（雇佣关系，或称劳动关系）中人们的自由时间（利益）如何通过规范的方式（法律法规）得到合理、公正的分配。它将雇主占有的异化劳动时间与劳动者享有的自由时间转化为相应的权利义务关系，使之成为法律调整的对象。

由此可见，作为法律权利的休息权的产生是基于社会分工与私有制经济的发展，那么对休息权进行系统的研究则应当追溯至政治经济学对劳工问题的研究。如果仅仅以劳动法作为研究休息权的起点，则忽略了劳动法产生的社会历史根源，这将不利于我们认识休息权的本质。

三、休息权基本理论研究

随着19世纪工人运动的开展，休息权研究从休闲学研究中逐渐分化，法学界便开始对休息权展开讨论。休息权的基本理论主要包括休息权的意义与价值、休息权的概念、休息权的主体、休息权的客体等内容。

在我国，以休息权为主题的研究目前有期刊论文90多篇，其中有代表性的包括《休息何以成为权利——劳动者休息权的属性与价值探析》（蓝寿荣，法学评论，2014）、《论劳动者的休息权及其法律保障》（杨福忠，中国劳动关系学院学报，2012）、《休息权初探》（程思良，云梦学刊，2007）等。另有博士学位论文1篇，即《休息权及其法律保障机制研究》（金哲，吉林大学博士学位论文，2010）。硕士学位论文16篇，包括《论休息权》（杨曼丽，武汉大学硕士学位论文，2005）、《论我国公民休息权的法律保障机制》（王东岳，华中师范大学硕士学位论文，2009）等。

对于休息权的意义与价值。学者们的研究大多借鉴了哲学、休闲学的研究成果,并形成了较为一致的看法。其中有代表性的是蓝寿荣对休息权的属性与价值的探析,他认为休息权的价值主要体现在四个方面,即"通过确保自由时间来体现自由价值;通过倾斜性保护体现社会公平;通过平衡社会利益调整劳资关系体现人的尊严;通过国家积极的行为来体现法治秩序"[13]。

对于休息权的概念。胡锦光、韩大元认为:"休息权是指劳动者在行使劳动权的过程中,有保护身体健康,提高劳动效率,根据国家法律和制度的有关规定而享有的休息和休假的权利。"[14] 黎建飞认为:"休息权是指劳动者在劳动中经过一定的体力和脑力消耗以后,依法享有的获得恢复体力、脑力以及用于娱乐和自己支配的必要时间的权利。"[15] 金哲认为:"休息权是指劳动者根据法律规定或合同约定所享有的,获得休息和休养的权利。"[16] 现有的休息权概念大都在描述休息权的外在表现,通过描述外在表现的方式对事物做出的定义,往往会随着描述者的角度、立场、知识背景等而存在较大的差异,难免陷入"盲人摸象"的窘境。因此,对休息权概念所下的定义,不仅要符合它的外在表现,更要抓住它的内在矛盾。

对于休息权的主体。学者们从不同的角度出发,对休息权的主体做了不同层面的划分。例如,蓝寿荣从道德权利的角度出发,认为休息权的主体应当是每一个人。[17] 金哲从劳动法的角度出发,认为

---

〔13〕 蓝寿荣:《休息何以成为权利——劳动者休息权的属性与价值探析》,载《法学评论》2014 年第 4 期。

〔14〕 胡锦光、韩大元:《当代人权保障制度》,中国政法大学出版社 1993 年版,第 59 页。

〔15〕 黎建飞:《劳动法的理论与实践》,中国人民公安大学出版社 2004 年版,第 256 页。

〔16〕 金哲:《休息权及其法律保障机制研究》,吉林大学 2010 年博士学位论文,第 8 页。

〔17〕 蓝寿荣:《休息何以成为权利——劳动者休息权的属性与价值探析》,载《法学评论》2014 年第 4 期。

休息权的主体应当是劳动法层面的劳动者。[18] 郭曰君则认为应当采取复合模式:“休息权的权利主体的规定(应当,笔者注)采取‘公民＋劳动者＋儿童’的复合模式。”[19] 而笔者认为,作为道德权利的休息权是一项人格权,它与健康权、生命权一样平等地属于每一个自然人;作为法律权利的休息权则应当有所区分,在广义的劳动关系中的休息权是基于劳动者与用人单位之间特定的身份关系,此时的休息权不再是人格权,而是身份权,因此这项权利的主体是广义的劳动关系中的劳动者;儿童、军人等特殊群体也是因具备了特定的身份才享有儿童节、八一建军节等特殊的节假日,因此他们也同样具备法律层面的休息权。

对于休息权的客体。现有的大部分研究未对休息权的客体进行过专门的讨论,只有部分劳动法学者依据劳动法律法规的规定认为,休息权的客体是指用人单位有义务不阻碍劳动者正常的休息与休假(不作为),以及及时支付劳动者因加班而产生的加班工资(作为)。通常认为,权利的客体包括物、行为以及与人身相关的其他精神财富,随着知识产权的产生,智力成果也成为权利的客体。因此,随着休息权的产生,与自由时间相关的利益也成为权利的客体。笔者认为,与自由时间相关的利益在具体案件中表现为权利人自由支配个人时间的行为不受来自义务人的妨碍(行为:强制加班),以及因妨碍而产生的经济补偿利益(物:加班工资)。

四、休息权案例实证研究

休息权的案例实证研究根据方法的不同可以分为个案研究与案例统计研究。

---

〔18〕 金哲:《休息权及其法律保障机制研究》,吉林大学 2010 年博士学位论文,第 8 页。

〔19〕 郭曰君:《休息权的权利主体新论》,载《广州大学学报》(社会科学版)2014 年第 3 期。

个案研究通常,是指针对某个特定案件,研究者搜集该案的相关资料,还原案件发生的过程,分析案件涉及的法律问题,得出结论说明该案发生的原因以及如何解决纠纷或者如何避免纠纷发生。这类分析一般针对较为热点的事件,且案例具有一定的普遍性,如《劳动者休息权法律保障制度研究——基于"过劳死"的案例分析》(郭大平,西南财经大学硕士学位论文,2010)。

案例统计研究通常是指针对某类特定案件,研究者通过统计设计、统计调查、统计整理、统计分析等过程对该类案件进行的定性与定量综合分析。案例统计研究侧重的是数据性、目的性与时效性。这方面的研究主要有:《劳动者休息权法律保障问题研究——以杭嘉甬地区为视角的分析》(陈丹、陆敏,浙江万里学院学报,2014)、《山东省五莲县中学教师休息权调查研究》(孔艺璇,湖北广播电视大学学报,2014)、《关注劳动者休息权——关于我国法定节假日制度的调研报告》(班董琨,中国工人,2013)、《关于中小学生休息权现状的调查报告》(刘昕,兰州大学硕士学位论文,2010)、《珠三角地区农民工休息权保障问题研究》(严沛坚,南方论刊,2008)等。此类方法由于涉及采样方法、个案定性分析、数据库定量分析等多个研究环节,因此结果的有效性会受到多种因素的制约。同时,学者们通常依照不同的主体(如珠三角的农民工、某地的中小学生、某个中学的教师等)来进行采样,因此,彼此之间缺乏可比较性。尽管如此,在研究目的确定的情况下,针对特定主体的统计研究仍有重要的意义,它能客观地反映该主体休息权实现的现状,并为更普遍的休息权统计研究提供参考。

五、我国休息权研究反思

在我国学术界,对休息权的关注大致算来已经有30多年。在此期间,学者们对休息权的基础理论与实践活动都做了大量的研究工作,并且取得了丰硕的研究成果。同时,学者们在休息权对人以及社会的作用、价值、意义等问题上基本达成了一致意见。但在休息权研究的起源、休息权基本理论、休息权的研究方法以及休息权如何实现等问题上却仍存在诸多值得反思之处。

（一）关于休息权研究起源的反思

休息权研究的起源决定了后续研究的视野与格局。目前，我国法学界主要是劳动法学者在关注休息权问题。因此，在休息权研究的起源问题上，通常被认为是源自劳动法学。从技术上来说，这种观点并没有错，因为作为法律权利的休息权依赖劳动法的明确规定，同时对休息权的研究在法律实证主义的视域里几乎就是对劳动法的研究。然而，这种说法也存在一定的片面之处，它以法律文本作为研究源头实际上截断了休息权研究的历史脉络，不利于我们完整地把握这项研究。笔者认为，休息权的相关研究，最早起源于哲学家对人的时间与人的全面发展的思考，这些思考经过社会科学的系统化研究，最终形成了以个人的“劳动与休闲”关系为主要学术方向的休闲学。当马克思提出“异化劳动”概念后个人的“劳动与休闲”关系被划分为私人领域的“劳动与休闲”关系，以及雇佣关系（或称广义的劳动关系）中的“异化劳动与休息”关系，前者仍属休闲学研究的范畴，而后者则逐渐分化为法学研究的范畴。所以，休息权研究的起源应当来自休闲学与劳动法学，它是两个学科的交叉领域。因此，休息权的研究应当汲取两个学科的学术资源，而不应仅仅关注劳动法。这是造成休息权概念、属性、主体、客体等问题模糊不清的主要原因之一。

（二）关于休息权基础理论研究的反思

休息权的基础理论是整个休息权研究的基石，它包括休息权的概念、属性、主体、客体等方面。然而在我国目前的休息权研究中，对休息权基本理论的研究受法律实证主义影响较深。因此，《宪法》《劳动法》《劳动合同法》等实在法往往就成为休息权基础理论的来源。然而，客观地说，这些法律中涉及休息权的法律条文在概念、逻辑、形式等方面都或多或少存在值得商榷之处。因此，并不能当然地作为学理分析的基础。例如，休息权的主体在《宪法》与《劳动法》中都是“劳动者”，然而宪法层面的劳动者与劳动法层面的劳动者却存在较大的差别，[20]这无形中增加了休息权主体的辨识难度。在这种情况下，以《宪法》或者《劳动法》中的表述来给休息权下定义，充其量只能说是“《宪法》中的休息权概念”或“《劳动法》中的休息权概念”，而不能将其视为普遍的休息权的概念。同时，以休息权的法条来定义休息权概念，不免有循环论证的嫌疑。因此，不能当然地将法律条文作为休息权基础理论的概念来源，而应当从学理上对休息权的概念、属性、主体和客体等问题进行更深入的挖掘，从而更准确地把握休息权研究的根基。

（三）关于休息权研究方法的反思

休息权研究的方法并没有统一的范式，它可以是规范的研究，也可以是经验的研究。然而，无论何种研究方法都应当在论证逻辑上保证自身的完整性。在理论研究中，当我们试图论证休息权的合法律性时，论证休息权的合道德性虽可起到辅助论证的作用，但合法律性并不能从合道德性中直接推导出来，此时在论证逻辑上就产生了断裂，这样的研究便不能很有说服力地证明我们想要证明的论题。在实证研究中，当我们论证公务员是否享有法定休息权时，如果我们只是引用《劳动法》《公务员法》《职工带薪年休假条例》等法律法规，而不去分析规范文本之间的逻辑关系，我们就很难发现，原来公务员的带薪年休假权利是一项缺乏可诉性的权利，即不完整的法律权利。所以，在涉及规范文本的实证研究中，不能忽视对文本自身逻辑完整性的考察。休息权研究的方法必须保证自身的逻辑完整性，即前提预设应当合理、论证方式应当符合论题要求，同时论据也应当围绕论题展开。

---

〔20〕　参见王德志：《论我国宪法劳动权的理论建构》，载《中国法学》2014 年第 3 期。或参见李海明：《论劳动法上的劳动者》，载《清华法学》2011 年第 2 期。

（四）关于休息权实现问题的反思

研究休息权的实现，首先要明确讨论的问题域（或称研究的格局）。在不同的问题域中，无论是研究方法还是研究结果都可能会呈现截然不同的样态。有学者认为权利的实现和维护是一个实证命题："权利理论可以是实证的，也可以是规范的，至今为止，大多数是规范分析。这里从经济角度去分析权利问题，主要是一种实证研究，力图解释人们有能力去实行的权利，不考虑人们应拥有何种权利这一规范问题。"〔21〕"在关于权利的绝大多数著作中，主要是论述人们应拥有的权利。我们将从实证的角度来讨论权利问题，即讨论人们实际上真正拥有的权利。"〔22〕然而应该注意的是，一个命题的问题域取决于研究想要达到的目标以及研究拟采取的方法。所以，用经济分析的方法去研究休息权的实现，并将问题域限定在实证领域内是可行的。但是以此认为"权利的实证理论应该作为任何规范分析的基础"〔23〕，甚至认为"规范的权利结构，除非与实证意义上的权利相一致，否则就只能作为安慰，让一些人激动，并没有实用意义。因为用一种不可能有而希望存在的东西作为人类的目标，注定是要失败的。"〔24〕似乎已经预设了经济分析方法的合理性与结果的正当性，而将规范的法教义学研究方法摒弃于"科学"之外，并认为它仅仅是一种"安慰"。这一点，笔者持谨慎的怀疑态度。在笔者看来，休息权的实现并不仅是指休息权所指向的利益的实现，将休息权的实现理解为利益的实现，这便将研究的格局限制在了部分人（劳动者）的利益上。休息权的实现应当以平衡各方利益作为研究的整体格局。在此

---

〔21〕　陈舜：《权利及其维护——一种交易成本的观点》，中国政法大学出版社 1999 年版，第 41 页。

〔22〕　陈舜：《权利及其维护——一种交易成本的观点》，中国政法大学出版社 1999 年版，第 6 页。

〔23〕　陈舜：《权利及其维护——一种交易成本的观点》，中国政法大学出版社 1999 年版，第 60 页。

〔24〕　陈舜：《权利及其维护——一种交易成本的观点》，中国政法大学出版社 1999 年版，第 42 页。

格局下，休息权实现困境中的症结就可以理解为不同主体之间的利益博弈失衡，而如何促成利益分配平衡就成了解决休息权实现困境的重要切入点。

综上所述，第一，当前我国社会“时间荒”现象严重，工时立法再次引起学界重视。近年来新经济的发展，使灵活用工快速扩张，形式不断变化（王全兴，2019），时间分配失衡有加剧趋势。多项实证研究也表明我国居民工作时间与自由时间存在分配失衡现象（赖德胜等，2014；宋瑞等，2018）。尤其是“996 工作制”“过劳死”（森冈孝二，2005）等现象的出现，使人们越发意识到时间分配问题的重要性。社会学者将这种现象总结为“时间荒”（王宁，2013）。1995 年《劳动法》实施前后工作时间相关研究掀起一波高潮，而近十年来与工作时间相关的研究再次呈现强劲的增长态势（知网指数，2020）。

第二，由于劳动法的理论进路不同，工时立法的目的也存在不同解释。工作时间制度是劳动立法中的重要内容，其中涉及劳动基准、工作时间认定、加班补偿等多个方面（王天玉，2016）。然而，在不同的劳动法理论视野下，工时立法的目的也存在保护说与平衡说两种不同解释。持保护说的学者认为劳动法虽然会在一定程度上影响经济制度，但立法一经产生，它的首要目标就是保护劳动关系中的劳动者（郑尚元、郑晓珊，2015）；更有学者从历史的角度分析了雇佣契约到劳动契约变迁过程，提出劳动立法的目的“必须单方面保护劳动者”（黎建飞，2012）。持平衡说的学者认为，劳动立法应当平衡好与劳动力市场灵活性和安全性的关系，既对劳动者实行倾斜保护，也要兼顾企业合理诉求（谢增毅，2017）；劳动立法是“管制与自治相结合产生出社会发展独特的调整机制，这种机制以具体、渐进的方式存在。过分强调抽象平等或抽象不平等皆不恰当”（董保华，2016）。

第三，工时立法的合理性标准存在多种竞争性解释。现各国法制均对时间划分采取工作时间与休息时间的二分法（孙国平，2012），然而二者划分的合理性标准却尚无定论，有学者认为工时纠纷井喷正是标准缺失的后果（沈同仙，2011）。学者们从理论和现实两个方面对此展开了论述。从理论出发，有学者认为应当以比例原则中的必要性原则为标准，即是否以对用人自主权限制最小的方式来实现保障劳动权的政策目标（阎天，2017）；更有学者从文义解释的角度做了更为细致的区分，即劳动立法中的四种合理标准包括：形式合理、实质合理、习惯合理、权衡合理（冯彦君，2018）。从现实出发，有学者梳理了现有工时制度的内在矛盾，并提出工时基准法制的立法完善应沿袭现有的标准工时规定，细化特殊工时的适用范围并强化保障手段，实现工作时间调整的法治化（王天玉，2016）；最新的实证研究则是从资本与法律博弈的角度分析认为我国工时立法，并提出应当提高加班时限、降低加班费率（钱叶芳，2019）。

第四，工时立法与劳动力市场之间存在多维博弈机制。我国当前劳动立法仍存在计划经济的思维，政府干预过多、劳资自治不足（刘诚，2014）。尤其是《劳动合同法》的出台，学界一直存在企业用工成本被推高的质疑（张五常，2009）。然而实证研究表明，《劳动合同法》促进了中国“内部劳动力市场”的发展，使员工与企业的关系从短期“零和博弈”行为，变成长期的“合作博弈”，从而促进劳资双方的和谐共生（孙中伟，2018）。可见，工时立法与劳动力市场之间也并非简单的线性关系，而是存在多维的博弈机制。

工时立法的目的无论是保护说还是平衡说，都有其特定的合理性基础。然而，课题组通过预研究却发现，我国当前工时领域面临的主要问题已不再是“是否需要缩短工时”，而是“如何有效缩短工时”（黄镇，2018）。因此，应当围绕“有效性”重新审视当前我国工时立法的合理性基础，而工时立法与劳动力市场之间的博弈机制正是立法有效性的晴雨表。

第三节　分析思路与方法

一、分析思路

自19世纪工人运动以来,休息权逐渐由道德权利发展成为法律权利。在我国,休息权的效力可以追溯至《宪法》的明文规定。然而,宪法法律的规定并不能完全保证每个人都能平等享有足够的自由时间,现实生活中人们主张自由时间面临重重障碍,休息权无法保障的情况屡见不鲜。我们认为造成这种现象的原因有很多,突出体现在人们对休息权观念的认识上。对于休息权的一些基本问题,我们身边存在流行但却未经严格论证的观点,例如:休息权的主体是劳动者;休息是为了体力脑力的恢复;休息与劳动是一对矛盾;等等。以上观点在一定的语境中是成立的,然而在法律权利语境中它们却未必当然成立。对这些基本问题的判断直接影响了人对休息权的认识,继而产生了两种不同的休息权观:一种是传统的"自然规律的休息权观";另一种我们称之为"自由意志的休息权观"。

休息权对人类及社会的发展来说具有重要的意义,这种意义不仅体现在它能帮助人们恢复体力脑力,更重要的是休息权作为人的自由意志的体现,它为人自身与社会的发展提供了自由时间上的保障。休息权对人类来说不单单是一种自然规律,人类通过法律来保障自己休息的权利,实际上反映的是人类对自身本质的保护,体现的是人类对自由的向往与追求。所以概括地说,"自然规律的休息权观"将人预设为达到某种目的的手段,可能导致人的主体地位的丧失;"自由意志的休息权观"不仅承认休息是人所必须遵循的一种自然规律,更重要的是它将人视为自身行为的目的,是人的主体地位的回归。

受不同观念的影响,休息权的意义、主体、内容、实现、救济等问题都将呈现完全不同的面貌。首先,在本体论中,休息权的意义从保障劳动力的再生产上升为保护人的本质;休息权的主体从狭义的劳动者扩展到了所有不加区别的自然人;休息权调整的对象不再是休息与劳动的关系,而是休息与异化劳动的关系;等等。其次,在现实中,人的主体地位同样反映在休息权的实现机制中。在家长型国家中,人们习惯将问题交给"全能型"的政府,政府官员也习惯以"父母官"的身份自居,此时的人实际上是被统治的客体。然而,政府却没有足够的精力与能力来处理社会中的所有问题。因此,当政府在个案中"出手相救"时一定会让所有人都知道它做了好事,而当它无所作为时则会保持沉默。所以,当人作为被统治的客体时,人的权利实际上是一种待遇,甚或是施舍,这就是部分人的休息权屡屡受侵害的制度原因之一。于是,将休息权的实现机制放在国家与社会的二元结构中来考察,研究人作为主体如何参与自身权利实现与救济。在这个意义上,休息权的实现过程就是权利人如何在制度的框架内参与并推动自身权益实现的过程。

基于以上判断,本书的分析思路可以概括为:

首先,运用法律的经济分析方法(economic analysis of law)探析休息权制度产生的经济基础;从辩证的角度,考察工时博弈关系中的内在矛盾,厘清休息权概念的内涵与外延;基于休息权所调整的社会关系,勾勒出休息权实现的博弈机制。

其次,运用文本分析方法对我国现行法律体系展开研究,揭示出工时博弈领域存在的规范竞争现象;运用案例分析、统计分析等方法对相关生效司法判决文书展开实证研究,描绘出工时博弈真实的交锋情况,归纳出工时博弈的主要争点;根据规范与案例分析的结论,推演出工时博弈的三种模式。

最后,以前述理论与实证分析为基础,提出工时立法应当遵循的原则建议;以产假制度为例,运用工时博弈与休息权相关理论剖析该制度目前存在的主要矛盾,提出以家庭生育假作为产假制度改革的参考路径。

二、研究方法

根据本项研究涉及的具体问题，本书将以实践理性为基础对工时博弈及休息权展开研究，具体而言包括如下几种方法：

法律的经济分析方法。以往的休息权研究常常局限在劳动法领域，这使研究较多地关注制度规范，并且往往带有特定的价值追求，因此对促成规范形成的社会关系难以采取中立的立场。本书将借用信号传递理论对休息权得以产生的社会经济基础（工时博弈）展开研究，为后文的概念分析、规范分析、实证分析等奠定理论基础（见第一章）。

词源学的方法。在对休息权进行正式的概念分析之前，必须对休息权及其相关概念从产生到现在的嬗变过程做梳理。因为在这一过程中，概念的含义有可能发生了缩小、扩大，甚至完全发生了转变，本书称之为“休息权的观念沿革”（见第二章第一节）。词源学的梳理对我们准确地讨论概念起决定性作用。词源学是历史比较语言学的一部分，严格地说，词源学的方法与概念分析方法存在一定的重合，但他们关注的核心问题却是不同的。词源学是一种历史的研究方法，而概念分析则是哲学的研究方法。

概念分析方法。在对休息权及相关概念的产生、发展有所把握之后，便可以对这些概念之间的关系进行分析。无论“休息”“劳动”还是“权利”这些词多么司空见惯，也无论人们平时如何看似顺理成章地将他们组合在一起。本书都将对这些概念以及他们之间的关系重新展开分析，并从逻辑层面勾勒出休息权及其相关概念的关系图谱（见第二章第二节）。

规范结构分析。制度规范的逻辑结构在保障权利实现的过程中发挥着至关重要的作用，没有逻辑或者逻辑冲突的规范结构不仅无益于权利的实现，甚至会有损法律的权威。本书将对我国现行法律体系中有关工时博弈的制度规范展开研究，从正反两方面描绘出工时博弈所面临的规范竞争。并以《职工带薪年休假条例》为例，通过对该条例规范结构的分析，找出带薪年休假制度存在的逻辑缺陷（见第四章）。

判例统计分析。本书在收集并整理了大量的判例资料的基础上，构建了“休息权判例数据库”。通过对数据库中影响权利实现的变量进行提取、归类、统计、分析，试图发现休息权司法实践中各个变量对休息权实现的影响，以及变量与变量之间的关系，从而为分析工时博弈及休息权立法提供可靠的实证数据支撑（见第五章）。

概念建模分析。概念建模分析的基本思路是，将一项复杂的事物按照一定的标准拆分为最基本的概念单元，再将概念单元按照它们之间的逻辑关系重新组合，从而得到不同的概念模型。至此，一项复杂的事物便可以表现为有规律的、可以拆分的若干种模型。这些概念模型、基本的概念单元以及它们之间的逻辑关系，不但可以帮助我们认识这项事物，而且可以帮助我们预测事物的发展方向。我们将借用这种方法来分析休息权的侵权行为，这将会给休息权研究带来一些不同的认识（见第六章）。

本书从实证的角度对司法裁判中的休息权实现状况做了整体性的梳理，并得出了一些与其他研究所不同的数据与结论。这些数据与结论既可以用来做经济分析，同样也可以用于规范分析。若完全按照经济分析的思路，可能会得出如下结论：不同人群、不同种类的休息权诉求实现的状况之所以不同，是由于不同情境中的交易成本存在差异；从权利人的角度出发，交易成本低的权利更容易实现；影响交易成本的因素有若干种；改善休息权的实现状况就应当降低权利实现的成本。不可否认，这些潜在的结论对休息权的实现具有重要的参考价值。然而，从规范的角度来看，经济分析方法更多的是发现问题，帮助人们从成本的角度理解权利的运行规律。然而，从规范法学的角度出发，权利实现并不完全是成本问题。权利实现的规范研究不应脱离权利实现过程中实际存在的经济规律，但也不能完全以经济分析取代法学传统的规范分析。因为，交易成本这个重要的法经济学工具必须通过规范的方式去实现，否则它将脱离法学的整体框架。可见,法律的经济分析方法的出现并不是颠覆而是补充和完善了传统法学研究的方法。

因此,本书既从规范的角度对休息权的规范体系进行了分析,也从法经济学的角度对休息权的判例进行了统计研究。法律是价值与规范的统一,从法哲学的角度研究休息权,就不能回避其中任何一方。单纯关注规范,会面临这样的诘难:它只能回答行为"是或不是",而不能说明行为"对或不对";单纯关注价值,则会出现这样的质疑:离开法律讨论法律的正当性,找不到十足可靠的立足点。所以,要将休息权的价值判断与规范判断结合考察,而结合的关键是承认工时博弈是一种实践理性的活动,是一种以信号传递为媒介的交往理性。基于此,根据研究中可能遇到的不同的问题,我们将采取不同的研究方法。确保研究始终"在事实与规范之间"穿梭,吸取两种不同研究方法的优点,避免研究方法上的因噎废食。

第四节　主要内容与创新

我国劳动者的休息权如何在工时博弈中通过规范的方式取得并实现?换言之,我国当前与劳动相关的领域中,付出劳动的一方与购买劳动的一方如何就前者的劳动时间与自由时间形成合理、有效的分配方案。我们将利用工时博弈这一新的分析框架来对休息权的基本理论、休息权的规范体系、休息权的判例资料等展开研究,以期重新审视休息权对于个人与社会的意义;人应该如何通过规范的方式保护自由时间;合理的权利实现机制应该如何产生、运行与优化。

一、主要内容

本书的主要内容包括三个部分:

第一部分,预设语境前提,构建分析框架。

本书将采用概念分析的方法对本研究中涉及的基本概念进行分析与梳理。试图通过这种方法厘清“休息”“休息权”以及与其相关概念之间的界限与关系。并重点回答:如何正确认识并准确把握休息权的发展规律?回答这个问题,拟分三步:首先,研究休息权观念的沿革。从历史的角度考察人们对这项权利的认识。观念是人们对事物的客观认识与主观认识的系统集合,它既反映了人们对客观事物的认识程度,也反映了人们的主观偏好。休息权的观念其实回答的是人与休息权的关系问题。其次,研究休息权概念的构造。从规范的角度考察休息权概念的形式构造。概念是主体反映对象本质属性的思维形式,是人类认知体系中的最基本单元。对休息权概念的辨析,是认识休息权本质属性的有效途径。最后,基于休息权所调整的社会关系,勾勒出休息权实现的博弈机制。

第二部分,从规范到经验,开展实证研究。

从规范与经验两个层面来对工时博弈进行实证分析。在规范层面中,与休息权相关的规范在概念使用、逻辑构成等方面若存在瑕疵,会导致规范体系出现逻辑断裂甚至是自相矛盾之处,进而在规范适用中造成权利实现的困境。在经验层面中,由于观念认识上的偏差或制度设计上的缺陷,使用人单位可能采取一些行为来规避法律责任与义务,或者使劳动者不能通过正常渠道去实现自己的权利。因此本书第二部分将运用文本分析方法对我国现行法律体系展开研究,揭示出工时博弈领域存在的规范竞争现象;运用案例分析、统计分析等方法对相关生效司法判决文书展开实证研究,描绘出工时博弈真实的交锋情况,归纳出工时博弈的主要争点;根据规范与案例分析的结论,推演出工时博弈的三种模式。

第三部分,总结立法原则,指导工时立法。

工时立法能否合理、有效地分配权利义务,取决于制度设计的过程是否合理。本书经过对大陆与香港工时制度的立法过程进行比较,提出合理的工时制度在立法的过程中应该遵循三个基本原则:尊重并保障各方合法权益;明确适合本地的立法理念;建立平等互动的交流平台。进而以产假制度为例，运用工时博弈与休息权相关理论剖析该制度目前存在的主要矛盾，提出以家庭生育假作为产假制度改革的参考路径。

二、研究创新

本项研究可能的创新之处包括：

第一，基本理论上的创新。本项研究对休息权的概念进行深入剖析，从休息权的主体、休息权的内容以及休息权的逻辑结构等方面对休息权的概念进行重构。提出：休息权的基本问题是社会时间的规范分配问题；作为自然权利的休息权属于每一个自然人，而作为法律权利的休息权则仅属于特定法律关系中的特定主体；劳动法律关系中的休息权其内在矛盾并非“休息与劳动”，而是“休息与异化劳动”；尽管是工人运动推动了休息权相关的劳动法律法规登上历史舞台，但这些法律法规的目的并非单一地保护工人的休息，而在于平衡劳资关系中双方在时间分配问题上产生的利益冲突；时间利益的冲突是休息权成为一项法律权利的根本原因，休息权发展的历史必然性也就蕴含在时间利益的冲突与博弈过程中。

第二，研究方法上的创新。休息权判例库的构建，以及统计分析方法的应用，弥补了休息权研究中的部分空白。最高人民法院2013年11月28日发布了《关于人民法院在互联网公布裁判文书的规定》（以下简称《规定》），要求从2014年1月1日起，符合条件的法院生效裁判文书应当在互联网全面公布。以往关于休息权的研究大多集中在理论或个案分析领域，针对休息权进行统计分析却一直囿于无法建立合理的样本库而无从下手。而《规定》的出台为我们进行休息权的判例统计研究提供了重要的现实基础。因此，本项研究借此机会建立起了我国第一个休息权判例信息库。

第三，研究思路上的创新。以往关于权利实现的研究多从权利救济的角度出发，这种研究思路忽略了权利人在权利实现活动中本应该有的主体地位，也忽略了平衡其他相关人的合理利益诉求。我们认为，休息权实现是指自由时间在社会范围内通过规范的方式在利益相关人之间形成合理有效的分配。本书利用概念建模方法将休息权的侵权行为拆分为了两种基本模式：强制加班模式与拒绝支付加班工资模式，并通过这两个模型工具对我国法律体系中的休息权规范与休息权案例做了逻辑上的拆解与重构，从而厘清了休息权实现困境中的观念障碍与制度障碍，为解释休息权的实现困境开辟了新的路径。

理　论　篇

第一章 工时博弈的法理镜像

2019 年 3 月 27 日，一个名为“996. ICU”的项目在开源项目托管平台 GitHub 上线。“996”是指 9 时上班，21 时下班，一周工作 6 天的一种工时制度，普遍存在于互联网企业、初创企业之中。发布者用“工作 996，生病 ICU”来表达对这种工作制的不满，并且呼吁企业停止“996”工作制。但是也有另外一种声音对这种制度表示理解和支持，如马云 4 月 12 日在公司内部交流时说道：“如果你年轻的时候不996，你什么时候可以 996？”[1]“996”工作制的不合法性在我国现行劳动法体系中几乎毋庸置疑，而前述这两种不同的意见，其实反映的是人们对“996”工作制合理性的不同理解。人们关于工时制度的意见冲突，合法性只是一个方面，而更深层次的冲突在于制度的合理性能否得到普遍的接受。这便引出了一个核心问题：什么样的工时制度才是合理的？什么样的工作时间分配规范符合社会经济发展规律并为各方所接受？这样的社会规范如何成为法律？

第一节 工时博弈与信号传递模型

近年来，工时博弈话题的热度不断升温，学者们从管理学、社会学、劳动法学等多个角度对这一现象展开了研究，并延伸出“惰怠权”

---

[1] 祝梅：《马云最新回应：不为 996 辩护 但向奋斗者致敬》，载浙江新闻网：https://zj.zjol.com.cn/news.html?id=1177521，2019 年 4 月 12 日最后访问。

(拉法格,1880)、"有闲阶级"(凡勃仑,1899)、"过劳死"(森冈孝二,2019)、"时间荒"(王宁,2013)、"休息权"(黄镇,2015)等多种具有不同侧重点的研究领域,这些研究从多个角度论证了超时工作给劳动者个人、企业甚至社会所带来的影响,从整体来看,学者们的观点多倾向于限制超时工作。

例如,前不久中国社会科学院旅游研究中心发布了《休闲绿皮书:2017～2018 年中国休闲发展报告》,其中着重提到了我国居民"休闲时间不充分、不均衡、不自由"的问题。报告建议"在我国劳动生产率达到一定水平的前提下,可实行每天工作 9 小时,每周工作 4 天的四天(36 小时)工作制"[2]。报告一出,便引起了舆论广泛的讨论,有人力挺,也有人质疑——双休制都没有普及,三休又如何能落地?面对缩短工作时间、增加休闲时间的各类建议,不仅用人单位,甚至连劳动者自己都显得没有信心。

这一现象反映了我国劳动者内心希望缩短工时,然而对通过立法直接限制工时的方式能否产生预期的效果表示怀疑。因此,我国当下面临的主要问题已经从"是否需要缩短工时"转化为"如何能够有效缩短工时",即立法在什么条件下能够达到工时博弈各方整体利益的最大化?

信号传递模型(Signaling Model)是由经济学家 Michael Spence 首次正式提出的,随后,被广泛应用于集体行动相关的研究(Michael Spence,1973)。芝加哥大学法学教授 Eric A. Posner 在分析囚徒困境时便使用了这种分析工具(Posner,2000)。它"依贴现率的差异把理性行动者划分为不同类型的博弈参与人,将博弈论的理论资源应用于社会规范的分析"[3],从而提供了一种"能够系统分析法律与非法

---

〔2〕 王琪延、韦佳佳:《北京市民"大中小休"满意度研究》,载宋瑞编:《休闲绿皮书:2017～2018 年中国休闲发展报告》,社会科学文献出版社 2018 年版,第 183 页。

〔3〕 [美]埃里克·A. 波斯纳:《法律与社会规范》,沈明译,中国政法大学出版社 2004 年版,第 6 页。

律合作机制的关系的方法论"[4]。在信号传递博弈(signaling game)中,"人们通过遵守行为的规律性来表明他们是合作事业中的理想伙伴……关心未来收益(payoffs)的人们不仅会抵制在[合作]关系中欺骗的诱惑,他们还会通过服饰、言辞、举止、鉴赏力的型式显示出其抵制诱惑的能力"[5]。关心未来收益预示着重复合作的可能,而抵制诱惑的能力被抽象为贴现率的高低。贴现率低的一类人被称为"好人"或"合作者",而贴现率高的一类人则被称为"坏人"或"机会主义者"。[6] "在其他因素都一样的情况下,好人在重复博弈的囚徒困境中会比坏人更可能合作,因为好人会更关注那些合作失败的情况下会失去的未来利益。"[7]

如表1-1所示假设的情形,甲、乙作为博弈参与者,均可以在合作与背叛两种策略中进行选择。甲、乙均选择合作,则双方各收益为2,总收益为4;如果一方合作,另一方背叛,则背叛者收益为3,合作者收益为0,总收益为3;若双方均选择背叛,则各收益为1,总收益为2。在信息不对称的情形下,甲乙双方都不知道彼此将会做出什么样的决策。在初次博弈中,从参与者自身而言,背叛给个人带来的收益从概率上来说高于合作(见表1-2)。所以,背叛是双方最有可能做出的选择[8]。而从所有博弈对象的整体利益来看,合作给整体带来的收益在概率上大于背叛(见表1-3),即如果大家都不背叛,那么

---

〔4〕［美］埃里克·A. 波斯纳:《法律与社会规范》,沈明译,中国政法大学出版社2004年版,第6页。

〔5〕［美］埃里克·A. 波斯纳:《法律与社会规范》,沈明译,中国政法大学出版社2004年版,第6~7页。

〔6〕这里的"好人"或"坏人"衡量标准是贴现率的高低,即好人就是比坏人对未来回报做出更高估价的人,但并不必然意味着道德评价。

〔7〕［美］埃里克·A. 波斯纳:《法律与社会规范》,沈明译,中国政法大学出版社2004年版,第25页。

〔8〕尽管在真实世界中,即便是在信息不对称的情况下,人们也未必会同时选择背叛;但这个模型的意义并不在于完美地再现真实世界中的博弈,而在于揭示出"干涉完美合作的动机"。

所有人的收益都将得到改善。因此,在初次博弈且没有重复博弈存在的情况下,背叛是所有人的最优选择。而当重复博弈存在可能的时候,情况便发生了改变,远期收益取代了短期收益,人们为了获得更多远期收益而不得不选择进行合作。更重要的是,让别人相信自己会选择合作。一个具有好名声的人,能够使对方在博弈中更倾向于选择合作。而好人的名声则需要通过向外释放出信号来表明,这类信号往往是“成本高昂而且可观察的行动”〔9〕。而这种行动的规律性被称为“社会规范”(social norms),又或是“合作的非法律机制”(nonlegal mechanisms of cooperation)。

表1-1　一种假设的博弈情景

名称	合作	背叛
甲	2,2	0,3
乙	3,0	1,1

表1-2　初次博弈个人收益排序

收益	策略组合
3	自己背叛+对方合作
2	自己合作+对方合作
1	自己背叛+对方背叛
0	自己合作+对方背叛

表1-3 初次博弈整体收益排序

收益	策略组合
4	自己合作+对方合作
3	自己背叛+对方合作
3	自己合作+对方背叛
2	自己背叛+对方背叛

工时博弈往往会被看作用人单位剥削劳动者的一种现象,即便是在有相应的补偿制度的前提下,加班仍意味着对工作的一种消极评价。然而,运用法律经济学的研究方法分析工时博弈现象,可以发现:加班并不必然意味着某种道德的负面评价,相反,加班传递出了

〔9〕［美］埃里克·A.波斯纳:《法律与社会规范》,沈明译,中国政法大学出版社2004年版,第32页。

“好人”与“坏人”两种信号，并促成劳动力市场在重复博弈中出现分离均衡，最终形成影响工作时间分配的社会规范。因此，借用信号传递模型分析劳动力市场中的工时博弈现象，为理解影响工作时间分配的社会规范之形成过程提供了新的思路，同时也为我国工时立法的完善提供了更多元的理论参考。

第二节　制度意义上的自由时间起源于工时博弈

无论是“996. ICU”，还是“4 天工作制”都有一个共同的主张，即通过限制工作时间来增加劳动者的自由时间。然而，虽然劳动者个人的自由时间受到加班影响会有所减少，但制度意义上的自由时间，却并不必然由于加班现象的存在而减少。甚至在某种意义上，正是由于工时博弈的存在，才产生了制度意义上的自由时间（见图 1－1）。

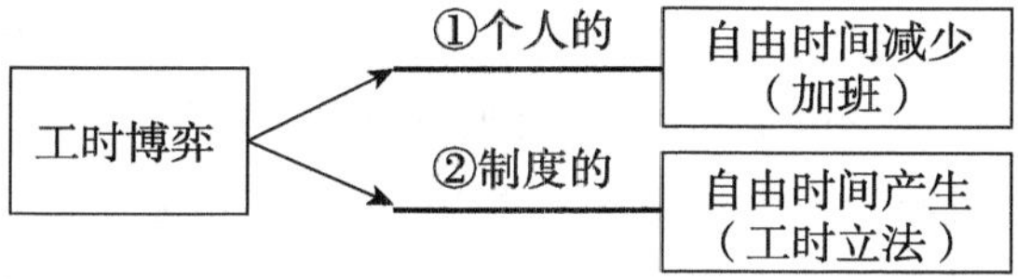

图 1－1　工时博弈导致两个结果

在法律经济学的研究进路中，以“理性人”假设为前提，对超时工作现象采取的则是价值中立的研究态度。超时工作（加班）是基于劳资双方围绕工作时间分配问题形成的契约关系，他们在共同的劳动力市场中，以实现自身的利益最大化为目标而进行的工时博弈。它的前提在于承认人是自利的，且能够在自由市场中以自身利益为考量进行选择，并以此为基础展开合作。

超时工作的原因是多方面的，资方与劳方都有可能成为要求劳动者超时工作的发起人。在资方发起的加班中,资方可能为了赶工期,尽管加班可能要支付额外的劳动报酬,但如果赶不上工期便会导致更多的订单违约损失,所以资方在此时会选择成本较小的加班作为最优方案。还有一种可能就是资方不满足于初始契约所带来的利润(或由于劳动力市场价格普遍降低,或由于其他生产成本升高),在这种情况下,资方可能会通过降低工资或者要求无偿加班的方式减少损失或赚取更多利润。而在劳方发起的加班中,劳方可能出于对更高经济收入的追求(如法律规定的节假日三倍工资),自愿要求加班。[10] 还有一种更为特殊的情况,多发生在外来劳动力集中的大型工业园区,在那里业余生活匮乏、出入不便,所以工人们在休息日感到无所事事,相比之下与其闲着不如继续加班寻求更高的经济收益。[11]

当然,发起加班的原因远不止这些,但无论发起人是哪一方,发起加班的根本需求都是要在既定的情势下寻求收益优化。然而,发起加班要求仅仅是第一步,对方是否会配合取决于对方是否认为加班同样也有利于自身收益的优化。通常,劳资任何一方的要求都不会被另一方欣然接受,工时博弈便就此展开。在博弈过程中,双方必须依靠信号传递形成新的均衡,否则只能维持现状或结束合作。

市场在没有形成工作时间分配规范之前,市场中的时间分配是由劳动力的供求关系直接决定的。在不考虑其他因素的情况下,劳动力供给量与工作时间的长度成正比,即劳动人口越多,单个劳动者的工作时间将会越长。这一点可能与我们的直觉并不一致。在一个封闭的任务系统中,完成某项任务的人数越多,每个人完成的任务量就越少。然而,劳动力市场并非封闭的任务系统,资方并非与所有的

---

〔10〕 参见侯玲玲:《我国加班工资计算基数的地方裁审规则——以北京、上海、广东、深圳为样本》,载《法学》2014 年第 6 期。

〔11〕 凤凰网专题报道:《"我们要加班"喊出了什么?》,载 http://finance.ifeng.com/news/special/zhusanjiao/index.shtml, 2018 年 11 月 1 日最后访问。

劳方都有合作契约。相反,资方会利用劳动力供大于求的情况来压低劳动力价格、降低劳动力成本。主要方式有两种:一种是工作时间不变,减少工资报酬;另一种是工资报酬不变,增加工作时间。前一种方式指向了最低工资标准问题;而后一种方式便指向了标准工时制度、最高工作时限问题。此时单个劳动者的工作时间越长,用人单位的劳动力成本就越低。正因如此,第一次工业革命中,工人们为了反对超时工作、争取休闲时间而进行了大规模的工人运动,将休息权推上了历史舞台。[12]

当工时制度、休假制度等影响工作时间分配的社会规范出现后,市场再次进行合作的基础便发生了改变。此时,用人单位通过增加单个劳动者的工作时间来降低劳动力成本的做法便有了限制。然而一旦立法完成,制定法也就在一定程度上脱离了决定它产生的社会基础,他们之间的张力也就随之产生。作为制定法的工时、休假等制度一旦出台,便与劳动力市场中的供需关系形成了张力互动。当市场中劳动力供需关系发生变化时,制定法在短期内很难做出调整,"这股张力必然会促使人们通过其他某种途径去调整两种秩序重新达到平衡",[13]"996. ICU"项目就是人们试图通过技术协议的方式寻求工时博弈平衡的一种尝试。

工时博弈是市场中劳动力供需关系与工时制度、休假制度等制定法之间张力互动的集中体现。在特定的劳动力市场中,劳动力的购买方(资方)与提供方(劳方)形成了博弈格局,资方通过付给劳方工资来购买劳方的工作时间。作为自利的人,资方必然希望通过支付更少的工资购买更多的工作时间,以赚取更多的剩余价值。劳方则通过付出工作时间来换取工资,同样,劳方也希望付出更少的工作

---

〔12〕 参见[法]拉法格:《拉法格文选》,中央编译局国际共运史研究室编,人民出版社1985年版,第67~89页。

〔13〕 黄镇:《休息权实现机制的形式特征与内在动因——兼论我国休息休假制度的理论重构》,载《学习与实践》2015年第12期。

时间来换取更多的工资。因此,在劳资关系开始之初,双方会针对工作时间与工资之间的关系达成共识,使两者所得的利益达到一种初始均衡。而提出加班要求则是在生产经营环境发生变动的情况下,劳资双方为了实现各自收益的优化,试图打破初始均衡,建立一种新的均衡所采取的举措。

可见,在法律经济学的视角下,制度化的自由时间是劳资双方在不断的工时博弈中相互斗争、相互妥协的结果。然而,工时制度与其他制度一样都具有社会历史性。随着劳动力市场供求关系的变化,工作时间与自由时间之间的矛盾也在发生着变化。

通过研究我国香港地区的标准工时制度立法过程,我们可以对本节的内容有更加直观的了解。2012 年 11 月,香港劳工处发布了《标准工时政策研究报告》,希望推动社会各界就标准工时问题做出知情及深入的讨论。[14] 并于 2013 年 4 月成立了香港标准工时委员会为政府提供有关标准工时立法的意见。其核心目的就是想通过广泛的社会参与尽可能地在劳资双方之间消除信息不对称,通过重复博弈促成劳动力市场形成分离均衡,最后由立法对分离均衡中既有的规范进行确认、微调,以达到整体利益的最大化。

在随后的几年中,劳资双方围绕是否立法、何时立法、如何立法等问题展开了多轮讨论。劳工顾问委员会劳方代表认为标准工时制度确有必要,资方代表则认为标准工时制度将降低香港经济的竞争力。以香港工业总会为代表的行业商会更是直接表态:标准工时削弱市场灵活性;不获超时补偿的情况并不普遍;各行各业运作不同,难以订立标准工时;劳工短缺问题将会恶化;等等。[15]2016 年 4 月,

---

〔14〕 香港特别行政区政府劳工处:《标准工时政策研究报告》,载香港特别行政区劳动处网:https://www.labour.gov.hk/tc/plan/swh.htm,2019 年 8 月 24 日最后访问。

〔15〕 香港工业总会:《香港工业总会就香港工时政策方向的意见》,载香港工业总会网:https://www.industryhk.org/upload/news/attachment/6400e02adaede2df7b7842f52225d6ef.pdf,2019 年 8 月 24 日最后访问。

香港标准工时委员会提出了四个工时政策方向向公众展开咨询：(1)只实行“大框”，以立法方式规定雇主与雇员必须订立书面雇佣合约，当中须包括指定的工时雇佣条款，如超时工作补偿安排；(2)只实行“小框”，如指定工时标准及超时工资率；(3)同时实行“大框”与“小框”；(4)不推行“大框”也不推行“小框”，但建议推行其他有关工时的政策或措施，例如：按行业需要制定自愿性指引。2017 年 6 月，香港政府通过了标准工时委员会提交的报告，建议以立法的方式规定雇主须与月薪 1.1 万港币或以下的基层雇员签订书面雇佣合约，并列明工时及超时工作的补偿条款。在提交立法会审议并修订《雇佣条例》后，预计于 2020 年年底或 2021 年年初实施。[16]尽管劳工界对该方案未能全面推行标准工时制表示不满，[17]但不可否认该方案确实将使一部分雇员受惠。[18]

由此可见，制度意义上的自由时间(休息权)并非来自某种应然的价值预设，而来自劳资双方针锋相对、此消彼长的工时博弈。

第三节　重复博弈促使劳动力市场形成分离均衡

劳动力市场中的分离均衡是指拥有不同贴现率的人(资方与劳方)通过传递“好人”或“坏人”信号，把自己从群体中分离出来。其意义在于让博弈中的对方相信自己倾向于合作，同时也帮助自己分辨对方是否倾向于合作。

---

〔16〕何宝仪：《合约工时出炉　月入万一受惠》，载《香港文汇报》2017 年 6 月 14 日，第 A2 版。

〔17〕费小烨：《劳工界不满无回应诉求》，载《香港文汇报》2017 年 6 月 14 日，第 A2 版。

〔18〕何宝仪：《合约工时出炉　月入万一受惠》，载《香港文汇报》2017 年 6 月 14 日，第 A2 版。

一、信息不对称下的初次博弈

在初次博弈中,加班传递出“好人”和“坏人”两种信号。现实生活中,人们总是希望能够找到合适的员工或者老板,但在开放的劳动力市场中,首次缔结劳动合同时却不可避免地存在信息不对称的情况。

资方会释放信号来表示自己是“好人”,如良好的企业形象、完善的管理制度、畅通的晋升通道等,都有可能被视为看重长期利益的表现。而劳方也会释放信号来表示自己是“好人”,如较高的学历、健康的身体、丰富的经验等。这些信号对于劳资双方建立初次博弈具有重要意义。但由于信息不完全对称,这将导致初次所缔结的契约与实际情况之间存在不符合双方预期的内容(Michael Spence,1973)。例如,对于劳方来说,某家企业常常加班,就可能意味着该企业向其发送了一个“坏人”信号。当企业被问及是否会经常加班时,大部分企业并不会直接回答,因为一般认为时常加班可能意味着企业管理制度不完善,并且还隐藏着加班是否有补偿的问题,这些不确定因素对劳方来说是潜在的威胁。而对于资方来说,得知劳方能接受加班,通常意味着接收到了来自劳方的“好人”信号。资方会认为愿意接受加班的员工具有奉献精神,他们更加看重自己在企业发展中的长远利益(见图1-2)。

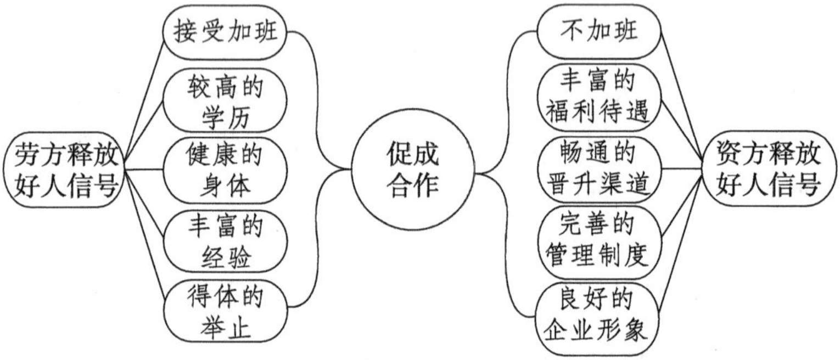

图1-2　劳资双方释放好人信号促成合作

可见，在缔结契约之初，加班作为信号在劳资双方中传递着截然不同的内容：劳方传递加班信号，资方通常会倾向于缔约；而资方传递加班信号则可能导致劳方放弃缔约。真实世界则更为复杂，博弈双方都有可能释放出虚假信号，贴现率高的“坏人”通过模仿“好人”的行为举止、谈吐、衣着，甚至伪造学历、工作经历等方式将自己伪装成一个贴现率低的“好人”，从而增大对方与其合作的机会。

因此，在初次博弈中，博弈双方信息不对称的存在和彼此间信任的缺失，造成了合作结果的不确定性。而“重复博弈模型在解释合作行为上取得的成功依赖于博弈各方对过去的行为和目前的行动拥有广博的信息”〔19〕。所以，重复博弈与克服信息不对称之间存在相互印证的关系，拥有广博的信息是进行重复博弈的基础，而重复博弈也将获得更多更真实的信息。

二、重复博弈产生分离均衡

在重复博弈中，加班所传递的信号内容受劳动力市场供求关系影响。在初始契约存在的前提下，双方如果继续合作，则需要进行重复博弈来弥补信息不对称所造成的利益损失。加班是重复博弈中所传递的重要信号，为了达到重复博弈均衡，双方会围绕加班进行一系列的信号传递行为。然而与初次博弈不同，在重复博弈中，加班的信号传递方式与内容是由劳动力市场的供求关系决定的。

在劳动力市场供大于求的情况下，资方占有优势地位，无论其要求加班的原因是什么，对于劳方而言，在保留工作职位的情况下做出一定的让步是符合自身利益的选择。因为，劳动力市场供大于求会导致失业率升高、劳动力价格降低、待业人数增加、就业压力增大。在这种情况下，资方发出的加班信号，尽管会让劳方利益受到

---

〔19〕　［美］埃里克·A. 波斯纳：《法律与社会规范》，沈明译，中国政法大学出版社2004年版，第24页。

一定的损失,但对于劳方来说并不完全意味着资方在博弈中选择了背叛策略,恰恰相反,加班是资方基于新的市场环境所提出的新的合作策略。此时,加班对于资方来说作为贴现率高的信号的强度会减弱,甚至在极端情况下有可能转化为贴现率低的"好人"信号(见图1-3)。

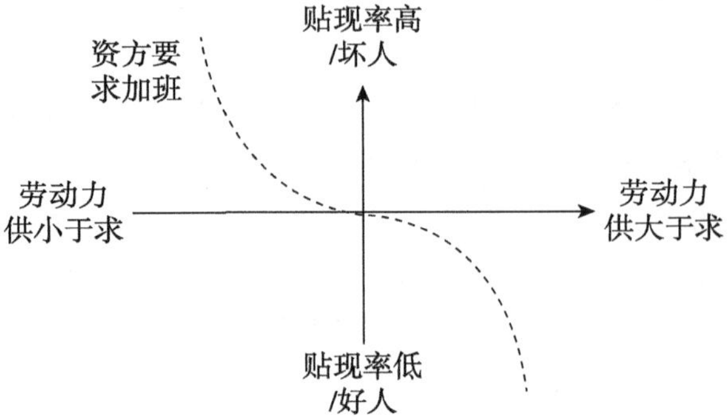

图1-3 资方释放加班信号的贴现率受劳动力市场供求关系影响

在劳动力市场供小于求的情况下,劳方处于优势地位,资方此时仍然可能会有加班的需求,而此时资方发出的加班信号会被劳方视为一种压榨或不关心员工的高贴现率信号。劳方依据劳动力市场供小于求的现状可能会拒绝加班,或者要求更高的加班工资。此时加班现象会减少,并且加班的成本更高。由于这种信号区分了"好人"与"坏人",这就造成了"好人"与"好人"合作,共同规避"坏人"的局面。在供求关系稳定的情况下,"好人"会继续坚持当下的选择,而"坏人"则将被迫进行合作,从而逐渐变为"好人",或者退出市场。这就形成了一种分离均衡,也就建立了一种可预期的行为常规。

第四节　分离均衡引发工作时间分配规范的生成

制度意义上的自由时间源于工时博弈，而直接促成工作时间分配规范形成的则是劳动力市场的均衡类型。从前面的分析中可以发现，加班这种现象在工时博弈中并非完全是消极的，它扮演着极为重要的信号传递角色，为劳资双方在信息不对称的情况下寻求合作提供了一种可能的路径。在供求关系稳定的劳动力市场中，加班所传递的信号最终会建立一种或一系列的工作时间分配规范。

全面的背景信息获取在重复博弈的框架下成为可能，博弈双方都将形成各自的分离均衡，在同一个市场中通过各自发出的信号来表明自己的身份。在重复博弈的市场环境中，"好人"与"坏人"都将具有较高的识别度，而"坏人"伪装成"好人"的成本和难度都将加大。这也解释了为何"打一枪换一个地方"的流窜作案团伙成员在自己家乡却"兔子不吃窝边草"。吃不吃窝边草并不全然是道德或面子问题，从博弈论的角度来看，熟人社会比陌生人社会出现重复博弈的概率要高，此时的理性博弈者从长远利益出发，更倾向于"合作"而非"背叛"，一旦有过"背叛"的经历，便可能失去以后"合作"的机会。换言之，陌生人社会的"坏人"，回到熟人社会可能是个不折不扣的"好人"。因此，社会规范的生成依赖于重复博弈，这也正是科尔曼的"社会系统模型"所表达的核心观点之一（科尔曼，2008）。

在科尔曼看来，"系统行为由低于系统水平系统组成部分，即个人或其他行动单位的行动综合而成"[20]，个体与社会系统（规范体

---

〔20〕［美］詹姆斯·S. 科尔曼：《社会理论的基础》（上），邓方译，社会科学文献出版社2008年版，第5页。

系)之间存在首尾相连、协同发展的特征,可以简化表述为:

……→社会系统 a→个体 a→社会系统 a'→个体 a'……

而这个过程实际上就是社会规范在重复博弈中不断制度化与再制度化的过程。

更加注重长远利益的资方会通过健全的人事制度、财务制度等向劳方传递出信号,表示自己是倾向于合作的。而更加注重长远利益的劳方也会通过自己良好的教育和工作经历向资方发出同样的合作信号。即便出现欺骗,如一个贴现率高的资方通过发送虚假信号与一个贴现率低的劳方签订了劳动合同,但在合同执行的过程中资方违反了当初的合同约定,要求劳方加班。如果此时劳动力市场中存在关于加班的行为常规,劳方很快可以确定在该企业加班是否符合自身利益的最大化。如果不符合,他可以依照该市场的常规与资方展开博弈。哪怕博弈不成功,他也可以辞职重新返回劳动力市场,寻找发送真实信号的合作者。而当这类信号达到了一定的条件时,即注重眼前利益的博弈者无法负担合作终止所带来的损失时,或者说合作终止所带来的损失大于基于欺骗的合作所带来的收益时,劳动力市场中就形成了关于加班的合理行为常规。值得注意的是,根据科尔曼的社会系统模型,这种行为常规并不会永远不变,而是随着博弈的继续发展不断调整和变化(见图 1-4)。

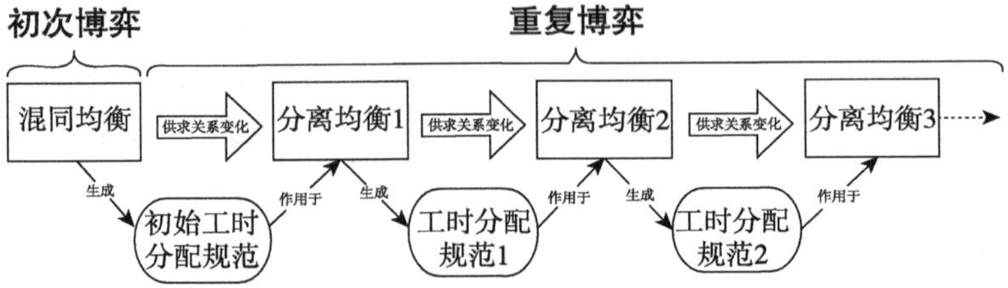

图 1-4　工时分配规范的生成过程

因此,在能够展开重复博弈的劳动力市场里,加班现象可以通过劳资双方的信号传递过程形成一种具有普遍性、合理性的行为常规,使劳资双方对工作时间的分配上形成基本一致的认识,而决定这个行为常规的关键要素是市场中的劳动力供求关系（这也是造成行为常规不断变化的原因）。此时，劳动力市场里关于工作时间形成的“基本一致的认识”便是具有一定约束力的社会规范，劳资双方均可以遵守这样的行为常规来寻找合适的合作者。

第五节　法律干预工时博弈的边界

在劳动力市场形成之初，博弈参与者主要是购买劳动力的资方和出售劳动力的劳方，关于工作时间和自由时间如何分配的问题基本是由劳资双方之间的契约予以规定。但自工业革命以后，法律在劳动力市场中的位置逐渐重要起来。尤其是随着福利国家逐渐登上历史舞台，社会法开始大规模干预劳动力市场。关于工作时间与自由时间如何分配的问题，究竟是人权保护至上还是契约自由至上？或者是两者之间都需要兼顾？换言之，法律干预工时博弈的边界究竟在哪里？

波斯纳根据信号传递模型，提出了法律干预社会规范的四种方式。第一，法律可以改变发送信号的成本；第二，法律可以改变信号发送者和信号接收者从合作中获得的收益；第三，法律可以改变信号接收者关于低贴现率者在信号发送者中所占比例的信念；第四，法律可以激励规范创立博弈，提供新的焦点（Posner，1998）。这四种方式在我国法律体系中都可以找到具体的表现形式，如我国《劳动法》第四十四条规定了用人单位在工作日、休息日、法定休假日三种不同时间安排劳动者加班应当支付不同比例的加班工资。这意味着用人单位在发送加班信号时需根据具体的情况承担不同的成本，属于波氏说的第一种方式。而我国《劳动合同法》第八十五条则规定了用人单位在安排加班而不支付加班费时，由劳动部门责令限期支付，并可加付赔偿金。此时法律改变了用人单位与劳动者在特定情形（安排加班不支付加班费）中的收益情况，属于第二种方式。前两种方式从手段来看，是法律根据人权保护原则直接干预劳资博弈的信号传递过程。第三种方式可以理解为一种对市场良好秩序的宣传，它并不直接干预信号传递的过程，但却可以在信息不完全对称的环境中促使双方做出更倾向于合作的决策，如 2015 年发布的《中共中央国务院关于构建和谐劳动关系的意见》，其中专章提出要营造构建和谐劳动关系的良好环境。

第四种方式的关键在于规范创立者如何确立信号？被法律所确立的信号可以表现为各种形式，但不变的要求是其成本应当合理。那么，什么决定了某一行为能够成为信号？或者说，是什么机制把信号从诸多价格合理的行为中挑选出来？在波氏看来这就是规范创立者的工作，他可以人为构建一个新的焦点作为信号，也可以将某种已经存在的行为确立为信号。而在以下两种情况中，创立规范的成功率将显著提升。一是创立规范者不是提供一个全新的焦点，而是从人们已经在使用的诸多焦点中选择一个。〔21〕二是规范创立者不是垄断的，而是多元的，竞争的存在促使人们可以选择成本更加合理的信号作为决策的依据。

由此可见，在特定的劳动力市场中，法律介入干预之前，关于工作时间如何分配的行为常规是一个已经存在的焦点。它有可能是一个混同均衡，劳动者和用人单位并未就工作时间分配问题区分出“好人”或“坏人”；也有可能是已经发展完善的分离均衡，市场中各方已经通过传递信号区分出了“好人”或“坏人”，且“坏人”模仿“好人”付出的成本高于收益。对于混同均衡，法律可以通过提高信号发送成本或改变信号传递中的收益情况，使贴现率高的“坏人”从贴现率低的“好人”中区别开来，打破原有的混同均衡，建立新的分离均衡。但对于处于分离均衡状态的劳动力市场，由于分离均衡已经促成了合

〔21〕　例如，法律禁止随地吐痰，就是对一个已经存在的社会规范予以确认。参见张维迎：《博弈与社会》，北京大学出版社 2013 年版，第 332 页。

作双方的利益最优化，所以法律对信号成本的任何调整必然会导致博弈各方整体利益受损。此时法律干预加班的最佳方式是确认已经达成的行为常规，从而不改变原有的博弈均衡（见图 1－5）。

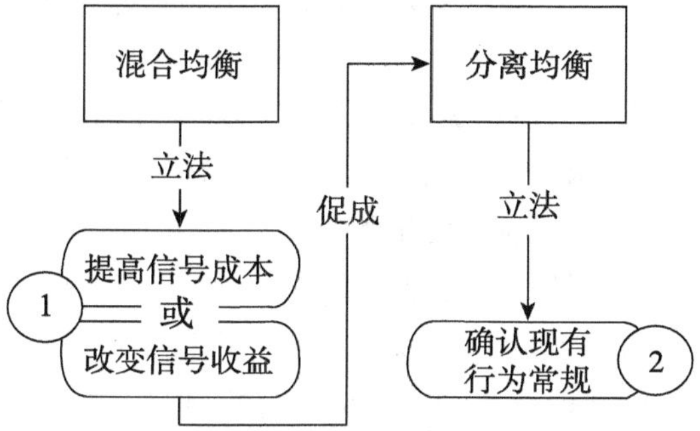

图 1－5　工时立法的两种路径

回到我国工时博弈的语境中，根据第四种方式的解释可以推出：立法者如果将劳动力市场中已经存在的某些工时规范确认为法律，那么这项新的法律就为劳资双方工时博弈提供了一个新的、可提前预知的焦点，而这样的法律得到良好运行的成功率将显著上升。而反观我国现行《劳动法》规定的八小时工作制、带薪年休假等制度在私营企业中的实施状况，尽管多数劳资双方在签订劳动合同时都知道法律规定的内容，但超时工作、有假不能休的现象却仍然普遍存在。这反映出现有法律（八小时工作制、带薪年休假等）作为博弈信号在现实劳动力市场中已经失真，不能反映劳资双方的真实博弈格局。

我国《劳动法》规定的标准工时制度规定劳动者每日不超过八小时、每周不超过四十四小时。这一制度在最早可以追溯到 1949 年制定的具有临时宪法性质的《中国人民政治协商会议共同纲领》，其中规定“公私企业目前一般应实行八小时至十小时的工作制，特殊情况得斟酌办理”。这一规定的前半句体现了新中国“实行工人阶级领导的、以工农联盟为基础的、团结各民主阶级和国内各民族的人民民主专政”的决心，具有高度的政治性，后半句则体现了马克思主义政党实事求是的思想方法。然而，工时问题既有政治的一面，又有经济的一面，从香港的情况就可看出，忽略任何一个方面都会引发社会的连锁反应。新中国成立70年来，尤其是改革开放40年来，生产力的提高促使我国经济社会生活发生了翻天覆地的变化，劳动领域中“过劳死”事件频发、“996. ICU”引发广泛关注，现有工时制度的滞后性开始逐渐显现，工时制度改革迫在眉睫。尽管内地与香港法律体系不完全相同，但在一国两制的背景下，香港标准工时制度立法过程对内地工时制度改革仍具有一定的借鉴意义：首先，工时制度是一项复杂的社会系统工程，涉及劳方、资方、行业、社会等多方利益，立法应当尊重各方主体的合理诉求；其次，应当尊重地区与行业差异性，避免“一刀切”的立法为部分行业带来不利影响；最后，应当预留出充足的时间供利益相关方了解、提议、讨论。总体而言，就是应当通过广泛的社会参与尽可能地在劳资双方之间消除信息不对称，通过重复博弈促成劳动力市场形成分离均衡，最后由立法对分离均衡中既有的规范进行确认、微调，以达到整体利益的最大化。

“996”工作制引发的争议，不仅是加班现象的合法性争议，更深层的问题是：什么样的工时制度才是合理的？然而，每个人对于合理标准的看法并不完全一致，甚至在有利益冲突的情况下，合理的标准可能会截然相反。

从法律经济学的角度分析工时博弈，目的并不在于为支持或反对“996”工作制提供证成，而在于阐明：符合市场规律、为各方所理解和接受的工作时间分配规范，是利益相关者在劳动力市场中相互博弈进而形成分离均衡的临时状态。这个临时状态受到诸多要素的影响，其中最为直接的要素就是劳动力供求关系。当前我国部分行业“996”工作制的盛行，正是该行业劳动力供过于求的表现。因此，在这个意义上，符合社会经济发展规律的工作时间制度取决于劳动力市场是否在工时博弈问题上形成了分离均衡，而非人们单方的主观意愿或法律的强制干预。

这也引发了关于法律稳定性的思考，如果合理的工作时间分配规范只是一种受制于劳动力供求关系的“临时状态”，那么劳动法对休息权作出的种种规定如何才能兼顾法律的稳定性和对社会变化的适应性？回答这个问题，必须先了解作为一项法律权利的休息权究竟所指何物，以及这项法律权利在社会历史中的形成和发展。

第二章 作为法律权利的休息权

休息、休闲等问题由来已久,但被法学所正式关注,从现有资料来看,应该是第一次工业革命之后的事。其根本原因在于:异化劳动出现后,人的劳动时间与自由时间之间的鸿沟逐渐加深,进而形成了对立。异化劳动产生之前,休息休闲笼统地说,是个人生活方式的问题。而这之后,则产生了人与人之间关于时间如何分配的社会关系问题。关于休息权的研究便应运而生。

无论是哲学还是法学,自由时间都是研究所关注的重点。然而,法学对自由时间的关注角度不同于其他学科。在休闲哲学的研究中,自由时间也可称为闲暇,它"指'非劳动时间',是人们在履行社会职责及各种生活时间支出后,由个人自由支配的时间"。"它是一种以时间形态存在的社会资源。"[1]因为"休闲哲学是以人的休闲状态和生命态度为对象,是对人'成为人'的过程的一种观照与探索"[2]。所以,休闲哲学对自由时间的关注集中在人对自由时间的使用上,即人如何利用自由时间去实现自己的全面发展。而法学是一门规范学科,它对自由时间的关注,是从规范的角度探寻自由时间作为人的一项权利如何得以实现,即人如何通过规范来取得并实现自己的自由时间权利。

目前来看,关于休息权的研究大多集中在劳动法层面。这无形

---

〔1〕 于光远、马惠娣:《关于"闲暇"与"休闲"两个概念的对话录》,载《自然辩证法研究》2006 年第 9 期。

〔2〕 于光远、马惠娣:《于光远马惠娣十年对话——关于休闲学研究的基本问题》,重庆大学出版社 2008 年版,第 41 页。

中简化了这项权利在社会发展中的嬗变过程、也淡化了它与其他社会因素之间的关联。因此，本书尝试把工时博弈与休息权问题重新放到社会关系的宏观逻辑中来进行观察。

第一节　休息权的观念沿革

一、社会关系中的休息权

休息不仅是人的行为或生理需要，它已逐渐发展成为一种社会关系。这类社会关系最开始表现在由契约约定的雇员与雇主之间的雇佣关系中。随着工人运动的发展，一部分与休息相关的内容被确定为法律关系，继而形成了由雇员、雇主、国家三者组成的更为复杂的社会关系。[3] 而在当代，尤其是在我国社会中，企业与国家之间的税收关系、雇员与雇主之间的劳动关系，甚至一些非制度化的关系（如雇员与雇主之间的人际关系）都对休息活动有着或大或小的影响。可见，关于休息的社会关系变得越来越复杂。这意味在当代社会中，休息权的实现是诸多社会关系合力的结果。所以，从社会关系的角度来理解休息权显得尤为重要。

（一）区别于日常用语

作为社会关系的"休息"与我们日常生活中使用的"休息"一词并不完全相同，它指的是一种具有普遍意义的社会关系。人们休息

---

〔3〕 在劳动法学中学者们倾向于区分"雇佣关系"与"劳动关系"，认为这两种社会关系在劳动法层面是异质的。相关讨论可参见董保华主编的《劳动关系调整的社会化与国际化》第一章，其中梳理了劳动法学界对这一个问题的争论，同时也提出"'社会化'使雇佣关系与劳动关系成为异质"的观点。然而，本书并不打算局限于在劳动法层面来讨论休息权问题。因此，本书若未特殊说明，则对"雇佣关系""劳动关系"不做严格区分。二者的关系还可参考黎建飞：《从雇佣契约到劳动契约的法理和制度变迁》，载《中国法学》2012 年第 3 期。

的具体方式因人而异,一个人的休息方式可能对另一个人来说却可能适得其反。以列举某个或某些具体行为的方式来定义休息,是没有普遍意义的。社会关系中的休息并非指的是人的某种行为。

另一种较为合理,同时也具有一定普遍性的解释是:休息与劳动相对,休息就是停止劳动、休养生息。这种解释从大量的具体行为中抽象出了具有一定普遍性的特征,为人们理解休息提供了相对合理的基础。但这种理解却存在明显的问题:它着重体现了休息在生理层面对人的影响,至于休息所蕴含的社会关系则被掩盖。

休息与劳动的关系只是简单的否定与被否定吗?休息与不劳动能否画上等号?这些问题需要进一步探讨(详见本章第二节)。

(二)实践意义上的休息

现实生活中休息与劳动的联系甚为紧密,以至于休息常被看成是劳动的附属品。它的存在,是为了保障劳动力的再生产。之前的研究中,学者们多在自然层面对休息予以肯定,并以此认为休息应当成为权利而受到保护。应当承认,这些研究取得了诸多有意义的成果。但也应该指出,这种研究进路是“休息与劳动对立”思路的延续,它在强调工具价值的同时,却忽视了休息对于人的更深层次的意义——休息本身便是一种实践活动,而并非仅仅为其他实践活动创造条件。休息的自身价值体现在它的实践属性中,即休息与劳动一样,都是人的实践活动。

葛洪义认为“实践是一个内省的概念,与主体的深思熟虑相关。以往,我们容易把实践理解为某种理论原则在实际生活中的运用,也就是说,我们习惯于将实践概念用于人的向外扩展的达到某种目标的行为。而在思想史上,最高的实践则是人对自己行为目的本身的反思。所以,严格地说,实践不仅指‘行事’,而且更重要的是指‘为人’,是指人们该如何选择一种能够为社会和他人所接受的正当的行为”[4]。

---

[4] 葛洪义:《法与实践理性》,中国政法大学出版社2002年版,第90页。

行为意义上的休息多指人停止正在进行的工作，放松身心，恢复体力脑力；而实践意义上的休息则是人立足于自我反省与沉思，确认自己从事的行为是否正当，并及时调整选择正当行为。前者多关注休息行为的有效性，以人的身体机能的恢复或个人技能的提升作为判断标准；而后者则是关注人的行为的正当性，因为"实践探讨的是人的目的本身的正当性，存在于人对自身意义和价值的开拓过程中"〔5〕。

因此，在更深刻的层面上，休息应该是人反思自身的一种实践。遵循自然规律的休息并不体现人的自由意志，饿了需要食物、困了需要睡眠这是动物的天性。没有对自身及行为进行反思的休息不外乎是人遵循了自然规律。

（三）社会意义上的休息

通过对"消费社会"的研究，人们发现，遵循经济规律同样也不意味着人完全发挥了自由意志。在资本增值的逻辑中，人俨然成为一颗任资本摆布的棋子。在这种情况下，劳动与休息之间的界限变得模糊，休息成了为更有效的劳动和消费做准备。人的自由意志在这一过程中逐渐式微。人们追求市场上推出的最新产品，甚至为购买这些产品而出卖自己的器官。理性之光此时已然暗淡。因此消费也并非实践意义上的休息。因为"人的正确行为根本上来自人作为主体的意志自由"〔6〕。于是，介于生产与消费之间，人必须有机会来反思自身行为的正当性与合理性，而这个机会的时间前提正是休闲时间。

休闲时间不仅区别于劳动时间，同样也区别于自由时间。在自由时间，人可以消费，可以娱乐，可以做任何他想且能做的事；可以给自己做，也可以给别人做，更可以什么都不做。休闲时间包含于自由

〔5〕 葛洪义：《法与实践理性》，中国政法大学出版社2002年版，第93页。
〔6〕 葛洪义：《法与实践理性》，中国政法大学出版社2002年版，第98页。

时间中，但却有着明确且不同于其他时间的特点：纯粹的休闲时间中，人应该以人自身为目的进行思考及活动。

需要说明的是，这里的劳动时间、自由时间与休闲时间都是抽象的概念，实际中的劳动时间和自由时间由法律或契约明确规定，而休闲时间如何把握则依赖于个人的体验和认识。从这个意义上来说，作为法律关系的休息权只能调节劳动时间（包括为劳动所做的必要的准备时间）与自由时间之间的关系，而无法调节在自由时间内，人如何对时间进行分配使用的问题。后者有赖于人的自身素质的提高。〔7〕

所以，现代社会中人的休息可以分为两层含义：自然意义上的休息和社会意义上的休息。前者体现的是休息作为一种自然规律对人的意义，它关注的是人的体力和脑力能否得到恢复，从这个角度我们观察到的人的休息是无数种具体的、可以达到放松身心目的的行为。后者体现的是休息作为一种社会关系对人的意义，它关注的是人能否利用自由时间（主要是其中的休闲时间）反思自身，从而选择正当行为，来处理人与人、人与社会、人与自然的关系。从这个角度来看，我们认识到人的休息是一种抽象的、与正当行为的选择有关的实践活动。作为法学研究的对象、作为权利的内容，它主要是指休息包含的社会关系本身，即劳动时间与自由时间如何分配的社会关系。

二、社会历史中的休息权

发展规律是蕴含在事物历史发展中的一种必然的联系。休息权的发展规律，就是作为社会关系的休息从一项道德权利（或自然权利）发展成为一项法律权利的历史过程中所蕴含的必然性。探讨休息权的发展规律对休息权的理论研究或司法实践都有着重要的意义，忽视对休息权发展规律的认识和把握，会使研究走向唯心主义的陷阱。

---

〔7〕 员俊雅：《马克思异化理论新探》，中央编译出版社2013年版，第144～148页。

休息对人来说是一个重要的问题，哲学家早在古希腊时期就已经对相关的问题展开了思考〔8〕。法学家关注休息问题则始于18世纪：第一次工业革命后，工人们为了反对超时工作、争取自由时间而进行的工人运动，首次将休息权推上了历史舞台。因此，作为权利的休息，从一诞生就随着公平、正义、道德等伦理因素。换言之，合道德性论证在休息成为权利之初起到了重要的推动作用（此时的休息权是道德层面的应然权利）。而随着各国宪法法律、国际公约等对休息问题做出了明确的规定，休息应该得到保护已经成了国际社会的共识，休息权的合道德性论证似乎逐渐完成了它的历史使命。如今，摆在大部分国家面前的现实问题不是“休息应不应该受到保护”，而是人们的“休息如何在法律制度的框架内得以实现”。此时，论题的历史背景与任务已不同于从前。在这种情况下，该如何进一步探讨休息权的发展规律？

本书认为，休息成为权利包含着三个层面的命题：首先是应然层面的合道德性，休息应该成为权利（应然权利或道德权利）；其次是法律层面的合法律性，休息成为一项具备可诉性、可操作性的法律权利；〔9〕最后是实然层面的现实性，休息作为法律权利“实现的结果或形成的一种实有状态”〔10〕。有学者从应然层面证明了休息应该成为权利，便得出结论认为休息是一项权利，不免让人产生疑问。道德与法律之间并不存在必然的联系〔11〕，在逻辑上证明休息应该成为权利（休息是一项道德权利）难以证明休息就是一项法律权利。同时，法

---

〔8〕　参见于光远、马惠娣：《于光远马惠娣十年对话——关于休闲学研究的基本问题》，重庆大学出版社2008年版。亦可参见黄达安：《超越工作至上的世界——论休闲的本质及其当代意义》，吉林大学2011年博士学位论文。

〔9〕　类似的问题可参见舒炜：《自由的“其然”与“所以然”——评黄克武〈自由的所以然：严复对约翰弥尔自由思想的认识与批判〉》，载李猛编：《韦伯：法律与价值》，上海人民出版社2001年版，第396页。

〔10〕　程燎原、王人博：《权利及其救济》，山东人民出版社1998年版，第336页。

〔11〕　参见［美］理查德·A.波斯纳：《道德和法律理论的疑问》，苏力译，中国政法大学出版社2001年版，第125～133页。

学认识论也不同于法律史学的认识论[12]，论述休息在历史上已经成为一项法律权利，似乎也没有证明休息在法律上是如何成为权利的。

因此，本书将从三个方面来论证休息权发展的客观规律：首先，休息成为的权利是道德权利还是法律权利？这涉及现实中人们能够从哪个层面去主张自己的权利。其次，论据来自合道德性还是合法律性？这涉及应该采取何种论据来证明休息得以成为权利。最后，休息成为权利是偶然性的还是必然性的？这涉及如何去认识休息权发展的内在规律。

（一）从道德权利到法律权利

休息成为一项权利意味着休息由人的生存发展需要逐步演变为制度化的权利义务关系，即是时间利益被法律制度所确认与保障，并具备可诉性和可操作性。因此，证明休息成为一项权利的关键在于：证明休息如何成为一项真实的法律权利。而非证明休息应该成为一项权利（道德权利）或休息已经成为一项权利（现实权利）。

有学者指出了休息权的理论研究与权利实现中存在的问题，却将问题归结为“劳动者休息权的人权属性和正义价值取向”[13]问题。此时，论点似乎更加侧重于证明休息应该成为权利。然而，休息成为权利，不等于休息应该成为权利。

可诉的、可操作的法律权利，其主体应当是明确的，而不应模棱两可。以往的研究较少对休息权主体问题进行系统的论述。“休息权”一词的主体也常常有不同用法。一种是缺省主语，通常是在道德权利意义上使用，例如：“休息权乃是人人不可缺少之权利”[14]。另一种是使用“劳动者”作为休息权的主语，通常在法律权利意义上使

---

〔12〕 参见杨仁寿：《法学方法论》，中国政法大学出版社1999年版，第18页。

〔13〕 蓝寿荣：《休息何以成为权利——劳动者休息权的属性与价值探析》，载《法学评论》2014年第4期。

〔14〕 蓝寿荣：《休息何以成为权利——劳动者休息权的属性与价值探析》，载《法学评论》2014年第4期。

用,例如:“劳动者休息权的属性与价值探析”[15],或“劳动者休息权的人权属性突出地表现为它是人人所享有的”[16]、“劳动者休息权着眼于人的生存、人的尊严、人的发展”[17]等。但有时,也让人难以分清。例如:“劳动者休息权作为一项制度化的法定权利,使休息权能够更好地得到一国政府行政权力的保障,然而,劳动者休息权本身是每个人按其本性应该具有的天然权利,是一项基本人权。”[18]这里有两个“劳动者休息权”,前者是在法律权利上使用,而后者则是在道德权利意义上使用。

在道德权利层面还是法律权利层面上讨论休息权的主体,对我国的法律实践具有重要的影响。在我国,《宪法》《劳动法》层面的休息权主体是劳动者,区别在于《宪法》适用于本国公民,而《劳动法》只适用于狭义的劳动关系中的劳动者。在对休息权相关判例的研究中,本书发现几乎所有案件的权利主体都是劳动关系中的劳动者,而农民、小商贩、公务员、事业单位中的劳动者却在司法层面整体消失(详见本书第五章)。他们是否享有,又如何享有可诉的、可操作的休息权?这正是我国休息权实现中存在的真实困境——休息权主体困境。[19]

假如我们的论点是:休息成为一项道德权利。那么这似乎对休息权实现中的主体困境除了道义上的支持以外,并没有从制度本身去寻求问题发生的原因。如何去解释休息权主体困境产生的原因?本书认为,只能从法律权利制度化的角度去分析和论证。

---

〔15〕 蓝寿荣:《休息何以成为权利——劳动者休息权的属性与价值探析》,载《法学评论》2014年第4期。

〔16〕 蓝寿荣:《休息何以成为权利——劳动者休息权的属性与价值探析》,载《法学评论》2014年第4期。

〔17〕 蓝寿荣:《休息何以成为权利——劳动者休息权的属性与价值探析》,载《法学评论》2014年第4期。

〔18〕 蓝寿荣:《休息何以成为权利——劳动者休息权的属性与价值探析》,载《法学评论》2014年第4期。

〔19〕 参见李海明:《论劳动法上的劳动者》,载《清华法学》2011年第2期。

就我国的休息权主体困境来说,分析的切入点应该是对法律文本中的权利主语进行辨析。我国《宪法》第四十三条第一款规定:中华人民共和国劳动者享有休息的权利。从历史的角度看,“劳动者”在新中国成立前后是作为阶级概念来使用,它代表着无产阶级劳动人民,与之相对的是资本家、地主等剥削阶级。但改革开放使我们的社会成员更加多元化,国家的重心也从“阶级斗争为纲”转变为“以经济建设为中心”,越来越多的劳动者响应国家号召开始经商创业。同时随着国家逐渐鼓励和发展私有制经济、保障公民个人合法财产,劳动者也逐渐有了自己的财产。可以发现,“劳动者”一词在我国实际上经历了一个逐渐去政治化的过程。也就是说,我们现在使用的“劳动者”范畴与宪法立法者当时使用的“劳动者”范畴实际上存在一定的差异。如果一项基本权利只属于特定的一部分人,那么这项权利更像是一种特权。作为基本权利的休息权平等地属于每一个人,就意味着不应按照他所从属的阶级来决定他是否享有这项权利。所以,从哪个层面来理解《宪法》条文中的劳动者,就是判断休息权主体的关键。

现在人们已经很少在政治层面(阶级斗争)来使用“劳动者”一词,这体现了我国法治的进步。但即使从中立的立场使用“劳动者”一词,也仍然存在两种截然不同的效果,这是由“劳动”概念本身的含义决定的。“劳动”一词的含义有广义和狭义两种。广义的劳动可以指人类的一切有意识的活动;狭义的劳动主要指人们利用生产资料获得物质生活来源的活动。所以“劳动者”一词也具有广义和狭义两层含义。广义的劳动者可以指所有进行有意识的活动的人;狭义的劳动者则指从事物质资料生产活动的人。在狭义上理解宪法中的劳动者,就意味着只有“从事物质资料生产活动的人”才享有受宪法保护的休息权。这与基本权利的普遍性相矛盾。假如一个人没有从事物质资料生产,就断定他不享有休息的权利,这显然是有失公允的。因为作为基本权利的休息权平等地属于每一个人,同样意味着不应按照他所从事的活动的性质来决定他是否享有这项权利。[20]

所以，从广义的角度来理解我国《宪法》条文中的"劳动者"，才更接近休息权作为宪法基本权利的本质。之所以说只是"更接近"，是因为我们认为对主体做任何附加条件的限制，都或多或少违背了宪法保护的普遍性原则。一个人是否从事有意识的活动与他是否享有权利是两个层面的问题，前者描述的是行为能力，后者描述的是权利能力。所以，作为宪法基本权利的休息权，其主体应该是该国的每一位公民，而作为基本人权的休息权其主体应该是每一个自然人。

在理论研究中，由于研究视角的不同，休息权的主体也会产生相应的不同。劳动者、公民、自然人这三个范畴在特定的场合中都可以用来指代休息权的主体。我们认为休息权的主体是所有自然人，但是在不同学科或者不同的研究视角下，休息权的主体会被特定化。[21] 例如，我国劳动法视野下的休息权是一项法律权利，它的主体是劳动法律关系中的劳动者；一国宪法视野下的休息权是一项宪法基本权利，它的主体是该国的公民（以及按照属地原则所应当包含的其他自然人）；法哲学视角下的休息权是一项基本人权，它的主体则是每一自然人，无论其国籍、职业、年龄等。所以，当代社会中，休息权的主体不再局限于劳动者，而是每一个人。但在不同研究视角下，主体才被特定化为具体的群体。

由此可见，究竟在道德权利层面还是法律权利层面来论证"休息何以成为权利"，在理解论题的角度和观察现实的方式上都存在很大的不同。证明休息成为道德权利，可以对休息权的理论研究和法律实践提供重要的伦理指导，但其本身并不能回答现实中休息如何成为一项真实的法律权利。所以，对于诸如现实中不同的权利主体在休息权的享有和实现上存在的真实差异这类问题，只能通过研究休

〔20〕 参见王德志：《论我国宪法劳动权的理论建构》，载《中国法学》2014 年第 3 期。

〔21〕 参见考夫曼对研究客体的划分。［德］阿图尔·考夫曼、［德］温弗里德·哈斯默尔主编：《当代法哲学和法律理论导论》，郑永流译，法律出版社 2013 年版，第 5 页。

息如何从人的生存发展需要逐步演变为制度化的权利义务关系，从而成为一项具备可诉性和可操作性的真实的法律权利来回答。

（二）从合道德性到合法律性

前文论述了证明“休息何以成为权利”的关键在于证明休息如何成为一项真实的法律权利。因此，论证的依据也应当围绕合法律性（而非合道德性）来展开。

首先，休息权的属性不完全等于休息权的人权属性，还包括其法律属性。当用休息权的人权属性来论证休息权如何成为法律权利时，便会产生一些看似矛盾的问题。例如，有学者将劳动者休息权的人权属性归纳为必要性、自主性、单一性。[22] 从休息权的人权属性出发，这种归纳是可以成立的。但从休息权的法律属性出发，差异便显现出来。例如，“单一性”就不符合司法实践中人们对休息权的认识。

前一种观点认为“由于时间是单向的、不可存储的，一旦过去就再也无法追回”[23]，所以劳动者休息权是“不可替代的，不能被抛弃或被转让”[24]的，因此是单一性的。然而，从司法实践中去观察结果却并非总是如此。例如，我国《劳动法》第三十九条规定了工休替代办法，对于企业因生产特点不能实行标准工时制的，经劳动行政部门批准，可以实行其他工作和休息办法。在这种情况中，劳动者可能会连续工作很长时间，然后将再集中休息一段时间。又如，我国《劳动法》第四十四条规定了延长工时的报酬支付办法，对工作日延长工作时间、法定休息日加班、法定节假日加班三种情况规定了高于正常工作时间的工资报酬。《职工带薪年休假条例》第五条第三款也有类似

---

〔22〕 参见蓝寿荣：《休息何以成为权利——劳动者休息权的属性与价值探析》，载《法学评论》2014 年第 4 期。

〔23〕 蓝寿荣：《休息何以成为权利——劳动者休息权的属性与价值探析》，载《法学评论》2014 年第 4 期。

〔24〕 蓝寿荣：《休息何以成为权利——劳动者休息权的属性与价值探析》，载《法学评论》2014 年第 4 期。

的规定。这说明，法律是允许通过调休和提高报酬两种方式对休息权进行替代或补偿的。

休息权究竟是“单一性”的还是“可替代性”的或“可补偿性”的？问题产生的原因在于，究竟是从人权还是法律权利的角度来看待休息权。或者说，前一种观点在休息权属性这个问题上看到的更多的是道德权利。而作为一项法律制度的休息权，除了保障权利人的利益以外，还有肩负着平衡劳资关系、平衡经济发展的任务。法律权利需要符合一定的构成要件才能称为法律权利，“各类人权（人权目录），并不必然都能由法权（此处‘法权’同‘法律权利’，笔者注）来表达或确认，因为从法权构成上说，并不是所有被称为人权的内容都能够符合法权构成要件的”[25]。所以，是休息权的法律属性决定了休息权的可替代性与可补偿性。因此，休息权的属性不仅包括其人权属性，更应当包括法律属性。

其次，历史发生的原因蕴含在历史过程当中，但历史过程本身不是历史发生的原因。尽管历史分析也是实证分析的一种，休息权制度化的过程也是历史过程的一部分。但历史过程本身并不是历史发生的原因。这说明休息权在历史上已经成为一项法律权利，未能直接说明休息权成为法律权利的原因。

证明休息权成为一项法律权利的证明力，实际上来自权利义务关系制度化的过程中。因此，我们在历史分析的基础上进一步分析便会发现：从 18 世纪至今，无论在任何阶段，休息权的发展都离不开一个关键词——“斗争”（或者是中性词：博弈）。这意味着现实中的休息权不是凭空产生的，它并非如“神说，要有光，于是就有了光”一般毫无阻碍。休息权从道德权利到法律权利的过程，经历了无数次的压迫、反抗、罢工、协商、妥协，才逐渐从对生存和发展的渴望转变为现实的制度，最终被宪法法律确认为一项法律权利。这里蕴含着一个重要的事实，那就是作为法律权利的休息权，并非仅仅与主张休

---

〔25〕　黄建武：《法权的构成及人权的法律保护》，载《现代法学》2008 年第 4 期。

息权的人有关,它不仅是人的生存和发展的需要,更是平衡雇员、雇主、国家三者之间利益的重要法律关系。它通过调节工作时间、工资报酬等方式去平衡雇员的生存发展与雇主的经济利益以及国家的责任等之间的关系。简言之,作为法律权利的休息权产生的初衷并非仅在于保护人的自由时间,还在于平衡劳资之间工时博弈。

最后,事物的价值可以证明它存在的意义,而无法证明它存在的原因。休息对个人与社会的生存和发展都有极为重要的价值。因为其对人有价值,所以应该去保护。换言之,价值可以给我们提供保护休息的合道德性。然而这里却有一个逻辑误区,即认为只要论证了休息是符合道德的,就可以解释休息何以成为一项权利。“理性在价值和逻辑上证明了‘人’应当有的东西,证明了法律的‘应当’,并不等于经验领域中必然有充分的条件保证这些‘应当’成为现实。”〔26〕休息的合道德性只能证明休息应该成为一项权利。而休息成为一项权利是个法律命题,它只能依赖于对工时博弈、政策制定、法律生成过程中权利制度化的分析来获得证明力。

究竟采用合道德性论证还是合法律性论证?这不仅是个重要的理论问题,其对现实生活的影响也是巨大的。最突出的表现就是主张休息权是人权时,人们更多地站在劳动者的角度来看待休息权问题。这集中地表现在我国制定的各种政策法律法规中:较为倾向于法律关系中的一方(通常是劳动者),在实际执行过程中必然面临诸多阻碍。〔27〕这点在我国休息权的立法上表现得尤为明显,如《劳动法》第三十六条、第四十一条、第四十三条对工作时间作出的规定是以标准工时为原则,以特殊工时为例外;以按时休假为原则,以加班调休或补偿为例外。但在实际生活中,很多企业的员工是以加班为

〔26〕 黄建武:《法权的构成及人权的法律保护》,载《现代法学》2008 年第 4 期。

〔27〕 参见梁慧星:《劳动合同法:有什么错? 为什么错?》,载中国普法网:www.legalinfo.gov.cn/index/content/2009-08/28/content_1145473.htm,2014 年 11 月 20 日最后访问。

原则，不加班为例外。尤其是一些劳动密集型企业，甚至将“凡是公司安排加班，劳动者均自愿参加”这类的条款写进劳动合同，以此来规避法律责任，将加班常态化。“规定”与“执行”之间的巨大反差造成了休息权的“理想很丰满、现实很骨感”。

因此，证明休息何以成为一项真实的法律权利，应当从其合法律性入手。即从时间分配的利益相关人之间的冲突、博弈与妥协，直至形成制度化的社会关系的过程中去证明。这样才能尽量避免休息权出现理想与现实两张面孔。

（三）从偶然性到必然性

揭示休息权的发展规律，关键是证明休息成为法律权利的必然性，而非偶然性或盖然性。休息权的人权属性和正义价值可以论证休息应该成为权利（道德权利），历史分析可以论证休息已经成为一项权利（现实权利）。然而应该发生的事情是否必然发生？已经发生的事情又是如何发生？因此，在休息应该成为权利与实际已经成为权利之间的逻辑必然性是论题的重要节点。

唯物辩证法将“事物的发展看作是事物内部的必然的自己的运动”，认为“事物发展的根本原因，不是在事物的外部而是在事物的内部，在于事物内部的矛盾性”。〔28〕即事物发展的必然性源于事物内部矛盾。所以，休息由人的生存发展需要（道德权利）转变为制度化的权利义务关系（法律权利）的必然性——休息权由道德权利发展为法律权利的必然性——也应蕴含在休息权的内部矛盾中。

什么是休息权的内部矛盾？

回答这个问题就必须认识到作为法律权利的休息权是一种社会关系的反映，而不仅人的一种需要。这种社会关系一开始表现在雇员与雇主之间的契约关系中；随着工人运动的发展，部分内容被确定为法律关系，继而形成了由雇员、雇主、国家三者构成的更为复杂的

〔28〕　毛泽东：《毛泽东选集》（第一卷），人民出版社 1991 年版，第 301 页。

制度化的社会关系。任何权利的制度化过程，都是不同利益群体之间相互博弈的过程。[29] 休息权的制度化，就是建立在雇员与雇主之间存在不同的利益需求的基础上。雇员为了生存和发展需要一定的自由时间，而雇主为了追求利润增长就要雇员提供更多的劳动时间，两者便在时间分配的问题上产生了矛盾。但是，这种矛盾并不是单纯的“劳动与休息”（或“劳动与不劳动”）之间的矛盾。

尽管人们在日常生活中普遍认为休息与劳动是存在矛盾的。然而，在休息何以成为权利这个问题上，将休息与劳动之间的矛盾作为休息权内部矛盾中的主要矛盾，不仅不能解释休息何以成为权利，甚至会影响到休息权的实现。

从个人的角度出发。如果将休息与劳动视为休息权的主要矛盾，那么休息能否得到保障在很大程度上依赖于个人更看重什么，或者说休息与劳动（或闲暇与金钱）哪个对人更具有现实的紧迫性。人们常说“中华民族以勤劳为美德”“劳动最光荣”，在这种语境下，一个主张休息的人可能会受到来自舆论的压力。“只求付出、不图回报”的精神鼓励了一部分人，他们工作特别努力，领导赏识这样的人，他们会获得更多的晋升机会。但是对另一部分人来说，尽管他们完成了本职的工作，却仍然会被认为是不够勤劳，尤其是领导会认为这样的人没有可提升的空间。在一些场合中，按时上下班或拒绝加班的人会被上司、同事疏远。于是，争取自由时间与个人发展形成了舆论或心理上的对立。

从政府的角度出发。经济的发展是国家实力的重要表现。从中央到地方都出台了很多针对经济发展的保护性法律法规、政策。这些文件中虽没有提到可以牺牲雇员利益来保障经济增长，甚至很多文件都会提及不得损害雇员利益，但在实际的操作中政府等公权力机关很难完全站在雇员一边去保护雇员的自由时间、缩短企业的用

---

〔29〕 参见葛洪义等：《我国地方法制建设理论与实践研究》，经济科学出版社 2012 年版，第 424 ~ 441 页。

工时间。理论上，政府在劳资双方中是中立的角色，它必须平衡各方利益，既要维护经济发展，也要保障基本人权。但现实中往往并非如此，政府（以及掌管政府的官员）也存在自己的利益。在我国，各级政府一度都将 GDP 的增长放在第一位，面对部分企业无视法律规定，强迫工人超时工作，采取睁一只眼闭一只眼的监管方式，这是默许企业压榨工人的自由时间，并以此来维系经济的快速增长。在这种思维模式中，政府无疑是站在了企业一边，而工人们对自由时间的要求则被认为增加了企业成本、减缓了经济的增长。

将休息与劳动的矛盾视为休息权内部矛盾中的主要矛盾，是对休息权的误解。这一点从劳动的概念里可以进一步予以证明。马克思认为，真正的劳动应该是人的自由自觉的活动，而在私有制的条件下劳动发生了异化。所谓异化劳动，即劳动产品与劳动对象作为异于劳动者的存在物而存在，不再属于劳动者。在异化的劳动中，劳动者不再是自由自觉的活动，"他在自己的劳动中不是肯定自己，而是否定自己，不是感到幸福，而是感到不幸，不是自由地发挥自己的体力和智力，而是使自己的肉体受折磨、精神遭摧残"〔30〕。"如果人把他自己的活动看作一种不自由的活动，那么他是把这种活动看作替他人服务的、受他人支配的、处于他人的强迫和压制之下的活动。"〔31〕所以，"工人只有在劳动之外才感到自在，而在劳动中则感到不自在，他在不劳动时觉得舒畅，而在劳动时就觉得不舒畅。因此，他的劳动不是自愿劳动，而是被迫的强制劳动"〔32〕。可见，人在自由自觉地活动时，选择休息或劳动都是人的自由意志的体现。但在异化劳动中情况却发生了改变，工人与自己的劳动行为本身相异化，是

〔30〕 ［德］马克思：《1844 年经济学哲学手稿》，中央编译局译，人民出版社 2000 年版，第 54 页。

〔31〕 ［德］马克思：《1844 年经济学哲学手稿》，中央编译局译，人民出版社 2000 年版，第 60 页。

〔32〕 ［德］马克思：《1844 年经济学哲学手稿》，中央编译局译，人民出版社 2000 年版，第 55 页。

否劳动以及何时劳动都受到了来自他人的控制，是否休息不再由工人自己自由自愿地决定。因此，并非休息与劳动，而是休息与异化劳动的对立构成了休息权内部矛盾中的主要矛盾。[33]

综上所述，休息成为权利的必然性来自休息与异化劳动之间的对立关系。异化劳动出现以后，时间作为一种资源在社会范围内的分配出现了失衡，一部分人的自由时间逐渐减少，而被另一部分人所占有；当失衡发展到一定程度时便导致了罢工等一系列争取自由时间的工人运动；为了调和工人的休息与异化劳动之间的紧张关系，人们在矛盾、博弈、妥协中逐渐形成了制度化的时间分配方案（如工时制度、产假制度等）。因此，休息成为法律权利的必然性蕴含在社会分工、私有制生产方式之中，异化劳动的出现是导致休息成为一项法律权利的根本原因。

第二节　休息权的概念厘析

通过考察休息的观念沿革，我们发现：休息权是劳动时间与自由时间之间的分配冲突在社会关系上的集中体现；它与社会发展是同步的，不同社会阶段的休息权由不同的社会关系所决定。因此，从历史的角度来看，休息权概念是发展的，而非一成不变的。在当代社会，随着生产力的进步、福利国家的兴起、个人地位的提升，很大程度上已经改变了休息权形成之初仅仅由劳资双方围绕工时而展开的博

〔33〕 这与马克思的时间理论是一致的：他将时间分为劳动时间和自由时间，并认为异化劳动使劳动时间又分为社会必要劳动时间与剩余劳动时间。剩余劳动时间是资本家压榨工人获取利润的根源，它与必要劳动时间是一对矛盾，但是“工资”掩盖了剥削以及两种时间之间的区别。在休息问题上，资本家占有工人的剩余劳动时间就是休息权遭到侵犯的本质。参见［德］马克思、［德］恩格斯：《马克思恩格斯全集》（第31卷），人民出版社1998年版，第101～104页。

弈格局。个人、工会、企业，甚至政府的角色与它们之间的关系都发生了重要的变化。从权利属性的角度来说，这场变化的实质是休息权从一项道德权利演变为法律权利。那么作为法律权利的休息权，它的概念是否等同于作为自然权利的休息权？如果不同，在演变的过程中又发生了哪些变化？从法学的角度去研究休息权，首先需要构建一个符合法学特质的休息权概念。因此，本节试图从休息权概念的内涵与外延、休息权概念的主体，以及休息权概念的客体三个角度，重新构造休息权这一法律概念。

一、休息权概念的内涵与外延

休息权概念的内涵反映的是它的特有属性，即作为法律权利的休息权调整的特定的法律关系。休息权概念的外延是指能够反映休息权特有属性的形式构成，具体而言就是由与休息权调整的法律关系相关的“权利”“义务”“权力”“责任”等法律概念构成的框架结构。

（一）内涵：特定的法律关系

本章第一节分析了“休息”一词在日常生活中与法学研究中的区别，并推导出休息权中“休息”的真正对立面并非劳动，而是异化劳动，这正是休息成为一项法律权利的根本原因。如果将休息与劳动的对立看作休息权的内在矛盾，便产生了一系列不利于该权利实现的结果。因此，并非休息与劳动，而是休息与异化劳动的对立构成了休息权的内在矛盾。所以，作为法律权利的休息权，它所调整的是特定的法律关系便是：在异化劳动中，劳资双方围绕劳动者的劳动时间与自由时间如何分配而产生的权利义务关系。

（二）外延：多维的外部结构

休息权的外部结构是一种来自工程学的借喻，用来指代休息权与其他相关概念（如义务、责任、权力等）所构成的多维互动关系。美国分析法学家霍菲尔德（Wesley Newcomb Hohfeld，1879—1918）提出的"基本法律概念"分析模型不失为一种较为有说服力的理论。[34]

霍菲尔德开篇即称："人们有一种根深蒂固的不幸倾向，即一遇到具体问题，便往往将法律因素与非法律因素搅在一起、混为一谈。"[35]在我国有关休息权的讨论中同样存在着这种"不幸倾向"。

我国《宪法》第四十三条规定："中华人民共和国劳动者有休息的权利。国家发展劳动者休息和休养的设施，规定职工的工作时间和休假制度。"据此，法学教科书、工具书对"休息权"做出如下解释：

《法学词典》定义休息权为："公民的基本权利之一。劳动者为保护身体健康和提高劳动效率而休息和休养的权利。其目的是保证

---

〔34〕 Wesley Newcomb Hohfeld, "Fundamental legal conceptions as applied in judicial reasoning", *The Yale Law Journal* 26,8 1917, pp. 710 – 770. 下表为霍菲尔德的基本法律概念。

法律上的相反关系 jural opposite	权利 right	特权 privilege	权力 power	豁免 immunity
	无权利 no – right	义务 duty	无权力 disability	责任 liability
法律上的相关关系 jural correlative	权利 right	特权 privilege	权力 power	豁免 immunity
	义务 duty	无权利 no – right	责任 liability	无权力 disability

在这八个基本法律概念中，每个概念都代表着一类最基本的法律关系。霍氏反对将任何法律现象都化约为"权利—义务"关系，他认为，在这之外还存在"特权—无权利""权力—责任""豁免—无权力"等法律关系。只是人们并没有在传统的法律关系中，按照性质的不同而区分出更详细的概念。所以，他在论文《司法推理中应用的基本法律概念》中对这八个概念逐一做了梳理，并得出结论：在某个传统的法律关系中实际包含着多种性质的法律概念，而这些基本法律概念必须是只表示一类在严格意义上使用的概念。例如，法律上的"权利"(right)仅指某个请求行为(claim)所依赖的法律拟制；而法律上的"特权"(privilege)则指某人可做某事且无须他人配合的自由；法律上的"权力"是指一方可单方面为另一方创设、变更、消灭法律关系；法律上的"责任"则是指一方应当承受另一方为其创设的法律关系；"豁免"与"无权力"可以理解为：在甲与乙之间，甲无权力改变乙与甲或其他人之间的法律关系，此时甲即豁免、乙即无权力。这些基本法律概念便是霍菲尔德提出的、化约法律的"最小公分母"。

〔35〕 [美]霍菲尔德：《基本法律概念》，张书友译，中国法制出版社2009年版，第10页。

劳动者的疲劳得以解除,体力和精神得以恢复和发展;保证劳动者有条件进行业余进修,不断提高自己的业务水平和文化水平;保证劳动者有一定的时间料理家庭和个人的事务,丰富自己的家庭生活。"〔36〕

《北京大学法学百科全书》定义休息权为:"劳动者在履行劳动义务的同时依法享有的休息、休养的权利。劳动者的休息权是工人阶级长期斗争争取到的权利。休息权是宪法规定的公民的基本权利之一。"〔37〕

学者们也对"休息权"的概念进行了分析。他们提出:"休息权是指劳动者为保护身体健康和提高劳动效率而休息、休养的权利。休息权是劳动者的一项基本权利,是劳动者继续劳动和享有其他权利的必要条件。"〔38〕"休息权即获得休息和休假时间的权利。休息权是我国《宪法》规定的基本劳动权,是确保劳动者得以恢复劳动力,实现个人全面发展的权利。"〔39〕"休息权是指劳动者在享有劳动权的过程中,为更好地进行生产和保护劳动力的恢复,根据国家的法律和制度的有关规定而享有的休息和休养的权利。"〔40〕

以上解释或定义,无疑对休息权的实现与研究有重要的促进作用。但不能忽视的一点是:这些解释或定义大都停留在经验描述层面,甚至存在一些循环论证的情况,并未触及休息权概念的权利本质。那么,作为一项法律权利的休息权到底指的是什么?它与其他法律概念的关系又是如何?

根据霍菲尔德的概念模型以及前文对休息权概念内涵的判断,理论上可以从三个层面来理解休息权概念的多维外部结构:

---

〔36〕《法学词典》编辑委员会:《法学词典》,上海辞书出版社1989年版,第343页。

〔37〕北京大学法学百科全书编委会:《北京大学法学百科全书·民法学·商法学》,北京大学出版社2004年版,第1045页。

〔38〕胡锦光、韩大元:《当代人权保障制度》,中国政法大学出版社1993年版,第159页。

〔39〕冯彦君:《劳动权论略》,载《社会科学战线》2003年第1期。

〔40〕金哲:《休息权概念解析》,载《法制与社会》2010年第3期。

1. 行为层面

在抽象的法律关系中，休息权并非“解除疲劳、体力和精神得以恢复和发展”“更好地进行生产”“保护劳动力的恢复”等所指向的具体行为。正如土地并非财产，而是财产指向的对象一样。[41] “解除疲劳、体力和精神得以恢复和发展”“更好地进行生产”“保护劳动力的恢复”等，仅仅是某类具体行为的目的，而这类具体行为（设为 a1、a2…an）又仅是休息权所指向的对象。具体的行为 a 是“自由支配特定时间”[42]（Freedom，设为 F）这一抽象行为的外化。F 的实现有两条途径：(1) 主体自主支配（Privilege，设为 P）；(2) 必须依赖权利人请求行为（Claim，设为 C）和义务人的义务履行行为（Duty，设为 D）相互配合。

于是，在生活中我们可以把“休息”理解为“解除疲劳、体力和精神得以恢复和发展”“更好地进行生产”“劳动力的恢复”等等所指向的具体行为。此时的“休息”是作为一种具体的行为来使用，直接等同于 a 本身。它是整个权利活动的载体。

2. 特权层面[43]

“自由支配特定时间”即 F，根据其实现途径的不同，实际包含积极和消极两种路径：第一，积极实现，人可以单方面决定如何支配自己的时间，即自主决定如何将 F 外化为具体行为 a。第二，消极实现，与“自由支配特定时间”相关的是他人不能请求（no right）劳动者在特定的时间不去自由地支配其时间。这里的无权利（no right）准确含义是不能请求，而非不能干涉。“不能干涉”实际是法律禁止干涉，

---

〔41〕［美］霍菲尔德：《基本法律概念》，张书友译，中国法制出版社 2009 年版，第 14 页。

〔42〕该特定时间可以是法定的也可以是劳动者与用人单位的约定。

〔43〕在霍菲尔德的用语中，法律上的“特权”（privilege）并不是等同于日常用语中凌驾于法律之上的、与平等权相对的特权。在严格意义上法律“特权”指的是行为人可以不依赖于相应的法律义务，自己决定做或者不做某事的自由（liberty）。本书在不做特别说明的情况下“特权”一词皆在霍菲尔德概念模型意义上使用。

是一种明确的法律义务(duty)。[44]

因此,当F通过积极的方式去实现时,实际是指主体做或不做某事的自由。与此相关的是用人单位的"无权利",根据霍菲尔德的法律概念分析模型[45],F实现的积极形态当属典型的特权(privilege)。换言之:当劳动者能够自由自主地支配自己的时间,而他人无权利(no right)要求其为或不为某种行为,此时劳动者的休息权即是一项霍菲尔德意义上的特权(privilege)。自由职业者、个体劳动者等自主劳动者的休息权皆应属此列。

3. 权利层面

当F不能通过积极的方式实现时,便只能通过消极方式实现,而这种方式就是权利的实现方式。

霍菲尔德通过确定义务(duty)来确定的权利(right)的内涵。义务是指一个人应当为或不为某种行为。我国《劳动法》第三十六条规定:国家实行劳动者每日工作时间不超过八小时、平均每周工作时间不超过四十四小时的工时制度。那么,每日工作八小时、平均每周工作四十四小时之外的时间就应当是前文所说的"特定时间";自由支配这段时间便是F;在该时间里劳动者选择去吃饭、去游泳、去看电影就是具体行为a1、a2、a3。该法条为用人单位设定了一项明确的义务:不得迫使劳动者每日工作时间超过八小时、平均每周工作时间超过四十四小时。履行这项义务即为D。通过对用人单位设定义务的方式同时也明确了劳动者的一项权利,即可以请求用人单位履行法律设定的义务,保证每日工作时间不超过八小时、平均每周工作时间不超过四十四小时,与此对应的是权利请求行为C。

当劳动者能够自由支配自己时间,他人无权利(no right)要求劳

〔44〕 王涌:《寻找法律概念的"最小公分母"——霍菲尔德法律概念分析思想研究》,载《比较法研究》1998年第2期。

〔45〕 [美]霍菲尔德:《基本法律概念》,张书友译,中国法制出版社2009年版,第28页。

动者不为其欲为之事时,F的实现形态是积极的,此时的休息权是一项自由决定的特权(P)。但当用人单位强迫劳动者在法定休息时间继续工作时,用人单位便逾越了无权利的界限,造成了违反义务的状态。此时,根据法律的规定,劳动者可以向用人单位行使请求权(C),要求自由支配法定非工作时间,即拒绝加班。假如用人单位置之不理,劳动者可以向用人单位的主管部门或者司法机关继续行使请求权。应当注意,作为法律权利的休息权并非等同于行使请求权的行为本身。此时的休息权严格来说是一种由法律拟制产生的以请求权为核心的法律关系。

综上所述,休息权的权利活动是指权利请求行为C与义务履行行为D之间的法律关系。"法律关系的性质源自法律……只因法律本是为规制人的行为而设,一切法律关系的意义唯有清晰明确,方可确定具体的行为。"[46]因此,只有当作为法律权利的休息权实际上剥离了权利活动的行为载体a,纯粹的表示权利请求行为C与义务履行行为D之间的法律关系时,权利才能被更明确地表达,法律适用才能做到最大限度的准确。

休息权在行为、特权、权利三个层面各有所指,三者不加区分地使用,便可能造成研究领域里概念混淆、不知所指、自说自话的尴尬局面。因为"无论是发现法律问题,还是分析法律问题和解决法律问题,法学理论必须首先约定发现、分析、解决的条件、程序和规则,这是法学理论之间展开有效的理论争论,竞争的前提"[47]。承认休息权概念存在多维的外部结构,且在法律权利的具体语境中,休息权概念的外延应当被严格限制在权利层面,是本书设定的基本前提。

---

〔46〕［美］霍菲尔德:《基本法律概念》,张书友译,中国法制出版社2009年版,第99页。

〔47〕舒国滢:《法哲学沉思录》,北京大学出版社2010年版,第34页。

二、休息权概念的主体

（一）宪法基本权利层面的主体

权利的主体取决于该权利的性质。自从美国1776年第一次将基本权利写进宪法，绝大多数法治国家都已将公民的基本权利写进了宪法。

我国的立宪者早在1954年就已将休息权写入了《宪法》，一直到现行的1984年《宪法》，其中都有关于劳动者享有休息休假权利的规定。然而正是基于《宪法》的明文规定，在我们谈到休息权的概念时不可避免要受到第四十三条的影响。例如，《法学词典》在对休息权下定义时就使用了“公民”和“劳动者”两个概念作为权利的主体。[48] 显然，公民与劳动者两个概念的范畴是不相同的。

从历史的角度看，“劳动者”在新中国成立前后一直作为阶级概念来使用，它代表着无产阶级劳动人民，与之相对的是资本家、地主等剥削阶级。但改革开放使我们的社会更加多元，国家的重心也从“阶级斗争为纲”转变为“以经济建设为中心”，越来越多的劳动者响应国家号召开始经商创业。同时随着国家逐渐鼓励和发展私有制经济、保障公民个人合法财产，劳动者也逐渐有了自己的私人财产。可以发现，“劳动者”一词在我国实际上经历了逐渐去政治化的过程。也就是说，我们现在使用的劳动者范畴与立宪者当时使用的“劳动者”范畴实际上存在非常大的差异。

作为基本权利的休息权平等地属于每一个人，就意味着不应按照他所从属的阶级来决定他是否享有这项权利。所以，从哪个层面来理解《宪法》条文中的劳动者，就是厘清休息权主体的关键。

如今，人们已经很少在政治层面用阶级斗争的语气来使用“劳动

---

〔48〕《法学词典》编辑委员会：《法学词典》，上海辞书出版社1989年版，第316页。“休息权是公民的基本权利之一。劳动者为保护身体健康和提高劳动效率而休息和休养的权利。其目的是保证劳动者的疲劳得以解除，体力和精神得以恢复和发展；保证劳动者有条件进行业余进修，不断提高自己的业务水平和文化水平；保证劳动者有一定的时间料理家庭和个人的事务，丰富自己的家庭生活。”

者”一词。这体现了我国法治的进步。但即使从中立的立场使用“劳动者”一词,也仍然存在两种截然不同的解释进路,这是由劳动的含义决定的。

“劳动”一词的含义有广义和狭义两种。广义的劳动可以指人类的一切有意识的活动;狭义的劳动主要指人利用生产资料获得物质生活来源的活动。所以“劳动者”一词也具有广义和狭义两层含义。广义的“劳动者”可以指所有进行有意识的活动的人;狭义的“劳动者”则指从事物质资料生产活动的人。在狭义上理解《宪法》中的“劳动者”,就意味着只有“从事物质资料生产活动的人”才享有受《宪法》保护的休息权。这与基本权利的普遍性相矛盾。作为基本权利的休息权平等地属于每一个人,同样意味着不应按照他所从事的活动的性质来决定他是否享有这项权利。

所以,从广义的角度来理解我国《宪法》条文中的“劳动者”,才更接近宪法基本权利的要求。之所以说只是“更接近”,是因为我们认为对主体做任何附加条件的限制都或多或少违背了宪法的普遍性原则。一个人是否从事有意识的活动与他是否享有权利是两个层面的问题,前者描述的是行为能力,后者描述的是权利能力。所以,作为宪法基本权利的休息权,其主体应该是该国的每一位公民,以及其他受宪法保护的所有自然人。而作为基本人权的休息权,其主体应当是每一个自然人。[49]

---

〔49〕 在理论研究中,由于研究视角的不同,休息权的主体也会产生相应的不同。劳动者、公民、人这三个范畴在特定的场合中都可以用来指代休息权的主体。用考夫曼的话来说,这是实意客体与形式客体的问题。(参见[德]阿图尔·考夫曼、温弗里德·哈斯默尔主编:《当代法哲学和法律理论导论》,郑永流译,法律出版社2013年版,第5页。)我们认为休息权的主体是广义的人,但是在不同学科或者不同的研究视角下,休息权的主体会被特定化,例如:劳动法视野下的休息权是一项法律权利,它的主体是劳动法律关系中的劳动者;一国宪法视野下的休息权是一项宪法基本权利,它的主体是该国的公民以及按照属地原则所应当包含的其他人;法哲学视角下的休息权是一项基本人权,它的主体则是每一人,无论其国籍、职业、年龄等。所以,当代社会中,休息权的主体不再局限于劳动者,而是每一个人。但在不同研究视角下,主体才被特定化为具体的群体。

（二）劳动法律权利层面的主体

尽管在宪法基本权利层面，休息权的主体几乎等同于受宪法保护的所有自然人。但在更为具体的法律层面，并非所有受宪法保护的自然人都享有同样的权利。在劳动法律层面，这种不同主要是由劳动的形式差异所造成。[50]

1. 雇佣劳动中的劳动者

霍菲尔德通过确定与权利（right）相关的概念——义务（duty）来确定权利的内涵。即当权利人受雇于他人时，一旦支配法定休息时间受阻，便意味着有违反义务的行为在先。那么，通过确定义务便勾勒出了权利的边界。

我国《劳动法》第三十六条规定：国家实行劳动者每日工作时间不超过八小时、平均每周工作时间不超过四十四小时的工时制度。该法条为雇主设定了一项明确的义务：不得迫使劳动者工作时间超过法律规定的时间。在给雇主设定义务的同时，法律也赋予了雇员一项权利：请求雇主履行法律设定的义务。

当雇主强迫劳动者在法定休息时间继续工作时，雇主便逾越了无权利的界限，造成了违反义务的状态。此时，根据法律的规定，雇员可以首先向雇主行使请求权，要求行使自由时间的支配权或得到相应补偿。假如雇主置之不理，雇员可以继续向雇主的主管部门或者司法机关要求介入。此时，司法机关等第三方履行的是由法律设定的一项责任（liability），而权利人依据的是与责任相关的权力（power）要求第三方介入。在这个关系中，雇主违反义务的行为实际上激活了雇员拥有的请求权（claim）、要求司法机关等第三方介入的权力（power）以及司法机关等第三方介入纠纷的责任（liability）。

---

〔50〕 以下“雇佣劳动”与“非雇佣劳动”均指的是在自由劳动力市场中的劳动，诸如奴役劳动、义务劳动等，因其本身的违法性或不具备“休息与异化劳动”对立的内涵，因此不属于本书研究的范围。

由此可见，在雇佣关系中，劳动者的休息权符合霍菲尔德基本法律概念模型中的权利概念。换言之，雇佣关系中的劳动者是劳动法律层面的适格主体。〔51〕

2. 非雇佣劳动中的劳动者

在非雇佣劳动中，由于缺少法律规定的义务主体，人们对自由时间的占有与支配也表现为另一种形态。

非雇佣劳动中的自由时间占有和支配包含着两层含义：一方面，行为人可以单方面决定自己的时间如何使用，这是一种自主决定的自由。另一方面，按照霍菲尔德的理论，是相对人不能请求（无权利）行为人放弃这种自由。这里的无权利准确含义是不能请求，而非不能干涉。不能干涉实际上是法律禁止干涉，是一种明确的法律义务。综合两方面，如果行为人能够绝对地支配自己的时间，并且其他人无权利要求他放弃这种支配的自由，在霍菲尔德的理论中，这是一项特权（privilege）〔52〕。

在现实生活中，"privilege - no right"的结构可以用来解释小商贩、私营企业主等无须受雇于他人的"自主劳动者"的自由时间支配问题。这也正印证了前一节我们在讨论休息权内在矛盾时提出的一

---

〔51〕 在我国《劳动法》的语境中，"雇佣关系"概念被"劳动关系"概念所取代，这种概念转换后造成的制度事实是：《劳动法》的适用范围被限制在侠义的"劳动关系"中，不符合狭义"劳动关系"的主体则不具备《劳动法》上休息权的主体资格。例如，公务员本质上属于政府雇员，公务员与政府之间的关系也应当属于雇佣关系，但在我国却使用了一个非法律概念——人事关系——来指涉两者之间的关系，但人事关系强调的并不是基于契约的雇佣，而强调的是基于身份的依附（这也正是公务员"铁饭碗"的由来）。这种身份依附关系给公务员带来了"体制内"的特权，但在"体制外"却成为公务员群体不受《劳动法》保护的重要原因。这既是一种制度上的特殊关照，也是一种制度上的无形歧视。在本书后文将继续探讨造成休息权主体制度歧视的原因与出路。

〔52〕 需要注意的是，在霍菲尔德的用语中，法律上的"特权"（privilege）并不是等同于日常用语中凌驾于法律之上的、与平等权相对的特权。在严格意义上法律"特权"指的是行为人可以不依赖于相应的法律义务，自己决定做或者不做某事的自由（liberty）。

个基本判断:正是异化劳动(雇佣劳动)的出现导致了劳动者自由时间分配问题成为法律权利问题。

由此可见,在非雇佣劳动中,劳动者的时间在工作与休息之间如何分配是一项自由自主的特权(privilege),与其相关的是所有人的无权利(no right),而非特定人的义务(duty)。因此,非雇佣劳动中的劳动者的休息权是一项 privilege,而非 right。换言之,非雇佣劳动中的劳动者不是作为一项法律权利之休息权的适格主体。

(三)其他法律层面的主体

在我国法律体系中,休息权的主体除了宪法层面与劳动法层面的主体之外,还有一部分其他法律层面的主体。他们因为各自的身份特征而具备了特定的休息权,如儿童的"六一儿童节"、军人的"八一建军节"等。此类休息权的特征在于:首先,权利主体都具备特定的身份,如年龄或职业;其次,权利客体表现为每年享有固定的节假日;最后,法律设定此类休息权的意义在于纪念重要历史人物、事件或宣扬对特殊群体的保护等,并非为了平衡劳资双方时间利益博弈。因此,符合上述特征的休息权尽管也属于法律权利,但因该权利不具备"休息—异化劳动"对立的内涵,所以本书不对其进行讨论。

三、休息权概念的客体

无论是自然意义上的休息还是社会意义上的休息,都是基于自由时间这个前提。在一定的自由时间内,人可以发挥自由意志去思考并安排自己的行为。然而,法律作为一种具有国家强制力的社会规范,并不能用来调整私人领域内的自决行为。所以休息权不能约束人在自由时间做什么或不做什么。它直接保护的,应该是人的休息得以实现的时间前提。休息权作为社会规范,是通过调整人与人之间的关系来达到保护人的休息的目的,而自由时间正是这种关系的载体。所以,休息权保护的"休息"并不是休息行为本身,而是休息行为赖以进行的、劳动时间之外的自由时间。[53] 通常认为,权利的客体包括物、行为以及与人身相关的其他精神财富。随着知识产权的产生,智力成果也成为权利的客体。而随着休息权的产生,与自由时间相关的利益也已成为法律权利的客体。

(一)自由时间的内涵界定

自由时间的社会性与历史性决定了它与闲暇时间、休闲时间等概念有着不同的理论指向,也决定自由时间具备成为权利客体的潜质。

1. 自由时间的社会性

在人类目前的认知范围里,时间可以分为"自然时间"(或称"物理时间")、"社会时间"、"生命时间"等多种形态。社会时间是指人对自然时间的能动关系或者说自然时间在社会领域的特殊表现形式。[54] 社会时间的实质是社会化了的自然时间,是人类在实践活动的基础上,根据自己的目的和需要,赋予了自然时间以社会意义而形成的时间类型。[55] 马克思说,"如果说人与社会对时间的依赖关系导致社会时间化,那么,人对时间的能动关系则导致时间社会化。可见,随着人类社会的产生,人(社会)和时间之间必然在实践基础上相互作用,其结果是社会时间化和时间社会化,这样自然时间就变成了

---

〔53〕 对自由时间的保护,除了由工时制度、休假制度等予以明确规定的劳动时间或休假时间以外,为劳动所付出的必要的准备时间同样也不应被忽视。因为这部分时间看似属于个人自己,但实际上却从属于工作。例如,上班下班路上消耗的时间,虽然并未进行实质的工作,但确是为工作所必须付出的时间。所以休息权不仅意味着要区分劳动时间与非劳动时间,同样意味着要在非劳动时间中区分自由时间与为劳动而付出的必要准备时间。前者是现实生活中休息权相关制度规定的主要内容,也是学术界关注的重点。后者虽在现实中常常引起人们的不满,但在法学这一强调规范的学科中,却因规范的缺失而显得无从下手。

〔54〕 参见文海鸿:《马克思视野中的自由时间与空闲时间》,载《南京政治学院学报》2007 年第 6 期。

〔55〕 参见文海鸿:《马克思视野中的自由时间与空闲时间》,载《南京政治学院学报》2007 年第 6 期。

社会时间"[56]。在这一过程中,起决定作用的正是劳动。

劳动一方面将自然时间转变为社会时间,另一方面也将社会时间再次区分为劳动时间和自由时间。马克思进一步分析指出,最初人们劳动是为了生存,所以几乎所有劳动都是必要劳动。而随着私有制的产生,人们开始占有并积累财富,于是劳动时间逐渐区分为必要劳动时间和剩余劳动时间,人们在必要劳动时间中生产基本的物质生活资料,而在剩余劳动时间中积累财富。随着一部分人的财富增加,他们可以缩短自己的劳动时间,从而拥有越来越多的自由时间。所以,正是因为有了剩余劳动,人类才逐步积累起了一定的剩余时间,可用于艺术、科学等的发展。当异化劳动出现时,这种积累开始加速,一部分人通过占有生产资料的方式使另一部分人为其工作,从而占有他人的剩余劳动时间。这便是私有制社会中的雇佣劳动的本质。在这种劳动中,"要使许多人有余闲,雇佣工人就得拼命干,或者说,社会上一部分人的自由时间,取决于工人的剩余劳动时间和必要劳动时间的比例"[57]。

但马克思也批评道,"政治经济学家们自己认为雇佣工人的奴隶劳动是合理的,说这种奴隶劳动为其他人,为社会的另一部分,从而也为[整个]雇佣工人的社会创造了余暇,创造了自由时间"。[58] 而实际上,在这种劳动中,雇主是"寄生虫",而工人则是"役畜",他们均丧失了人之为人的根本。

尽管马克思主义学者们对资本家无偿占有工人的剩余劳动时间进行了批判,然而却肯定了剩余劳动时间在客观上促进了自由时间的形成。即自由时间的产生和存在,是以社会剩余劳动和剩余劳动时间的存在为前提的。社会化的自由时间只有在与劳动时间的辩证

[56] 转引自杨凤:《马克思论域中的自由时间与人的发展》,载《学术论坛》2005 年第 11 期。

[57] 转引自陆丽琼:《马克思的自由时间思想探析》,载《理论学刊》2008 年第 6 期。

[58] 《马克思恩格斯全集》(第 26 卷第 3 册),中央编译局译,人民出版社 1974 年版,第 281 页。

关系中才能被理解。

2. 自由时间的历史性

在人类社会早期中，由于科学技术落后、生产力水平低下，人们必须以生命活动的全部时间从事劳动，才能勉强维持生存。那时，“谋生”就是劳动的唯一目的，必要劳动时间几乎占据了人的全部生命活动。因此，那时的自由时间无从谈起。随着科学技术的进步和生产工具的改进，人类社会生产逐渐发展到产生剩余劳动和剩余产品，也相应地出现了剩余劳动时间。剩余劳动时间正是自由时间得以产生的基础。然而，社会化的自由时间自产生以来并非总是一成不变的，历史地看，它大致经历了两次重要的嬗变。

第一次是由于异化劳动的出现，导致了自由时间的货币化。

异化劳动的出现一方面加速了社会财富的增长，进而从整体上增加了社会中自由时间的总量；另一方面却造成了自由时间在不同人群中的不平等分配。马克思指出，“在资本主义社会里，一个阶级享有自由时间，是由于群众的全部生活都转化为劳动时间”〔59〕。“这些不劳动的人从这种剩余劳动中取得两种东西：首先是生活的物质条件，他们分得赖以和借以维持生活的产品，这些产品是工人超过再生产他们自身的劳动能力所需要的产品而提供的。其次是他们支配的自由时间，不管这一时间是用于闲暇，是用于从事非直接的生产活动（如战争、国家的管理），还是用于发展不追求任何直接实践目的的人的能力和社会的潜力（艺术等，科学）——这一自由时间都是以劳动群众方面的剩余劳动为前提，也就是说，工人在物质生产中使用的时间必须多余生产他们本身的物质生活所需要的时间。不劳动的社会部分的自由时间是以剩余劳动或过度劳动为基础的，是以劳动的那部分人的剩余劳动时间为基础的；一方的自由发展是以工人必须把他们的全部时间，从而他们发展的空间完全用于生产一定的使用

〔59〕《马克思恩格斯全集》（第44卷），中央编译局译，人民出版社2001年版，第605～606页。

价值为基础的;一方的人的能力的发展是以另一方的发展受到限制为基础的。”[60]相比较奴隶制的强迫占有奴隶的劳动而言,雇佣劳动以给付工人工资的形式掩盖了资本家占有工人剩余劳动时间的事实。这部分剩余劳动时间为资本家创造了更多的财富和自由时间,而工人在这种“自愿交换”中用本该属于自己的自由时间换得的仅仅是少于其付出的工资。自由时间的货币化看似公平,实际上掩盖了它不公平的一面。所以,工人运动反对资本家的斗争,就是一种争取自由时间的斗争。[61]

尽管如此,自由时间的货币化仍有其历史的合理性。唯物史观认为,“异化劳动是劳动发展的一个必经阶段和人生存的一种合规律样态,它虽然曾为极少部分人享有休闲的权利而剥夺了绝大多数人的这种权利,却是在生产力水平低下促成社会的精神生产向前发展的合理性手段,从而也就是社会发展的必须代价”[62]。

第二次是因为消费文化的兴起,导致了自由时间的消费化。

目前世界上大部分国家已经在制度上确立了八小时工作制,甚至一些福利国家已经将每日工作时间减少到更短。这是工人运动取得的伟大进步。然而,现阶段工作日的缩短并没有在根本上解决自由时间的货币化问题,恰恰相反,消费文化的兴起正在将工人运动争取来的自由时间重新纳入生产环节。

马克思曾经认为,在资本主义私有制下,异化劳动中的劳动不是对人的本质力量的肯定,人在劳动中是失去而不是获得自我;唯有在消费中,通过对工资的使用,人才得到一点点的自我的肯定,虽然还是虚假的。因此,与人类精神幸福、与人类创造性相联系、与生产直接同一的消费,必然会走向购物、走向消费主义、走向拜物教。片面

---

〔60〕 刘新刚、盛卫国:《关于马克思自由时间范畴的思考》,载《马克思主义研究》2008年第12期。

〔61〕 参见陆丽琼:《马克思的自由时间思想探析》,载《理论学刊》2008年第6期。

〔62〕 吴育林:《论马克思的劳动休闲观》,载《自然辩证法研究》2006年第7期。

的物质享受和可怕的精神贫困严重困扰着当代人，即便在闲暇时间中，人们以为自己是自由的，而实际上却如对现代社会给予后现代性批判的著名社会学家波德里亚深刻指出的那样：劳动时间历来是被金钱所支配的，而在现代消费社会里，金钱也同样支配着人们的自由时间；消费的时间也就是生产的时间，消费从来都是生产循环上的一个阶段而已。[63]

这种嬗变正是由消费文化引起。当经济学逐渐成为显学，一种以经济发展为向导的社会思潮已经弥漫到了社会生活的各个角落。任何与人有关的事物都可以用来消费和被消费，从而产生经济效益。就连曾经唾手可得的干净的水、新鲜的空气都已经成为珍贵的消费品。在这一社会背景下的自由时间同样面临着被消费化的危险。旅行最早始于祭祀、朝拜等宗教仪式，随后逐渐演变为游山玩水、娱乐身心、增广见闻。而当我国旅游业发展至今，大多数人的旅游方式就是利用假期跟随旅游团参观景区，而这种方式也被戏称为“上车睡觉，停车撒尿，下车拍照，回家啥也不知道”。这正是自由时间消费化的一种体现。

针对自由时间的消费化，从事休闲学研究的学者们对此给予了多角度的批判。其中以批判资本逻辑为线索，分析并认为休闲学意义上的自由时间（休闲时间）应该是促进人身心健康、实现人的自由全面发展的时间。而与此同时，也有一些学者认为休闲的兴起是一种新型的消费潮流，他们对于休闲的关注多以经济为出发点，将自由时间作为一种消费品，研究休闲经济的目的是促进经济的增长。于是，研究的目的从人的全面发展转变为经济的发展，休闲活动通过消费再次进入了资本逻辑。

通过考察自由时间的货币化与消费化，可以发现自由时间的发展史与生产力的发展史是同步的，具有显著的历史性。不同的生产力阶段对应着不同的社会关系，而在不同社会关系中自由时间也呈

---

〔63〕 参见陆丽琼：《马克思的自由时间思想探析》，载《理论学刊》2008年第6期。

现不同的历史形态。不仅在私有制社会中是如此,马克思指出:“不言而喻,随着雇主和工人之间的社会对立的消灭等等,劳动时间本身……将作为真正的社会劳动,最后,作为自由时间的基础,而取得完全不同的、更自由的性质,这种同时拥有自由时间的人的劳动时间,必将比役畜的劳动时间具有高得多的质量。”〔64〕这意味着在马克思的理论中,自由时间在私有制消灭以后将发生更重大的历史变化,即劳动变为真正自由自觉的活动,劳动与自由的统一同样也代表着劳动时间与自由时间的统一。在劳动领域,受压迫的异化劳动将被自由自觉的劳动所取代;在时间领域,少数人才能享有的自由时间将作为社会整体的财富被所有人共同享有。

3. 自由时间、闲暇时间、休闲时间

通过分析自由时间的消费化,我们发现,不同学科在自由时间的认识和理解上存在明显的差异,这是由不同学科的研究范式决定的。〔65〕甚至在同一学科内部由于研究者研究目的或方法的不同,也会造成概念使用上的差异。在休息权的研究中,自由时间、闲暇时间、休闲时间等相近概念在使用时就存在明显的混乱。本书暂不拟对这几个概念做全面的梳理和界定,虽然这项工作本身是极为重要的,但假如在本书中进行分析,则有可能造成文章偏离主题。所以,我们暂且只对这几个概念做初步的分析,以明确我们将在何种意义上展开关于时间的规范性研究,并确定本书的概念规则。〔66〕

哲学中的自由时间可以理解为人自由自觉活动的时间,因此,其与自由自觉的劳动的时间具有统一性。而在政治经济学中,劳动多

---

〔64〕《马克思恩格斯全集》(第26卷),中央编译局译,人民出版社1974年版,第282页。

〔65〕研究范式是指某一特定学科的科学家所共有的基本世界观,它是由其特有的观察角度、基本假设、概念体系和研究方式构成的,它表示科学家看待和解释世界的基本方式。

〔66〕这种概念的使用规则并不意味着在这些概念之间做绝对的划分,为了便于将社会时间作为一个可规范分析的客体,我们只在本书中使用。其他学科或其他课题如果涉及这几个概念,还须具体分析。

是指异化劳动(雇佣劳动),自由时间与这种异化的劳动时间处于对立关系。在休闲学中,一般将休闲分为三个纬度,即时间纬度、心理纬度和活动纬度。[67] 一个完整的休闲状态是时间、心理和活动三个纬度的综合。所以休闲时间还包含着休闲心理与休闲活动等内容。从内涵来说,它与哲学意义上的自由时间同质。但从时间长度上来说,它小于政治经济学意义上的自由时间。因为有上下班、家务等虽不属于工作但又不能自由安排的活动存在,人们几乎不能做到一下班就进入所谓的休闲状态。所以,休闲时间(或闲暇时间)是有特定价值取向的时间。在使用休闲时间(或闲暇时间)概念的时候,人们指的不仅是时间,还有其蕴含的特定的心理和活动等。

在法学视角中,尽管法律调整的对象是特定的权利义务关系,并且法律在其中也表现出了一定的价值取向,但这并不意味着在休息权中法律赋予了自由时间其他内容(法律上的自由时间仅仅是指社会时间中与劳动时间相对的那部分时间)。例如,法律规定了八小时工作制,那么在八小时以外的时间都可以称为法律上的自由时间,权利人如何度过这段时间,并不改变法律对这段时间的评价。由此看来,休息权中的自由时间与政治经济学中的自由时间概念最为接近,它们均指在社会时间中与异化劳动时间相对那部分时间。不同的是,政治经济学的研究对象是生产关系,即人们在社会生产活动中形成的社会经济关系,它包括生产、分配、交换、消费过程中的各种经济关系。而法学的研究对象包括但又不限于生产关系,从内容来看,它涵盖了社会生活中各个方面的社会关系。因此,法学视野下的自由时间,比政治经济学中的自由时间具有更丰富的内涵,它不仅在形式上要考虑与异化劳动时间相对,在内容上也要考虑人、企业、社会、自然的全面发展。

因此,休息权中的自由时间概念既要借鉴哲学、休闲学等在人的全面发展意义上使用的“自由时间”“闲暇时间”“休闲时间”等概念,

---

〔67〕 参见张斌:《休闲权利论》,中国旅游出版社2013年版,第19页。

也要借鉴政治经济学在生产关系中使用的“自由时间”“劳动时间”“必要劳动时间”“剩余劳动时间”“社会必要劳动时间”等概念。

（二）自由时间的三种形态

探讨过作为休息权客体的自由时间的内涵，下面将分析自由时间的表现形态，进一步明确休息权客体的所指。自由时间由于对立面的不同，将表现为应然、实然和规范三种形态（见图2－1）。作为权利客体的自由时间，是规范形态的自由时间。

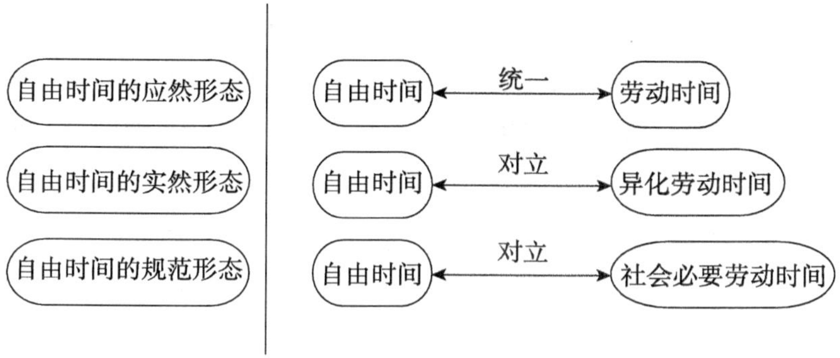

图2－1　自由时间的三种形态

1. 自由时间的应然形态

自由时间的应然形态是指在理想状态中，即在生产、娱乐、消费、休闲等活动所占用的社会时间分配最为合理的状态中，自由时间所具有的特殊形态。这将是最有利于人、社会、自然三者和谐发展的时间形态。

根据马克思的判断，自由时间的应然形态将具备两个核心特征：首先，自由时间与劳动时间本质上的统一性，自由时间就是容纳了自由劳动的时间，自由劳动是存在于自由时间中的劳动。[68] 其次，自由时间是社会财富，被全体成员共同占有，社会仅有大量的剩余劳动

〔68〕 转引自文海鸿：《马克思视野中的自由时间与空闲时间》，载《南京政治学院学报》2007年第6期。

时间还远远不够,“还要把这一切从统治阶级的独占品变成全体社会的共同财富和促使他进一步发展”[69]。

第一个特征前文已经指出:哲学中自由时间是指人自由自觉活动的时间,其与劳动时间具有统一性。是因为随着生产力的进步,生产活动中人的必要劳动将逐步减少。这将意味着必要劳动时间会逐步降低到最低限度,即人类只需要投入较少的必要劳动时间就能维持现有的物质生活水平。此时,人类将从物质生产劳动中解放出来,拥有更多的自由时间。然而自由时间不等于无所事事,自由时间作为人的充分自由发展的时间,绝不是以随意消闲、无所事事为主要内容的,而是指“用来个人受教育的时间,发展智力的时间,履行社会职能的时间,进行社会活动的时间,自由运用体力和智力的时间”,它是人们在全面展现“人的本质力量”的基础上,创造性地完成劳动活动、科学活动和社会活动的时间。因此,有学者认为,“在未来社会,自由时间异化现象消除,自由时间与劳动时间融合在一起,二者相互促进,相互发展。在未来社会消除社会强制力量,必要劳动时间降到最低限度,剩余劳动时间消失,有闲者也从事劳动”。[70] 其实这种说法并不准确。原因在于:剩余劳动时间是社会进步与财富积累的关键,如果劳动仅限于必要劳动那么人类最多只能维持现状。自由时间异化现象的消除关键是看剩余劳动时间被谁占有:如果被少数资本家占有,则说明工人的剩余劳动时间仍然存在被压榨的现象;如果被工人自己占有或被全社会共同占有时,则说明剩余劳动时间已经成为人与社会共同发展进步的基础。所以,剩余劳动时间并未消失,而是占有与使用的方式发生了根本的变化。这正是由应然形态的第二个特征决定的。

---

[69] 转引自文海鸿:《马克思视野中的自由时间与空闲时间》,载《南京政治学院学报》2007 年第 6 期。

[70] 李金霞:《马克思视阈中的自由时间与劳动时间关系及其当代启示》,载《湖北行政学院学报》2010 年第 2 期。

马克思曾经肯定过这样的一个命题："一个国家只有在劳动6小时而不是劳动12小时的时候，才是真正富裕的。财富就是可以自由支配的时间。如此而已。"〔71〕这意味在理想社会中，自由时间将成为社会财富的标志。而这必须具备两个必要条件：一方面，生产力提高减少人们的必要劳动时间；另一方面，自由时间的占有与支配掌握在每个人自己手中。这便是自由时间的应然形态。

2. 自由时间的实然形态

自由时间的实然形态是相对于其应然形态而言的，即自由时间在现实社会中所表现出的样态，也即私有制社会中自由时间作为资本所表现出的样态。它具有以下特点：首先，现实生活中的自由时间与异化劳动时间相对；其次，现实生活中的自由时间仍受制于资本增值逻辑的制约，成为一部分人压榨另一部分人的手段和工具；最后，因年龄、职业、行业等因素的不同，自由时间的实然形式在不同人群中表现出较大差异。

第一，与异化劳动时间相对。在私有制社会中，自由时间与异化劳动时间是对立而相互依存的关系。这种对立的依存关系表现在：自由时间，是在工作时间不变的情况下，由于生产力的发展，使必要劳动时间不断减少、剩余劳动时间逐渐增加而产生。因此，在社会范围内自由时间的产生依赖于异化劳动时间的存在。然而，通过劳动者投入的剩余劳动所积累起来的自由时间本应被劳动者享有，而在私有制社会中却被资本家所占有，资本家享有更多的自由时间用于休闲娱乐，而作为自由时间创造者的劳动者却鲜有闲暇。因此，在私有制社会中，资本家的自由时间是靠无偿占有劳动者的非自由时间（剩余劳动时间）获得的。一方的自由时间相应的是另一方的"被奴役的时间"；一方的能力发展相应的是另一方的发展受到限制。但

〔71〕《马克思恩格斯全集》（第26卷第3册），中央编译局译，人民出版社1974年版，第281页。

是,“迄今为止的一切文明和社会发展都是以这种对抗为基础的”[72]。由此可见,自由时间的应然形态与实然形态的差别关键在于其与劳动时间的关系,应然形态的自由时间与劳动时间是统一的,而实然形态的自由时间则是与劳动时间处于对立状态,根本原因在于在私有制社会中劳动发生了异化。

第二,受制于资本增值逻辑。自由时间与异化劳动时间的对立在资本主义社会中达到了人类社会的顶峰,这是由资本增值的逻辑决定的。资本最伟大的创造便是剩余劳动,这不仅加速了人类生产力的发展、创造了比以往任何一个时代都要多的物质财富,更重要的是为人类社会积累了可供创新与发展的自由时间。资本的目的在于通过占有剩余劳动时间来增加财富,它将采用一切科学技术手段,在工作时间不变的情况下,不断地缩减必要劳动时间,增加剩余劳动时间。然而,剩余劳动时间的增加必然导致社会整体范围内的自由时间增多。于是,资本为自由时间的增加创造了条件,使整个社会的必要劳动时间缩短到最低限度,从而为全社会成员的发展腾出时间。[73] 但也应当同时注意到,从全社会的角度来看,科学技术进步会增加剩余劳动时间,从而增加自由时间。但在工作时间不变的情况下,增加的剩余劳动时间仍是被资本家所占有。所以增加的是有闲阶级的自由时间,而无闲阶级的自由时间并未因此而增加。另外,资本为社会整体创造了更多的自由时间,但却用消费来将这部分时间重新纳入生产环节,使人的自由时间与劳动时间都为同一个目标服务——资本增值。因此,在现代社会中,自由时间始终受资本逻辑的制约。

第三,不可避免的个体差异。自由时间的实然形态还有一个重

---

〔72〕 参见于俊文、张忠任:《马克思的自由时间理论》,载《当代经济研究》2003 年第 1 期。

〔73〕 参见于俊文、张忠任:《马克思的自由时间理论》,载《当代经济研究》2003 年第 1 期。

要的特征,即在现实社会中由于人们的年龄、职业、行业、地位、身份甚至个性等差异,造成了自由时间在一个人身上表现出与另一个人截然不同的形态。在应然形态中,人的自由时间是人自由自觉活动的时间。而在实然形态中,人的自由时间可能表现为"个人受教育的时间,发展智力的时间,履行社会职能的时间,进行社交活动的时间,自由运用体力和智力的时间,以至于星期日的休息时间"〔74〕。马克思在这里区分了闲暇时间与从事较高级活动的时间,正是将自由时间从绝对自由的应然形态(自由自觉的)扩展到了相对自由的实然形态(可以支配的),从而将更多的、因人而异的时间形式纳入自由时间的范畴。

自由时间的实然形态与应然形态相比,尽管缺少明确的价值取向,但是在形式上却具备了更容易把握的形式特征。所以区分自由时间的应然形态与实然形态将有利于我们进一步分析自由时间的规范形态。

3. 自由时间的规范形态

规范形态的自由时间的对立面最终将是社会必要劳动时间,这体现出其与应然和实然形态之间的区别。首先,它以社会必要劳动时间为最终的对立面,区别于应然形态的自由时间与劳动时间的统一关系,这体现的是规范形态以现实生活为出发点。其次,它以社会必要劳动时间为最终的对立面,区别于实然形态以异化劳动时间(必要劳动时间+剩余劳动时间)为自由时间的对立面,这体现的是规范形式具有特定的价值取向,即将剩余劳动时间归还给它的创造者。

通过前文分析自由时间的应然形态与实然形态,可以发现应然的自由时间常常使用"自由""自由的活动""自主的活动""完整的人"等范畴,这明显表现出哲学化特点,寓意也比较宽泛,更多指向终

〔74〕 参见于俊文、张忠任:《马克思的自由时间理论》,载《当代经济研究》2003年第1期。

极关怀。[75] 而实然的自由时间则更多与"工作""假期""可支配时间""工资"等范畴有关,这体现出经济性、务实性的特点,所以它的关注点主要在经济活动。而自由时间的规范形态则是指:当人们意识到应然与实然之间的差距时,为了防止自由时间丧失保障人的全面发展的功能、在经济活动中彻底沦为资本的工具,人们就劳动者的工作时间与自由时间所形成的约定俗成或明文规定的行为规范,其最终目的是保障劳动者所创造的剩余劳动时间归于个人与全社会共同享有,从而消除资本家对劳动者剩余劳动时间的无偿占有。

自由时间的规范形态是从应然到实然的过渡形态,它体现着人的理性认识能力和主观能动性。从人类思想史的发展来看,人们先是认识到了休闲对于自身发展的重要意义,进而认识到生产力的提高会缩短工作时间,从而为休闲提供更多的可能。然而随着经济社会的发展,人们发现生产力的提高缩短了生产单个产品的时间,但人自身却并未因此而拥有更多的自由时间,流水线上的工人仿佛是机器中的一个部件,超长的工作时间与机械的工作方式让他们失去了作为一个健全人所应该拥有的发展机会。于是,19 世纪初的社会主义者罗伯特·欧文第一次提出了"八小时工作制",试图通过限制劳动时间的方式缓解工人阶级的生存危机。在随后的一个世纪里,国际工人运动将八小时工作制从倡议逐步提升为现实的工时制度,工时制度也从自由契约逐步转变为成为政治运动中的焦点。马克思曾经这样评价工时制度"在这个必然王国的彼岸,作为目的本身的人类能力的发展,真正的自由王国,就开始了。但是,这个自由王国只有建立在必然王国的基础上,才能繁荣起来。工作日的缩短是根本条件"[76]。在这句话里隐藏一个判断,即必然王国的充分发展为自由

---

〔75〕 参见刘晨晔:《解读马克思休闲思想的几个问题》,载《自然辩证法研究》2003 年第 6 期。

〔76〕 转引自于俊文、张忠任:《马克思的自由时间理论》,载《当代经济研究》2003 年第 1 期。

王国提供了繁荣的基础，而真正的自由王国却并非由必然王国独自构成，自由王国中最根本的要素是自由时间，而这必须依靠缩短工作时间来取得。所以，当人们认识到自由时间的意义以及产业工人悲惨的境地，并试图去改变不公平的社会时间分配制度时，自由时间的规范形态便应运而生。

自由时间的规范形态的首要任务便是缩短工作时间。针对如何缩短工作时间，不同的学者有截然不同的看法。有学者认为“劳动的普遍化”可以缩短工作时间。“劳动的普遍化不仅是克服自由时间的对抗形式的有效途径，而且是杜绝这种对抗形式再生的重要手段，并且通过劳动的普遍化，工作日将缩短，从而每个社会成员都将拥有自己的时间。”〔77〕然而，这种观点是建立在对劳动的片面理解和平均主义的基础上。劳动有不同的形式，脑力的、体力的、创造性的、机械性的等，如果认为穿着工装的工人是在劳动，而穿着西装的企业主就没有参加劳动，这是一种偏见。关于有钱（有闲）人如何参与社会劳动的问题可以部分参考凡勃伦的观点，他认为有闲阶级的炫耀性消费对社会整体生产水平和消费水平有积极的作用。〔78〕此外，“劳动的普遍化”还存在一个更严重的问题，即普遍的劳动本身就违背了“自由自觉”的初衷。如果自由时间的规范形态是要求每个人都参与特定的劳动，尽管它看起来可以将有限的工作平均分给每一个人，从而缩短每个人的劳动时间，但实际上，它更像是集中营或者劳教所的规定——限制而非促进自由。

那么自由时间的规范形态究竟如何才能缩短工作时间？这便要结合前文对自由时间的社会性与历史性的研究。不同的社会文化、不同的经济结构等都会对自由时间产生影响。甚至是不同的职业、

---

〔77〕 参见于俊文、张忠任：《马克思的自由时间理论》，载《当代经济研究》2003年第1期。

〔78〕 参见［美］凡勃伦：《有闲阶级论》，李华夏译，中央编译出版社2012年版，第57～79页。

不同的年龄等对自由时间的要求也会有所不同。因此，自由时间的规范形式也一定随着不同的社会、不同的行业、不同的职业、不同的年龄等因素而具备不同的内容。它并不像自由时间的应然形式那样具备高度的抽象性，相比之下，它应该是具体的——每个人都能根据自身的情况确定与自己有关的规范，从而促进自身自由时间的实现。所以，自由时间的规范形式必须依赖经济社会的基本运行规律，在此基础上通过人们之间的相互约定来不断改变社会时间在全社会范围内的分配方式。这种改变是潜移默化的，而非一蹴而就的，因为它是通过每个人对自己的自由时间的争取来实现整体的分配公平。这是自由时间规范形态的本质要求，脱离现实生活的利益博弈，自由时间的规范形态将沦为一纸空文。

（三）法学视野中的自由时间

前文已经论证过，在法学的研究中，休息权的核心问题是自由时间的规范分配问题，因此，法学视野下的自由时间也具备一些不同于其他时间的特征。法学视角下的自由时间是社会时间，但与哲学或经济学视角下的自由时间存在一定的差异，大致表现为以下几个方面：

首先，法学视角下的自由时间是具体的。与哲学或者经济学视角下抽象的自由时间相比，法学视角下的自由时间关注的是具体的权利义务关系中，权利人所具体拥有的、由“工作日”“节假日”等制度规定的可以量化的时间。

其次，法学视角下的自由时间是客观的。休闲学关于自由时间的理解包含着时间维度、心理维度、行为维度等。也就是说休闲学意义上的自由时间是时间、心理、行为等因素的综合，它包含着研究者特定的价值取向，所以在不同学者那里，对自由时间的理解也存在差异。而法学视角下的自由时间却不因人的心理状态、个人素质等因素的影响而有所不同。即在具体的权利义务关系中，权利人的自由时间由权利义务关系予以明确，不会因为人的主观因素而改变（但这不意味着相关人的主观因素不会影响权利的实现)。

再次,法学视角下的自由时间是相对的。以某种特定的价值取向作为衡量自由时间的标准,在个案中可能有效,但作为普遍的衡量标准,在现实法律制度中应用起来却存在难以克服的障碍。例如,休闲学认为人的必要生理时间与做家务的时间不属于自由时间,因为人在此时不能被看作是自由自主的。但在法学视野中,这些时间是与工作相对的、受到法律保护的个人时间。法律只在工作时间与自由时间划了一道界线,至于个人如何支配自由时间则并不关注。所以,哲学视角下的自由时间是个人绝对的自由,而法学视角下的自由时间是个人相对于劳动时间的自由。[79]

最后,法学视角下的自由时间是可替代的。作为休息权客体的自由时间,在法律上是一项可替代的利益。休息权的可替代性与可补偿性已在本章第一节对休息权"从合道德性到合法律性"中有过探讨,不再赘述。

所以,法学视角下的自由时间是具体的、客观的、相对的、可替代的。它以私有制社会中劳动时间与自由时间的二分为前提。所以,从内容上看,法学中的自由时间以哲学上的自由时间作为指导,但又不等同于哲学上的自由时间。从历史的角度看,哲学上的自由时间又以法学中的自由时间得以良好的实现为前提条件。

综上所述,休息权所调整的是一种社会关系,即在社会分工的背景下,出卖劳动的一方与购买劳动的一方围绕前者的劳动时间与自由时间如何分配而形成的社会关系。休息与劳动的主体是同一个人,而休息与异化劳动的主体则是对立的至少两个人,这种对立的人与人之间的关系就是休息作为一项权利所要调整的社会关系。这一

〔79〕 这并非意味着做家务的时间、上下班路上的时间不可能成为法律调整的对象,事实上,已经有学者指出,这些时间看似由劳动者自由支配,但实际上依附于工作,所以这类时间也被称为"广义劳动时间"。如果法律将这类时间视为广义的劳动时间,并对其进行调整,那么它们也将成为法律的调整对象。这同样体现了法学视角下自由时间的相对性。

社会关系是人类社会分工、私有制经济发展的必然产物。休息权从无到有、从道德权利发展为法律权利的必然性蕴含在人们就如何合理分配时间而进行的博弈过程中，异化劳动的出现是导致休息成为一项法律权利的根本原因。

因此，休息权所调整的劳动时间与自由时间之间的分配问题，不仅是一个由工时制度等组成的法律规范体系如何运行的问题。更准确的表述是：权利人与其他权利活动参与人如何在法律、习惯等社会规范体系中，通过博弈使得劳动时间与自由时间在各方利益主体之间形成合理的分配方式。

权利通常包含着这样几个内容：主体的自主地位、利益、自由、救济。[80] 也就是说，权利是拥有自主地位的主体处置自身利益的自由。对于休息权来说，它的主体是自然人（作为道德权利的休息权是一项人格权，它平等地属于每一个自然人，作为法律权利的休息权是一项身份权，它属于特定劳动法律关系中的自然人）；它所包含的利益就是休息所依赖的自由时间；而它的自由就是在自然人选择休息或放弃休息时免于被他人打扰或阻挠。

作为一项法律权利的休息权有着特定的内涵与外延。休息权概念的内涵反映的是它的特有属性，即作为法律权利的休息权调整是特定的社会关系，它并非是个人的休息与劳动的关系，而是在异化劳动中，出卖劳动的一方与购买劳动的一方围绕前者的劳动时间与自由时间而形成的社会关系。休息权概念的外延是指能够反映休息权特有属性的相对具体的构成，具体而言，就是与休息权调整的社会关系相关的权利、义务、权力、责任等法律概念构成的边界。

作为道德权利的休息权更多的是一种与健康权、生命权类似的人格权，它平等地属于每一个人；劳动法律层面的休息权则更多的是一种基于劳动关系而产生的身份权，它属于劳动关系中付出劳动的

〔80〕 葛洪义：《论法律权利的本质》，载《当代法学》1988年第3期。

一方当事人。[81] 因此,作为法律权利的休息权,其主体并非当然地是每一个自然人,这取决于具体的场景。

权利的客体一开始只有物和行为,随着知识产权的产生,智力成果也成为权利的客体。随着休息权的产生,与自由时间相关的利益也成为权利的客体。而与时间相关的利益在具体案件中表现为权利人自由支配个人时间的行为不受来自义务人的妨碍,以及因妨碍而产生的经济补偿利益。

---

〔81〕 理论上,休息权基于的社会关系并非狭义的劳动关系(《劳动法》意义上的),而是广义的劳动关系,即出卖劳动的一方与购买劳动的一方之间围绕劳动时间与自由时间如何分配而产生的社会关系。在此基础上,我国现行制度中存在的劳务关系、人事关系等都应当成为休息权所调整的对象。在休息权问题上,以狭义的劳动关系取代广义的劳动关系,正是我国公务员、律师等群体在司法救济层面整体消失的制度根源。

第三章 休息权实现的博弈机制

任何权利的实现都依赖于一定的物质基础，同时也都遵循一定的规律、方式或方法。这些物质基础与规律、方式、方法等的集合，就构成了一个有机的整体，它是"由具有整体性的若干转换规律组成的一个有自身调节性质的图式体系"[1]。皮亚杰将这类有机整体统称为"结构"，它"包括了三个特性：整体性、转换性和自生调整性"[2]。以此观之，休息权实现的博弈机制正是一个具备整体性、转换线和自身调整性的规范结构。本章将从基本含义、理论基础与博弈结构三个方面对该结构展开论述。

第一节 休息权实现机制的基本含义

"机制"(mechanism)是一个使用广泛的词，根据《辞海》的解释，它至少有四层含义：(1)机器的构造和工作原理，如计算机的机制；(2)有机体的构造、功能和相互关系，如动脉硬化的机制；(3)指某些自然现象的物理、化学规律，如优选法中优化对象的机制；(4)泛指一个工作系统的组织或部分之间相互作用的过程和方式。[3] "机制"

---

〔1〕 [瑞士]皮亚杰：《结构主义》，倪连生、王琳译，商务印书馆 1984 年版，第 1 ~ 12 页。

〔2〕 [瑞士]皮亚杰：《结构主义》，倪连生、王琳译，商务印书馆 1984 年版，第 3 页。

〔3〕 夏征农、陈至立：《辞海》(第六版)，上海辞书出版社 2009 年版，第 1000 页。

一词最早出现在希腊文中，一开始是指机器的构造与运行原理。随后由于人们将生物体借喻为机械，“机制”一词开始用于生物学和医学中，从而产生了“新陈代谢机制”“光合作用机制”等概念。随着社会科学的发展，人们开始认识到人类复杂的社会活动也同样具备机械或生物所拥有的这类特质，因此“机制”一词从自然科学中引入社会科学中，并由此衍生出了例如“市场机制”“竞争机制”“价格机制”等诸多组合词，“权利实现机制”也是其中之一。

一、规范视角中的权利实现

“权利实现”与“机制”相结合并非指与权利实现相关的各种因素的简单堆砌，法学视角中的“权利实现”具备一个规范学科所特有的内涵：

首先，“权利实现”不同于“权利实现的结果”。我们日常所说的“权利实现”大意是指权利所保护的利益得到实现。在这个意义上，是将“权利实现”理解为某种行为的结果。然而在理论上，“权利实现”的含义并非仅止于此，这是因为“权利”的概念不仅包括了利益，还包括权力、自由和主体的自主地位等多方面因素。实现是指成为一定的事实。权利的实现不同于利益的实现，利益的实现可以通过多种方式：它可以通过平等的方式，如履行契约；也可以通过不平等的方式，如欺骗、威胁、暴力、命令等。然而利益以权利的方式呈现在人们之间时，它的实现方式将发生重大变化。权利建立在社会成员相互承认、相互尊重的基础之上，权利的实现也必将是社会成员相互沟通、相互博弈、相互妥协的结果。权利的实现本身要求一个平等的环境，让利益各方提出自己的诉求、利益各方根据之前约定（明示、暗示）好的规则进行沟通。所以，权利的实现方式整体上是一种平等的方式，这种平等建立在权利活动参与者之间相互认同与尊重的前提下。所以，机制意义上的权利实现应该是指：权利所涉及的社会关系在现实中得到合理的调整，权利所涉及的各个要素均得以有效运行的状态。

其次,“权利实现”不同于“法定权利的实现”。20 世纪末,国内学术界展开了一场关于权利与义务、权利本位与义务本位的大讨论。学者们从不同的立场出发,论证了权利的概念、权利的本质等重要问题。这为后来兴起的各类权利研究奠定了坚实的理论基础。但与此同时,权利的实现问题却没有得到应有的重视。学者们的研究重点大致在以下三个方面:立法——如何使权利合法化;执法——如何使行政权力保障法定权利实现;司法——如何使法定权利遭受侵害后得到救济。然而,权利的实现并不完全等同于法定权利的实现。权利的实现过程,是从应然权利到实然权利的过程,是由可能性向现实性的转化。法定权利的存在使这一过程具备制度上的可期待性。然而权利的实现并不能仅仅依赖于法律权利,换言之,“存在着法律关系之外的权利及权利的实现”〔4〕。所以,法定权利的实现包含于权利的实现之中。而“权利的最终实现不仅仅在于静态的法定权利数量多少种类若干,更在于法律制度的动态活动。正是这一活动决定着某一权利的产生、根据、现实的操作性与实现的可能。贯穿于法律制度各个环节之中的程序涉及法律推理技术,虽然可能并不直接规定人们的实体权利,但却决定着人们实体权利实现的关键因素”〔5〕。

综合以上两点:首先,法学视角中的权利实现是建立在权利活动参与者之间相互认同与尊重的前提下,而非一方在法律上凌驾于另一方之上;其次,权利实现强调的不是结果,而是过程——权利从可能性到现实性的过程。所以基于以上两个前提,可将“权利实现”命题转化为另一种表述:权利活动参与者通过平等的、制度化的方式使自身权利从应然转变为实然的过程。这是由权利的性质决定的。因此,权利实现的字面含义可以理解为权利所保护的利益的实现,而更深层次的含义则是权利所涉及的社会关系在现实中得到合理有效的

〔4〕 公丕祥:《论权利的实现》,载《江苏社会科学》1991 年第 2 期。

〔5〕 王莉君:《通过法律的权利实现》,载《研究生法学》1999 年第 4 期。

调整,权利参与者按照平等、尊重、可预期的方式参与权利活动。

二、休息权实现机制的内涵

明确了“机制”的含义和“权利实现”的含义,“权利实现机制”这个组合词的含义便逐渐清晰,它是指:存在于人类现代社会中的,以人的权利实现为目的,以调整人的社会关系、平衡各方利益为手段,由制度(法律制度、经济制度、企业管理制度等)与其他规则(职场文化、人际关系、潜规则等)共同构成的具备整体性、转换性和自生调整性的规范有机体。它不是单纯的规范体系,也不是单纯的经验体系,而是由规范与经验共同构成的混合体。它的存在促使权利参与人按照平等、相互尊重、可预期的方式参与权利活动。〔6〕

权利实现机制存在于所有权利的各个实现阶段之中,尽管权利种类不同、权利主体及其他权利参与者的个人情况不同、权利实现的政治、经济、文化背景不同,只要一项权利得到了人类社会的认可并成为法律权利,那么这项权利的实现机制便会逐渐形成。随着社会法治水平、经济水平、教育水平的发展,权利实现机制也在不断地调整。它没有一个固定的形态,但却可以通过一定的标准来对其予以衡量,衡量权利实现机制的标准在于:首先,能够通过平等协商产生的规则来有效地调整社会关系、平衡各方利益,这意味着权利实现机制具备基本功能;其次,能够通过基本功能来促进权利的实现,这意

〔6〕 与“权利实现机制”相类似的概念还有黄建武教授提出的“法律调整机制”,他认为,“由于法律具有由人力物力等物质形态的资源构成的强制力,法律调整就不是一种单纯的意志活动,而是一种物质力量的活动”。因此法律调整的机制可以概括为:“法律规范将社会中实际的社会关系模式化,为人们实现利益提供了有效方式,也表达了对不发行为的制裁措施;国家强制力这种能够影响或控制人的行为的物质力量,保证了法律规范的时效性:守法就能有效实现利益,违法即受惩罚。”两个概念尽管在表述上有所差异,但实际上,权利实现的手段是法律调整,而法律调整的目的是权利实现。因此,这两个概念是同一事物的不同表述。参见黄建武:《法律调整社会关系的机制与科学立法》,载《法治论坛》2011 年第 4 期。

味着权利实现机制达到了手段与目的的统一。至于权利实现机制的构成,在法治水平高的地区,规范构成与经验构成的比重要高于法治水平低的地区。换言之,在权利实现机制中,正式的制度规范作用越大,该地区的法治水平则越高。然而,需要指出的是,并不是法治水平的高低决定了权利实现机制的构成,而是权利实现机制的构成决定了法治水平的高低。

综上所述,休息权实现机制的含义是指:存在于人类现代社会中的,以人的自由时间的取得、实现、救济为目的;以调整个人与个人、个人与单位、社会与国家的关系,平衡劳资双方的利益冲突,协调人权保障与经济发展为手段;由制度(工时制度、带薪年休假制度、企业管理制度等)与其他规则(职场文化、人际关系、潜规则等)共同构成的具备整体性、转换性和自生调整性的规范有机体。而这正是工时博弈的真实场景。

第二节　休息权实现机制的理论基础

休息权实现机制并非将休息权与实现机制两个概念生拼硬凑在一起,它的理论依据主要来自两个方面,即自由意志的休息观与结构主义的方法论。

一、自由意志的休息观

休息权的伦理价值源于现代人所面临的自由时间短缺困境。现代人在劳动时间制造消费品,赚取劳动报酬;在自由时间将劳动报酬用于购买消费品。人的整个生命周期实际上都在用于维持经济体的运转,劳动时间与自由时间之间的区别被简化为消费和为消费做准备。人的休息也被片面地理解为生理机能的再恢复。尽管人们仍然会利用有限的自由时间去提升自己的能力,如学习外语、乐器、绘画等,但这些活动似乎也只是为了更好地消费与被消费。

其结果是"我们已经将每日的平均工作时间减少到了一百年前的一半左右。我们现在能够自由支配的时间比我们的祖先梦想的还要多。但是结果又怎样呢?我们不知道怎么使用这些新获得的自由时间,我们只是设法消磨这些节省下来的时间,打发掉一天之后,我们便感到心满意足了"[7]。准确地说,消磨这些自由时间的方式也是由生产消费的大逻辑决定的。市场会根据资本增值的需要为人们定制各种各样的广告,以时尚来引导人们消费金钱和时间。[8] 在这一点上,实行市场经济的资本主义与社会主义没有本质的不同,通过机械化大生产以及市场把人组织起来,每个人都变成了机器的一个部件。[9] "这些机器生产出像机器一样运行的人;人的才智提高了,可是理性却败坏了,因而人面临着一种危险的处境:有巨大的物质力量,却没有使用这些力量的智慧。"[10]我们曾经认为生产力的发展可以帮助人们摆脱自然的束缚,然而生产力的不断进步却给全球环境问题带来了严峻的挑战,甚至严重危及人类的生存。自由时间的产生和分配与社会生产、消费、环境等社会问题紧密地联系在一起。

自由时间的困境不仅在于时间上的不足。在消费社会中,自由时间看似是比以前增多的,但这些时间实际上是消费时间、商业化的娱乐时间,这些时间是资本逻辑延续,是虚假的自由。应该承认,消费欲望是人性的一部分,欲望的解放恰恰是物质繁荣的动力。但假

---

〔7〕 [美]艾里希·弗洛姆:《健全的社会》,孙恺祥译,上海译文出版社 2009 年版,第 3 页。

〔8〕 参见[美]加耳布雷思:《丰裕社会》,徐世平译,上海人民出版社 1965 年版,第 132~169 页。

〔9〕 参见[美]赫伯特·马尔库塞:《单向度的人》,刘继译,上海译文出版社 2008 年版,第 35 页。"从资本主义向社会主义过渡尽管是一场革命,但它看来依然是变量。人被其劳动工具所奴役的状态,在一种高度合理化的、效率极高、前途远大的形式中得到继续。"

〔10〕 [美]艾里希·弗洛姆:《健全的社会》,孙恺祥译,上海译文出版社 2009 年版,第 308 页。

如任由其发展,人们所有的时间都将沦为生产消费的时间,人类终将失去自我,成为欲望的奴隶。而理性则帮助人们克制欲望,人们通过契约、法律等手段限制自身对时间的无度使用,平衡生产与消费、生存与发展之间的关系。所以,休息权是欲望与理性合作的产物,是人类认识到了社会的缺陷,并为克服缺陷所做的努力,是人的自由意志的体现。

二、结构主义的方法论

权利实现机制是一个实践课题,它兼具了理论向度与实际向度两个方面。在理论向度中,权利实现机制表现为规范的逻辑自洽的体系,因此,这里的理论向度也可以理解为"规范向度"。在实际向度中,权利实现机制则是权利参与者依据各类规则、规范(法律、企业规章、契约、习惯、传统)等,通过博弈来实现自身利益的经验体系,从这个角度出发实际向度也可以理解为"经验向度"。

"规范向度"与"经验向度"的结合,才构成了权利实现机制这个关于实践的有机整体。皮亚杰将其称为"结构",他认为人类社会中的这种实践结构是人区别于其他动物的根本,"人类与许多动物类不同,动物只有在物种改变时才能有改变,而人却能在使世界改变的同时改变自己,能在建立自己的结构时使自己成为结构,并不是由于非时间性的宿命从外界或内部消极地接受这些结构的"〔11〕。因此,"权利实现机制"可以理解为人类社会特有的一种实践结构。

在此之前,学者们大多是从系统论的角度来认识权利实现机制。权利实现机制本质上可以被看作一个系统。机制与系统本是两个相对的概念,它们之间的关系取决于概念使用时所选取的参照物。例如,在经济学中,如果将市场作为一个整体,那么市场就是一个系统,价格机制则可以视为该系统的组成部分;如果将价格机制自身作为一个整体,那么价格机制自身也可以构成一个相对独立的系统。

〔11〕［瑞士］皮亚杰:《结构主义》,倪连生、王琳译,商务印书馆 1984 年版,第 101 页。

系统思想可以溯源至古希腊，那时人们将系统理解为由部分构成整体。但作为哲学分支的系统论（General system theory）则是由美籍奥地利生物学家贝塔朗菲（Ludwig von Bertalanffy）在20世纪50、60年代提出。一般系统论通常把系统定义为：由若干要素以一定结构形式联结构成的具有某种功能的有机整体〔12〕。这种定义与我们之前对休息权实现机制的定义颇为类似（却有所不同）。所以，在关于“权利实现机制”的研究中，学者们多以系统论的观点作为论证的理论基础。

系统论的出现，使人类的思维方式发生了深刻变化。以往研究问题，一般是将事物分解为若干部分，抽象出最简单的构成要素，然后以各要素的性质去说明复杂事物。这种方法的着眼点在局部或要素，遵循的是单项因果决定论。虽然这是几百年来在特定范围内行之有效、人们最为熟悉的思维方法，但是它不能如实地说明事物的整体性，不能反映事物之间的联系和相互作用，它只适应认识较为简单的事物，而不能胜任对复杂问题的研究。在现代科学的整体化和高度综合化的发展趋势下，在人类面临许多规模巨大、关系复杂、参数众多的社会问题面前显得无能为力。因此，系统论的出现为解决复杂问题提供了有效的思维方式。然而当学者们实际运用系统论的哲学图式来分析权利实现机制时，往往只是借用了系统论的哲学观点作为研究的理论基础，却并未真正使用系统论的研究方法对研究客体的结构和功能进行数理描述。实际上还是采用“部分说明整体”的方式，将权利实现机制割裂为不同的部分，然后分别就各部分予以分析说明，最后将各部分综合在一起说明整体。但是，“把研究对象分析为许多组成成分的办法行不通，整体并不是各成分的简单综合，它

---

〔12〕 参见［美］冯·贝塔朗菲：《一般系统论基础，发展和应用》，林康义、魏宏森等译，清华大学出版社1987年版，第50～55页。

比成分的综合还要多一些，即整体还有整体作为整体自己的性质"[13]。

造成人们实际运用的研究方法与他们所宣称的研究方法之间背离的原因是多方面的，研究者对系统论的理解是否准确、对研究客体经验材料的实际掌握是否充足都是重要原因。而另外一项重要原因在于系统论本身。系统论本身是一套复杂的哲学体系，它的历史任务是树立一种新的世界观。因此，对于诸如"权利实现机制"这类抽象程度一般的系统而言，系统论作为一种指导思想的意义要远大于作为一种研究方法。这就好比我们想知道一道菜怎么做，实际上我们需要知道的变量是：这道菜的原材料有哪些、配料有哪些、主料与配料的分量、烹饪的时间、火候等，以及这些变量之间、变量与整体（成品菜肴）之间的关系，而不是水分子、无机盐、碳水化合物的比重以及它们和温度之间的关系。这里的意思是，系统论作为一套哲学理论，它的理论抽象程度超越了权利实现机制所要回答的问题的理论抽象深度。因此，我们可以说权利实现机制是一个系统，然而研究它则需要比系统论更为贴近实际的分析方法。因为权利实现机制是实践问题，并非单纯的理论问题。

结构主义与系统论有着诸多相似之处，如两者都从某种整体意义上使用"结构""系统"等概念；结构主义与系统论都是"反事件"；结构主义强调结构的动态性与相对性，而系统论也强调系统的开放性与相对性，两者在这一点上是高度契合的；结构主义者与系统论学者常常相互引用彼此的研究成果；等等。然而两者的理论出发点、理论内涵等仍存在不同。[14]

首先，结构主义不是一个统一的哲学流派，而是在诸多学科中广泛存在的一种研究方法。"结构主义主要强调一种方法论"，它"反

〔13〕［瑞士］皮亚杰：《结构主义》，倪连生、王琳译，商务印书馆1984年版，第1～12页。

〔14〕黄小寒：《试论系统哲学与结构主义的异同》，载《教学与研究》2005年第12期。

对哲学本体论和形而上学。而系统哲学却非常关注这个问题。系统哲学是一种理论体系"〔15〕。结构主义认为"一切有关社会研究的形式,不管他们多么不同,都是要导向结构主义的:因为社会性的整体或'子整体',都从一开始就非作为整体来看不可;又因为这些整体是能动的,所以是转换的中枢;还因为这些整体的自我调节,能用社群所强加的各种类型的限制和种种标准或规则这样一个有特殊性的社会事实表现出来"〔16〕。"当人们有把结构主义当成一种哲学的倾向时,威胁结构主义的永恒存在着的危险是结构的实在论;只要人们一忘记在结构和成为结构的来源的各种运算之间的关系,就会到这种实在论里去找出路……结构只代表这些运算的组成规律或平衡形式;结构并不是先于或高于他们的、为他们所依靠的实体……所以……结构主义的关键,在于运算的第一性。"〔17〕"方法论结构主义的本质,乃是要到一个深层结构里去找出对这个经验性体系的解释,这个深层结构可以使人们对这个体系做出在某种程度上是演绎性的解释,而且要通过建构数理模型来重建这个深层结构。"〔18〕

其次,结构主义从整体的角度出发,更加关注部分与部分之间的规律或逻辑关系。"成分服从于能说明体系之为体系特点的一些规律","这些所谓的组成规律,并不能还原为一些简单相加的联合关系,这些规律把不同于各种成分所有的种种性质的整体性质赋予作为全体的全体"。〔19〕"它既不是原子论的,也不是严格意义的格式塔的。整体不等于各孤立部分的总和。但是,如果知道各孤立部分的总和,以及各部分的相互关系,就可以推演出构成它们的诸元素的高级水平。""结构是指系统内部分与部分之间关联方式的总和。系统

---

〔15〕　黄小寒:《试论系统哲学与结构主义的异同》,载《教学与研究》2005年第12期。

〔16〕　[瑞士]皮亚杰:《结构主义》,倪连生、王琳译,商务印书馆1984年版,第83页。

〔17〕　[瑞士]皮亚杰:《结构主义》,倪连生、王琳译,商务印书馆1984年版,第124页。

〔18〕　[瑞士]皮亚杰:《结构主义》,倪连生、王琳译,商务印书馆1984年版,第84页。

〔19〕　[瑞士]皮亚杰:《结构主义》,倪连生、王琳译,商务印书馆1984年版,第2~3页。

是通过其具体的结构表现出整体性。"[20]因此,"并不意味着一切都是'结构',还得要了解怎样从形式的这种普遍性过渡到结构的存在上去,因为结构是更有确定意义、更有限制性的存在"[21]。

综上所述,采用结构主义的方法论在处理权利实现机制这样一个由经验与规范共同构成的实践结构时,更侧重于权利实现机制各个构成部分之间的规律或逻辑关系。因此,对休息权的实现机制来说,将其视为一个系统是研究的前提,系统论正是为我们提供这种世界观基础。而要想达到研究的目的——用普遍性的模型来描述和解释休息权的实现机制——则需要依靠社会科学的研究方法,而结构主义则为我们提供方法论基础。

第三节　休息权实现机制的博弈结构

一、基于规则的说理

权利实现机制的作用方式直接决定了权利活动参与者之间能否按照平等、相互尊重、可预期的方式行为。权利是一种社会制度,它通过多层次的作用机制,对特定的社会关系进行合理、有效的调整,使各权利参与者按照平等、相互尊重、可预期的方式安排自己的行为,从而将个人利益与社会秩序两个目标统一起来。按照权利的方式去追求个人利益,本身便蕴含着对社会秩序的强化。

通常认为,法律具有的制度刚性,是保障个人权利、维护社会秩序的重要因素。然而面对复杂多变的社会生活,法律制度的滞后性几乎无法避免。对于权利实现的问题,单从法律制度层面来探讨或者仅探讨法定权利的实现,即便不能说没有作用,至少也很难达到预

---

〔20〕　黄小寒:《试论系统哲学与结构主义的异同》,载《教学与研究》2005 年第 12 期。

〔21〕　[瑞士]皮亚杰:《结构主义》,倪连生、王琳译,商务印书馆 1984 年版,第 96 页。

期的效果。在现实生活中，权利的实现是诸多复杂的因素相互作用的结果。法律制度并非唯一影响权利参与者行为的因素，常有人为了某些他认为更合理的动机而放弃遵守法律。〔22〕这并非法律体系本身的问题，而是由人的复杂性与多样性所造成的问题，是价值的主体性问题。然而这也正是社会生活丰富多彩的原因。“事实上，经济权利的来源往往是在人们的互动中界定与再界定的，而并非通过法律的初始分配。”〔23〕所以从这一点出发，我们认为：合理、有效的调整权利所涉及的社会关系，不是去忽略权利参与者的复杂性与多样性，而是要研究和发现复杂现象背后多层次的作用方式。

尊重人与人之间的复杂性与多样性，就要求我们应当采取说理的方式来对待人与人之间的纷争。说理的前提之一是存在可以被发现和理解的“理”，前提之二是纷争各方均遵循一定的论述规则。权利实现机制本质上是一系列的论述规则的有机体。“某一案件当事人通过有关的法律活动能够实现权利，不仅仅取决于法律文本确认了哪些权利，更大程度上取决于某种贯彻于法律活动之中的论述规则。”〔24〕可见，论述规则不仅是法律制度本身，更准确地来说，法律制度是论述规则的载体之一。而论述规则还包含着权利活动参与者的思维方式和推理方式。

论述规则的意义在于可以弥补制度的不完善。因为“存在大量的实际利害关系的情况下，完全的程序正义即使不是不可能的，也是极小的”〔25〕。这一方面是由于理性设计的局限性导致的，另一方面也是由于社会生活的日新月异导致了法律制度的相对滞后。所以，

---

〔22〕此时的法律评价与社会评价便发生分歧。这也是法律实证主义者与自然法学者争论的核心问题之一。与抽象的理论争论不同，权利的实现不仅是一个理论问题，更是一个现实问题。

〔23〕陈坤：《信号传递、社会规范与法律——评 Eric · A. 波斯纳的〈法律与社会规范〉》，载《环球法律评论》2011 年第 3 期。

〔24〕参见季卫东：《法律程序的意义》，载《中国社会科学》1993 年第 1 期。

〔25〕[美]约翰 · 罗尔斯：《正义论》，谢延光译，上海译文出版社 1991 年版，第 95 页。

在法律制度不能及时做出调整的情况下，公平的论述规则可以提供一个相对合理的解决方案，帮助人们通过公平、正义的方式实现各自利益。然而论述规则并非法律制度之外的东西，一项逻辑完整的法律制度应当认识到自身的局限，并为人们发现和使用论述规则解决权利纠纷提供指引。

综上所述，休息权实现机制的作用方式本质上是说理，具体而言是以论述规则为基础，由法律、习惯、契约、人际关系等构成的多层次说理机制。如果这个结论是可靠的话，又该如何从形式上对其予以描述呢？

二、制度化与再制度化

科尔曼（James S. Coleman）认为“社会科学的核心问题是解释社会系统的活动”〔26〕。而休息权实现机制正是为了解释人的自由时间合理分配问题而形成的一种局部社会系统（或称结构）。“解释任何社会组织的发展或出现，无论它是资本主义经济组织或其他类型的组织，必须说明这一组织内部的职位结构是怎样出现的，什么动机支配着组织中的个人，使其各司其职？什么样的激励结构，使组织内部相互依赖的关系得以维持？”〔27〕科尔曼认为“系统行为由低于系统水平的系统组成部分，即个人或其他行动单位的行动综合而成”〔28〕。他的分析方式有学者将其概括为“时间—层次”结构，即“时间上分为1、2、3期，层次上分为总体（macro）和个体（micro）。第1期，总体层次上，已经存在着某种风俗习惯、典章制度和物质条件。第2期，总体层次的这些因素，自然而然影响了个人的行为举止。众多个人

〔26〕［美］詹姆斯·S.科尔曼：《社会理论的基础》（上），邓方译，社会科学文献出版社2008年版，第3页。

〔27〕［美］詹姆斯·S.科尔曼：《社会理论的基础》（上），邓方译，社会科学文献出版社2008年版，第10～11页。

〔28〕［美］詹姆斯·S.科尔曼：《社会理论的基础》（上），邓方译，社会科学文献出版社2008年版，第5页。

的行为汇集加总，就呈现了第3期总体层面的景象"〔29〕。如图3－1所示。

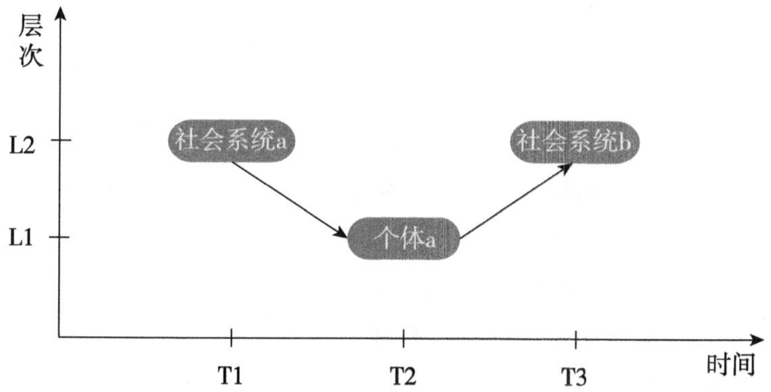

图3－1　社会系统与个体行为进化

而当时间轴向前推进，社会系统与个体之间将首尾相连持续发展下去，如图3－2所示。这一分析结构简明扼要地概括了社会系统演化的动态过程。

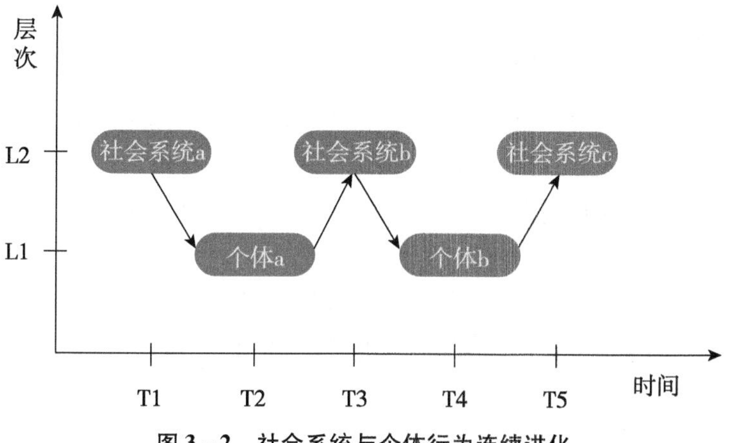

图3－2　社会系统与个体行为连续进化

〔29〕乔岳、熊秉元：《望远镜里的法经济学：理论架构和分析工具》，载《法律科学》2014年第4期。

如果我们将休息权实现机制作为考察对象，并将其视为一个特定的社会系统，那么"……→休息权实现机制 a→个体 a→休息权实现机制 b→个体 b→……"〔30〕的过程实际上就是关于自由时间合理分配的社会规范不断地制度化与再制度化的过程，即休息权实现机制的生成。

因此，休息权实现机制的生成具有特定的理论指向，它并不完全是指休息权相关的法律制度从无到有的产生过程，它还包括权利人在通过相关法律制度取得并实现自身利益的过程中受到的来自政治、经济、文化、习俗等影响，从而使权利实现机制更加丰满、更接地气。如果说法律制度是休息权实现机制的骨骼，那么法律实施过程中其他因素对其施加的影响则是权利实现机制的血肉。权利实现机制的生成应当包含着法律制度的产生（权利取得）与法律实施（权利行使）过程，是休息权的制度化与不断地再制度化。这是解释权利实现机制为何是一个具备开放性的动态结构的理论前提。休息权实现机制的生成可以从其外在形式特征和内在发展动因两点来分别考察。

三、博弈的形式特征

休息权实现机制在形式上表现为：权利的实现途径在制度化与再制度化之间循环往复，不断寻求稳定与平衡的过程。例如，我国目前的法定公休日制度就正处在从制度化与再制度化之间寻求稳定与平衡的重要阶段。

我国《劳动法》第三十八条规定："用人单位应当保证劳动者每周至少休息一日。"《国务院关于职工工作时间的规定》（以下简称《工时规定》）第七条规定："国家机关、事业单位实行统一的工作时

〔30〕 此处以及上图中的"社会系统 a""社会系统 b"等，其中 a、b 并非指两个截然不同的东西，而是指一个事物的不同状态，即某一事物随时间的推移，受主客观条件变化的影响，从一种状态演化为另一种状态。

间,星期六和星期日为周休息日。企业和不能实行前款规定的统一工作时间的事业单位,可以根据实际情况灵活安排周休息日。”通览我国关于每周公休日的法律法规,可以概括为三点内容:第一,每周休息一天(单休)是底线。第二,国家机关、事业单位实行双休,时间是星期六和星期天。第三,其他单位是否实行双休,看情况。国家机关、事业单位以外的职工是否享受双休权利?这个问题其实原劳动部在“劳部发〔1995〕187 号”文件中就已经做出了解答,即其他企业看自身的生产性质和工作特点,有能力的就按照《工时规定》来实行双休,没能力的至少要实行《劳动法》规定的单休。因此,我们发现:在现行法律框架内,有没有法定双休权,要看工作单位的性质;国家机关和事业单位以外的用人单位职工,拥有《劳动法》上的法定单休权,而法定双休权不明确;如果与用人单位签订的劳动合同约定了双休,那么至少拥有约定的双休权。如果既不是国家机关、事业单位的职工,也没有约定双休,那么一周工作六天,多工作的一天仍是无法享受双倍加班工资。因为,在这种情况中,每周工作的第六天在法律上并不视为加班。

因此,在现实中,一些人认为单位实行单休侵害了自己的休息权。其实,是公休日制度化的过程中法律并没有赋予所有人双休的权利。所以,部分企业无论自身生产条件和工作性质如何,都一概实行单休,这符合企业逐利的本性。然而,这却折射出了公休日权利因制度设计本身的不合理而导致的不平等。

这对私企劳动者来说是非常不利的制度设计。但在公休日权利实际实施的过程中却存在这样一个不容忽视的事实:在劳动争议案件中,对于劳动者提出的按照双休标准支付加班工资的请求,只要有证据证明加班事实存在的,大多数判决还是支持劳动者的主张(详见第五章)。这表明在制度实施(权利救济)过程中某种力量(可能是法官的自由裁量权)意识到了这种制度不公正,并通过自身的影响力重新调整了公休日权利的实现途径。这一过程就是公休日权利实现的再制度化。

再制度化并不是对制度的曲解，而是在制度相对固定的情况下，通过解释适用等方式方法使制度更加符合制度原意或社会变化。因为“解释的需要意味着不同理解的共存，而不同的理解产生于具体的社会背景和文化条件”[31]。所以，在公休日制度化的过程中尊重不同职业之间的差异有利于形成符合不同职业需求的公休制度，但差异应当是公休日形式上的差异，而不应当是实质内容上的不公。一旦制度错误地将差异表现为不公，受到不公待遇的一方必然要在权利实现的过程中通过某种途径寻求公正待遇，从而实现制度的重新平衡。“上述情况导致法律的实施环节成为法律的再制度化的一个法律机制。再制度化是指一种书面宣示的制度在实际运行过程中被制度实施者重新加以诠释而稳定化的过程。”[32]因此，休息权的实现机制是在制度参与者的实际行动中逐渐形成的，它若要在社会生活中发挥真正的作用和影响，必须通过法律的制定、权利相关人实际参与法律的实施。

四、博弈的内在动因

休息权实现机制的内在动因是指决定其制度化与再制度化的深层动机和原因。权利实现机制由国家的制定法（法律权利取得、法律权利基本活动的法定方式等）和社会各方参与法律实施（各方主体实际参与权利活动等）过程中形成的实际作用机制两部分构成。因此，博弈机制生成的内在动因本质上源自国家与社会二元结构的内在张力，具体表现为以下两个层面：

首先，国家制定法确立的秩序与社会自身原有的秩序之间存在一定的张力。马克思主义认为经济基础决定上层建筑。然而，立法与社会自发秩序之间并非一直处于同步状态。“在一般情况下，法律是随着社会的改变而改变的，是社会变革的需要推动了立法。立法者制定的

---

〔31〕　葛洪义：《论法的生成》，载《法律科学》2003 年第 5 期。

〔32〕　葛洪义：《论法的生成》，载《法律科学》2003 年第 5 期。

法与在社会生活中实际实施的法之间从来都是有相当距离的。"[33]制定法具有相对的稳定性,而社会却无时不刻不在变化着。在这个意义上,国家制定法与其说是由社会基础决定,不如说是由立法当时的社会基础决定的。一旦立法完成,制定法也就在一定程度上脱离了决定它产生的社会基础,它们之间的张力也就随之产生。在这种情况下,当社会基础发生变化,而制定法又不能及时做出调整时,这股张力必然会使人们通过其他某种途径去调整两种秩序以寻求新的平衡,而这一过程正是权利实现机制生成的过程。因此,"国家正式法的制定,并不意味着原有秩序的终结,相反,一定意义上,恰恰是原有秩序的发展"[34]。在国家法与社会自发秩序之间寻求并建立新的秩序平衡,是博弈机制的秩序动因。

其次,新旧秩序之间达到平衡实际上是它们各自所代表的利益之间达到平衡。例如,前文所举例的"公休日",一周究竟应该休息几天?这个问题并没有终极答案,因为在本质上这是由个人偏好与生产力发展水平决定的。不仅个人要考虑自身的经济收入与一周休息多少天之间的关系,企业也要考虑工人工作时间(生产成本问题)与企业利润之间的关系,甚至是作为宏观调控者的国家也在考虑工时制度(民生问题)与经济发展之间的关系。因此,公休日实行"单休"

---

〔33〕 葛洪义:《论法的生成》,载《法律科学》2003 年第 5 期。

〔34〕 葛洪义:《论法的生成》,载《法律科学》2003 年第 5 期。

“双休”，甚或是“三休”，[35] 与其说是工时制度的简单调整，不如说是个人、企业、国家等各方主体利益的重新分配。因为“任何秩序的存在都表明这一秩序在一定历史时期、一定历史条件下存在的合理性；意味着一种利益配置格局的历史合理性。否定旧秩序，实际上是在否定旧秩序的存在根据，否定旧秩序所捍卫的旧的利益格局，而这要比否定代表旧秩序的法律困难得多。法律仅仅是社会需要的反映，是一种符号化的社会需要，改变法律的名称和内容相对于改变法律背后的社会关系要容易许多”[36]。可见，休息权实现的博弈机制得以生成和运行的最根本动因是与休息权相关的各参与主体（个人、企业、国家等）为其各自利益所展开的博弈，即博弈的利益动因。

---

〔35〕 2015 年 3 月 25 日是我国实行双休制度 20 周年。当天，新浪新闻发起一项针对“四天工作制”的网上调查，在参与投票的近 2.5 万人中，支持实行四天工作制的占到了 85%。随后，27 日《中国青年报》刊登了评论文章《探讨四天工作制有必要吗》。（载 http://zqb.cyol.com/html/2015-03/27/nw.D110000zgqnb_20150327_6-02.htm，2015 年 3 月 28 日最后访问。）当日《羊城晚报》随即也刊登了评论文章《讨论“四天工作制”并不虚妄》。（载 http://www.ycwb.com/ePaper/ycwb/html/2015-03/27/content_673568.htm? div=-1，2015 年 3 月 28 日最后访问。）这两篇文章代表了网民对“四天工作制”的不同看法。支持的一方认为生活条件在逐渐变好，提前讨论这个问题并没有什么不当。反对的一方则认为目前“双休”“带薪年假”等都没有落实好，想太多没什么用。其实，“一周究竟能休几天?”这个问题本质上是由个人和社会的经济发展水平决定的，忽视这一点只会导致法律与现实脱节。所以，如果工作制真的要进步，不能单凭人们的一厢情愿，而要通过科学的分析和论证。这一点有香港的经验可以借鉴，香港专门设立了“香港标准工时委员会”来论证何种工时制度更适合本地区发展。回到内地的工时制度，我们可以而且应该畅想美好的未来，保持积极乐观的心态。但也应该认识到工时制度中存在的身份歧视。切实维护人们的休息权，消除制度歧视远比望梅止渴要实在和可行。

〔36〕 葛洪义：《论法的生成》，载《法律科学》2003 年第 5 期。

实 证 篇

第四章　工时博弈的规范竞争

在工时博弈的现实情境中，制度规范是博弈各方重要的行为依据。我国是社会主义国家，在宪法法律中处处都体现着对无产阶级（或称"劳动者"）权益的保护。而通过本章的分析可以发现，在我国现行法律制度中，与工时相关的制度规范与其他规范一样存在竞争关系，即劳动者的请求权规范与用人单位的抗辩权规范。

第一节　请求权规范

请求权基础，又称请求权规范基础（Anspruchsnormengrundlage），是指支持一方当事人（原告）向他方当事人（被告），有所请求的法律依据。[1] 在我国，休息权的请求权规范从国家层面到地方层面都有其突出的特点和问题。首先，相关规定散见于诸多不同位阶的制度性文本中，无论是法律实务还是法学研究都存在资料系统性的障碍；其次，国家层面立法与地方层面立法缺乏有效的衔接，从而导致部分上位法规定的休息权得不到下位法的支持；最后，各级法律法规均存在偏重于规定休息权的实体内容、忽略权利实现机制的构建，致使休息权在受到侵害时缺乏可行的救济措施，从而导致休息权缺乏可操作性。

---

〔1〕 参见王泽鉴：《民法思维：请求权基础理论体系》，北京大学出版社 2009 年版，第 41 页。

一、工时博弈的立法现状

我国对于休息权的保护鲜有专门性法律法规，相关规定散见于诸多位阶不同的制度性文本中，这些文本包括国家法律、行政法规、部门规章、各级地方性法规、各级地方政府规章以及其他规范性文件等。这些法律法规性质不尽相同，根据法律法规涉及休息权的比重可分为整体性法规和专门性法规；根据条文是否规定具体内容可分为总则性条款和细则性条款；根据条文规定权利的起点先后顺序可分为原权利条款和救济权条款；根据适用主体的不同可分为普通主体保护条款和特殊主体保护条款。

（一）我国休息权相关制度概述

1. 工时制度

工时制度是关于劳动者工作时间的规定，它是休息权在我国法律体系中最核心，同时也是最基础的部分。狭义的工时制度主要是指“最高工时标准”[2]，它是一种以固定周期为规制范围的常态化制度，适用于一切劳动者。[3] 广义的工时制度包括所有与工作时间有关的规定，[4]不仅有狭义工时制度，还包括一些为特殊主体、特殊工作环境所制定的非常态化制度。

在狭义的工时制度中又可分为标准工时制度与特殊工时制度。标准工时制度，也称为标准工作制度，是由立法确定一昼夜中工作时

---

〔2〕 “最高工时标准”又称“最长工时”是指法律规定的在一定自然时间（一日或一周）内工作时间的最长限度。它有法定日最长工时和周最长工时两种形式。参见王兴全：《劳动法》，法律出版社 2008 年版，第 274 页。

〔3〕 此处的“常态化”意指普通劳动者在正常工作环境下，与之相对的怀孕妇女则属于“主体非常态”，高温工作环境则属于“工作环境非常态”。

〔4〕 它不仅包括《劳动法》第四章有关“工作时间”的规定，同时也包括如《劳动法》第七章第六十一条“对怀孕七个月以上的女职工，不得安排其延长工作时间和夜班劳动”一类的禁止性规定。所有与何时工作、何时不工作有关的制度都可以被称为广义的“工时制度”。

间的长度，一周中工作日的天数，并要求各用人单位和一般岗位劳动者普遍实行的基本工时制度。标准工时制是标准和基础，是其他特殊工时制度的计算依据和参照标准。因此，标准工时制具有至关重要的意义，也是各国或地区劳动立法中的重要内容。特殊工时制是相对标准工时制而言的，我国《国务院关于职工工作时间的规定》第五条规定："因工作性质或者生产特点的限制，不能实行每日工作8小时、每周工作40小时标准工时制度的，按照国家有关规定，可以实行其他工作和休息办法。"这里的"其他工作时间和休息方法"指的就是特殊工时制。作为一项制度，我国特殊工时制包括两种具体的工时制度：不定时工时制和综合计算工时制。

2. 产假制度

产假制度通常会被理解为与生育津贴、医疗服务配套的一种社会保险制度，合称"生育保险"〔5〕。生育保险是根据女性劳动者怀孕、妊娠、哺乳期间的特殊情况制定。在怀孕期间女性的身体发生变化，从而有些工作将无法继续承担。在生育之后，她们要花费大量时间在新生儿的抚养以及自身身体的恢复上。在产假制度出现之前，女性常常会因为生育期间不能工作而失业，即便保留工作也不会给予正常的工作报酬。正是生育保险的出现，改变了对女性的这种不公正待遇。

产假制度作为生育保险的一部分，我们认为它处于核心地位。

---

〔5〕 1919年，第1届国际劳工大会通过了《保护生育公约》（第3号）。1952年，第35届国际劳工大会通过的《社会保障最低标准公约》（第102号）对生育补助金做了专门规定，随后又通过了《保护生育公约（修订）》（第103号）和《保护生育建议书》（第95号）。1975年，国际劳工组织通过了《女工机会均等和待遇平等声明》，其中明确规定：由于生育是一种社会职能，所有女工应有权根据《保护生育公约（修订）》（第103号）和《保护生育建议书》（第95号）规定的最低标准享有充分的生育保护，其费用应由社会保障、其他公共基金或通过集体协议承担。2000年，第88届国际劳工大会为了促进劳动力中的所有妇女享有平等和母子的健康与安全，又通过了《保护生育公约》（第183号）和《保护生育建议书》（第191号）。

产假制度所保护的女性劳动者在生育期间免于工作、享有充足的自由时间抚养婴儿照顾家庭是生育保险制度的核心理念，而生育津贴、医疗服务等都是为这个核心理念服务的手段。

产假作为休息权的一个具体方面，它具备了休息权的几个基本特征：首先，劳动者可以暂时停止工作；其次，用人单位不得解除与劳动者的雇佣关系；再次，劳动者可以领取到正常（或基本）的工作收入〔6〕；最后，权利受到侵害时可以要求法律救济。所以从这个角度出发，生育保险制度的目的就是通过国家与用人单位共同提供的经费来保障女性劳动者在生育期间能够暂时停止工作，利用自由时间用于抚养婴儿照顾家庭，并且享受由制度提供的经费、医疗服务等。而经费与医疗服务并非生育制度的目的，他们只是手段，用来保障女性劳动者可以无后顾之忧地享受产假。所以，我们将以产假制度为核心的生育保险纳入休息权的范畴进行考察（关于产假制度改革的研究详见本书第八章“家庭生育假立法想象”）。

3. 带薪年假制度

带薪年假制度，顾名思义是指劳动者在连续工作一段时间后（或一个固定的工作周期内）所享受的可以不工作但照常领取薪水的制度。这项制度随着20世纪工人运动而逐渐产生，最早规定在一些工作环境恶劣的行业，例如海员〔7〕。之后逐步扩展到其他行业，到现在全球大部分工业化国家都已经有了带薪年假制度。

与工时制度规定的日间休息时间、每周休息日不同，带薪年假可以由劳动者与用人单位协商确定时间，这样便于劳动者更灵活地安排使用假期。另外，年假天数随着劳动者工龄的增加也在增加，这既是对劳动者付出劳动的鼓励，也客观上符合年轻时多劳动、年老后多休息的规律。

这项制度在我国经历了从无到有、从有到更加人性化的过程。

---

〔6〕 此项支出由政府和用人单位通过生育保险的方式共同承担。

〔7〕 国际劳工组织《海员带薪年假公约》1976年修正本。

作为一项法律权利，带薪年假也从不为大众所知到备受关注。虽然仍有很多批评说这项权利缺乏制度保障：由于员工和单位“地位不对等”，休假常常伴随无形损失；用人单位不执行但缺乏问责。但不能否认的是这项权利的法律地位已经得到承认，并且与之相关的维权、问责以及监督机制正在地方层面生根发芽（带薪年休假制度的规范分析详见本节第三部分）。

（二）当前我国休息权立法现状

通过对省级以上法律法规文本的分析，我国休息权立法现状大致呈现以下四个层次：

1. 整体性法律法规和专门性法律法规

整体性法律法规是指该法律法规针对主体的多项权利进行了规定，休息权只是其中之一。换言之，该法律法规并非针对休息权而专门制定。专门性法律法规是指该法律法规是针对休息权而专门制定，其对工作时间、休息、休假以及替代补偿制度作出专门性规定。

通过整理我们发现，劳动者的休息权是一项宪法权利。在历部宪法中，有关休息权的规定根据时代特点不同，表现形式也有所不同。1954 年《宪法》第九十二条规定：“中华人民共和国劳动者有休息的权利。国家规定工人和职员的工作时间和休假制度，逐步扩充劳动者休息和休养的物质条件，以保证劳动者享受这种权利。”1975 年《宪法》仅在第二十七条第二款中提道：“劳动者有休息的权利”。1978 年《宪法》第四十九条规定：“劳动者有休息的权利。国家规定劳动时间和休假制度，逐步扩充劳动者休息和休养的物质条件，以保证劳动者享受这种权利。”现行 1982 年《宪法》第四十三条规定：“中华人民共和国劳动者有休息的权利。国家发展劳动者休息和休养的设施，规定职工的工作时间和休假制度。”不难发现，这一宪法权利包括支配特定时间和要求国家提供必要的物质条件两项重要内容。

同时还存在部分非劳动者的休息权，如《全国年节及纪念日放假办法》第二条规定了全体公民放假的节日。第三条规定了部分公民放假的节日或纪念日，五四青年节：14 周岁以上的青年放假半天；六一儿童节：不满 14 周岁的少年儿童放假一天。如果以《劳动法》的尺度来衡量，这几项权利因为主体并非一定是“劳动关系”中的劳动者，因此其是属于宪法规定的“劳动者享有休息的权利”，还是只是一项普通法律权利，存在一定争议。

有关休息权的法律法规绝大多数属于整体性法律法规，主要集中于劳动法领域。而专门性法律法规较少，行政法规《职工带薪年休假条例》、部门规章《机关事业单位工作人员带薪年休假实施条例》等属于专门性法律法规。

在休息权的规范体系中，下位法多数能找到其对应的上位法，如省级法律法规绝大多数有与之相对应的国家级法律法规。但仍存在部分衔接断层的情况。例如，《劳动法实施条例》中几乎没有与休息权的相关内容。又如，《中华人民共和国残疾人保障法》第四章第三十八条第二款规定：在职工的招用、转正、晋级、职称评定、劳动报酬、生活福利、休息休假、社会保险等方面，不得歧视残疾人。然而在《广东省实施〈中华人民共和国残疾人保障法〉办法》中却并未就《残疾人保障法》中有关休息休假的问题做出具体规定。

2. 总则性条款和细则性条款

总则性条款，是指规定了法律法规保护劳动者休息权的价值取向，但不涉及具体的权利内容和保护措施的条款等。细则性条款是指规定了休息权的具体内容、权利主体、义务主体、法律责任等内容的条款。相比总则性条款而言，细则性条款具有更明确的指向性，且具有可实际操作的特性，在法律实践中作用突出。

总则性条款多数由国家级法律法规规定，且基本是指劳动者的休息权，非劳动者的休息权仅在细则性条款中有所体现。总则性条款中关于政府有责任为劳动者提供公共福利设施的条款，缺少细则条款的补充，从而使其缺乏可操作性。例如，《劳动法》第七十六条第一款规定：国家发展社会福利事业，兴建公共福利设施，为劳动者休息、休养和疗养提供条件。但没有规定具体是哪个政府部门的职责，义务主体模糊。现实中各地都兴建了社区公园、配置了健身器材,但由于缺乏管理维护,很多公园的健身器材都已老化腐烂,造成了资源的浪费。

细则性条款散见于诸多不同性质的法律文本中,国家层面的细节性条款适用范围相对较大,如《劳动法》《机关事业单位工作人员带薪年休假实施条例》等。而地方层面的细节性条款适用范围更具针对性,如《广东省高等学校学生实习和毕业生就业见习条例》《广东省高温天气劳动保护办法》等。

相对于国家层面的立法,地方层面的规定更为细致、灵活。例如,《广东省高温天气劳动保护办法》。因为地域气候环境的不同,劳动者面对的劳动环境也有较大的差异,在广州夏天会很热,而在哈尔滨冬天会很冷。那么如何因地制宜地保护劳动者的休息权?这种情况国家层面的法律法规通常是无法涉及的,此时则必须依靠地方层面的立法。

3. 原权利条款和救济权条款

原权利条款,是指法律法规针对休息权做出的实质性规定,它预设了主体的行为模式,架构基本的法律秩序。救济权条款是法律法规为了保障、恢复、救济原权利而制定的辅助性权利条款,它的起点是原权利遭到侵犯时。照此分类,可以发现我国现行法律体系中存在的一些问题:

首先,部分原权利没有与之对应的救济权。通过这个维度的考察,有的原权利是有具体的救济权来保障的。例如,《女职工劳动保护特别规定》中有关女职工产假的规定,第七条:女职工生育享受98天产假,其中产前可以休假15天;难产的,增加产假15天;生育多胞胎的,每多生育1名婴儿,增加产假15天。这便是原权利,而与之相对应的是第十三条规定:用人单位违反本规定第六条第二款、第七条、第九条第一款规定的,由县级以上人民政府人力资源社会保障行政部门责令限期改正,按照受侵害女职工每人1000元以上5000元以下的标准计算,处以罚款。但同时,许多原权利没有与之相对应的救济权。无论在国家层面立法还是地方层面立法都存在这个问题。例如,《女职工劳动保护特别规定》第十条规定:女职工比较多的用人单位应当根据女职工的需要,建立女职工卫生室、孕妇休息室、哺乳室等设施,妥善解决女职工在生理卫生、哺乳方面的困难。然而,该法并未就这项原权利设置相应的救济权。所以在逻辑上,第十条的规定只是一项权利宣示。

其次,多数救济权条款规定相对笼统,缺乏可操作性。例如,《残疾人保障法》第四章第三十八条第二款规定:在职工的招用、转正、晋级、职称评定、劳动报酬、生活福利、休息休假、社会保险等方面,不得歧视残疾人。但在相应的法律责任设置中,该法第六十四条规定:违反本法规定,在职工的招用等方面歧视残疾人的,由有关主管部门责令改正;残疾人劳动者可以依法向人民法院提起诉讼。违反法律必然可以请求救济,这个即便法律不规定也是明确的,但问题是如何救济,法律如果不明确作出规定,那么该项权利规定则不是一项可以顺利实现的权利。类似该法第六十四条的规定还有很多,它们关于救济权的规定相对笼统,缺乏可操作性。

4. 普通主体保护条款和特殊主体保护条款

普通主体保护条款是指该法条适用于所有劳动者,并对所有劳动者实施无差别的保护。特殊主体保护条款是指法律法规在普通主体内部根据主体自身的特殊情况而专门制定的区别于其他主体的保护措施,如对怀孕妇女的特殊保护、对残疾人的特殊保护等,或对于劳动之外的其他主体的休息权进行的保护,如老人、儿童。

国家层面的立法侧重于保护普通主体,地方层面的立法过于强调在体例上与上位法对应,从而忽略了对特殊主体的保护。问题几乎都是发生在地方的,但由于国家层面的法律要照顾到全国范围,所以不可能规定得特别详细。此时就必须依赖地方层面的立法来补充完善。如果仅仅是重复上位法,无疑是忽视了地方在法制建设中的重要作用。

特殊主体的休息权立法中,妇女的休息权保护立法较为完善:既有整体性法律法规也有专门性法律法规，无论是总则性条款还是细则性条款均规定较为详细，原权利大多能有与之相对应的救济权来保障。这些都值得其他法律法规借鉴。

二、休息权请求权规范的二重渊源

前文已经对涉及休息权的相关法律法规做了初步的梳理，并根据这些法律法规在休息权体系中的不同功能和作用，将其划分为四类八种不同的规范，即根据法律法规涉及休息权的比重分为整体性法规和专门性法规；根据条文是否规定具体内容分为总则性条款和细则性条款；根据条文规定权利的起点先后顺序分为原权利条款和救济权条款；根据适用主体的不同分为普通主体保护条款和特殊主体保护条款。

这是一种较为直观的分类方法，可以帮助我们了解休息权规范体系的初步构成（法条层面的体系构成）。而法条只是休息权规范体系构成的外在框架，就好像计算机的各种硬件：一台能够正常工作的计算机，硬件完备是必不可缺的，然而硬件的生硬堆砌并不意味着这是一台能够正常工作的计算机，硬件与硬件之间能够交换数据并形成一定的逻辑回路才是计算机正常工作的标志。我们将休息权规范体系中的法条类比为计算机中的硬件，那么在休息权规范体系中能够在不同法条之间交换数据并形成权利运行逻辑的东西，就是休息权请求权规范的构成要件。只有具备了这些要件，规范体系中的各个法条之间才会形成完整的逻辑，并发挥其应有的作用。

根据前文对休息权所做的历史考察，休息权的规范体系在形成的过程中大致经历了三个阶段，即拉德布鲁赫所称的：古代或礼俗社会阶段、近代或自由权利阶段、现代或社会法阶段。[8] 在自由权利阶段，休息权在个人之间遵循着契约自由原则。此时的休息权是单纯的民事法律关系，只存在雇主与雇员两个相互对立的主体。而到

---

〔8〕 严存生：《西方法律思想史》，中国法制出版社 2012 年版，第 220～225 页。

社会法阶段,劳动法的出现将休息权的两个主体搬上了天平两端,而国家及其出台的制度居于其间。法律制度的存在为契约自由设立了最低的限度,在雇主与雇员中间建立了一道保障雇员自由时间的屏障。[9] 由此可见,在现阶段,法律(劳动法等)与契约(劳动合同)共同构成了休息权的请求权规范体系。所以,休息权的请求权基础的渊源也相应地来自两个方面,一个是劳动法律的规定;另一个是劳动契约的约定。

法律规定的休息权与契约约定的休息权之间在权利来源上存在差别。但两者在实质上却有着紧密的联系。法定休息权的产生是因为单凭契约无法保障人们得到充足的自由时间,因此法律便规定了最低限度的自由时间来弥补契约的不足。所以,当法定休息权出现以后,契约双方在对工作时间或自由时间做出约定时就必须考虑法律规定的最低限度。例如,《劳动法》第三十八条规定:"用人单位应当保证劳动者每周至少休息一日。"这就意味着法律已经对劳动者每周享有的自由时间(休息日)做了最低限度的规定,即一日。如果劳动者甲与用人单位乙签订劳动合同约定:甲每周享有休息日 X 天。那么,将会有两种情况出现:

第一种情况,该协议中约定的天数小于一天,则该约定因违反法律而无效,甲仍能依据《劳动法》第三十八条主张每周休息一日;

第二种情况,当约定的天数大于一天时,甲的诉求(主张每周享有的休息日天数)的请求权基础将分为两部分:第一部分是依据《劳动法》第三十八条主张每周休息一天;第二部分是依据双方签订的劳动合同主张剩下 X-1 天。在第二种情况下,休息权的请求权基础便具有了法律与契约两重渊源。

可能有人认为,契约最终必须在法律上找到依据才能成立,因此,一项权利的请求权基础最终不是契约,而是契约成立的法律依据。如上例中,甲能够主张合同约定的超出法律规定的休息日天数,

---

[9] [德]拉德布鲁赫:《法学导论》,米健译,法律出版社 2012 年版,第 91~102 页。

其依据在于《劳动法》第十七条规定:“订立和变更劳动合同,应当遵循平等自愿、协商一致的原则,不得违反法律、行政法规的规定。劳动合同依法订立即具有法律约束力,当事人必须履行劳动合同规定的义务。”因此,超出法定天数的休息权其请求权基础虽不在于《劳动法》第三十八条,却在于第十七条规定的当事人必须履行依法成立的劳动合同中规定的义务。

这种解释混淆了劳动合同的成立要件与一项具体权利的请求权基础之间的关联与差别。请求权关系的基本模式是“谁得向谁,依据何种法律规范,有所主张”[10]。因此,在具体法律实践中采用何种法律规范是由权利人的主张所决定的。在上例中,若甲主张合同约定成立并要求继续履行合同,那么该主张的请求权基础则来自《劳动法》第十七条,具体来说:主张“合同约定成立”的请求权基础在于第十七条第一款:“订立和变更劳动合同,应当遵循平等自愿、协商一致的原则,不得违反法律、行政法规的规定”;主张“继续履行合同”的请求权基础则来自第十七条第二款:“劳动合同依法订立即具有法律约束力,当事人必须履行劳动合同规定的义务。”但如果甲主张乙违反合同约定安排其超时工作并就此要求赔偿,此时甲的主张已然不同于前述情况。在这种情况下,甲主张的依据则是双方所签订的关于每周休息 X 日的契约。该契约在甲与乙之间同样是具备法律效力的行为规范,因此该主张的请求权基础是当事人双方的契约。

因此,休息权的请求权基础并非仅仅来自《劳动法》《职工带薪年休假条例》《女职工劳动保护特别规定》等法律法规所规定的休息休假权利,也同样来自双方当事人之间签订的合法的劳动契约。甚至在法律实践中,当出现多个请求权基础竞合时,我们首先要看双方当事人之间的契约是如何约定的。因为在约定合法的前提下,当事

〔10〕 王泽鉴:《民法思维:请求权基础理论体系》,北京大学出版社 2009 年版,第 55 页。

人之间的约定具有优先性。[11]

三、休息权请求权规范的形式构造

德国民法学家迪特尔·梅迪库斯(Dieter Medicus)认为“请求权规范、辅助性规范、反对性规范”共同构成了请求权体系。[12] 这三种规范在请求权体系中都有其独特而不可替代的地位。请求权的成立依赖于“出发点必须是其法律效果恰是所想要的请求权目标的那些规范”[13]。换言之,权利人的主张能否得到法律的支持,要看权利人的主张与其所依据的法律规范所预设的法律效果是否一致。请求权的成立同时也依赖一系列的辅助性规范,如定义性的规范、补充性的规范等。而除此之外,“即便请求权规范的全部要件都满足了,结果仍然是不确定的。还要考虑的是反对性规范(抗辩规范):这些规定阻碍请求权规范的有效性”[14]。

在民法理论中,请求权基础的结构分析是以法条的类型为切入点。民法学家王泽鉴、黄茂荣等将民法条文类型化为“完全性法条”“不完全性法条”“准用(引用)、拟制性规定”三种类型。[15] 这种划分尽管与梅迪库斯的划分方式有一定的类似,但是两者却是在不同层面上展开的划分。梅迪库斯的划分是以规范的内容为标准,而王泽鉴、黄茂荣等人的划分则更加侧重于以法条的形式为标准。两种划分办法各有优势。以规范的内容为标准划分,直观地将规范区分

---

〔11〕 王泽鉴:《民法思维:请求权基础理论体系》,北京大学出版社2009年版,第55~61页。

〔12〕 [德]迪特尔·梅迪库斯:《请求权基础》,陈卫佐等译,法律出版社2012年版,第10~16页。

〔13〕 [德]迪特尔·梅迪库斯:《请求权基础》,陈卫佐等译,法律出版社2012年版,第11页。

〔14〕 [德]迪特尔·梅迪库斯:《请求权基础》,陈卫佐等译,法律出版社2012年版,第12页。

〔15〕 王泽鉴:《民法思维:请求权基础理论体系》,北京大学出版社2009年版,第46~48页。

为支持权利人主张的规范（请求权规范）和反对权利人主张的规范（抗辩性规范），便于权利人大致了解法律对其主张所持的态度。而以法条的形式为标准划分，可以更清晰地显示出不同法条在请求权体系中逻辑关系，并提供更精细的分析工具（构成要件、法律效果）来帮助权利人剖析其主张所依据的请求权基础。因此，前者在宏观上对规范体系的态度做了预测，而后者在微观上提供了精细的分析工具。

同时，从两者的用词中也能看出两种划分方法的各自特征，“规范”一词可以用于描述抽象的或具体的行为准则，而“法条”一词则表示具体的、形式化的法律条文。从概念的范畴来说，规范的范畴要大于法条。换言之，法条只是规范的一种。而前文中已经提到，当事人之间的合法契约，在当事人之间也是具有法律效力的行为规范。因此，当我们分析休息权的请求权基础时，首先面临的一个问题就是：休息权的请求权基础究竟是法律条文，还是更广泛的合法的行为规范？如果答案是前者，那么我们可以直接借用民法学者们对民法条文的分析框架。但是这样做的不足是会把当事人之间的契约排除在请求权基础外，而前面我们已经论证了休息权的请求权基础的渊源包括法律条文和契约约定两个部分。因此，本节将根据休息权请求权规范的二重渊源来对民法条文的分析框架进行一些改造，并以此来分析休息权请求权规范的形式构造。

（一）形式构造的基础

休息权的请求权规范，是指支持一方当事人向另一方当事人主张自由时间的具有法律效力的行为规范。在我国法律体系中，它有法律与契约两个渊源。为了更清晰地阐释休息权的请求权规范，下文拟将休息权的请求权规范按照其逻辑结构是否完整，区分为完全性规范与不完全性规范，完全性规范的构成要件如图 4 – 1 所示。

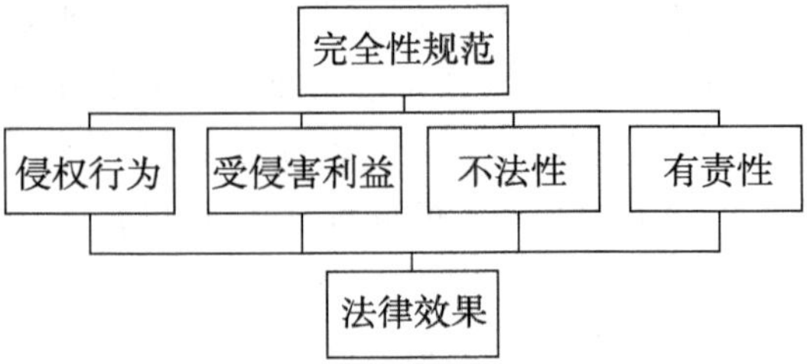

图 4－1 完全性规范构成要件

完全性规范，是指一个具备构成要件和法律效果，逻辑结构完整的行为规范。它可以是法律规定的内容，也可以是合同约定的内容；可以是一个独立的法律条文或合同条款，也可以是一系列逻辑结构相关联的法律条文或合同条款。因此，完全性规范的形式特征就是逻辑结构完整，它可以抽象地表述为："A 得以向 B 主张权利 X，如果 B 违反与 X 相对应的义务 Y，则需承担法律后果 Z"〔16〕。

（二）带薪年休假规范分析

以带薪年休假制度为例来分析休息权请求权规范的形式构造。带薪年休假的请求权基础来自多个法律条文共同构成的完全性规范。首先是：

《职工带薪年休假条例》第三条第一款："职工累计工作已满 1 年不满 10 年的，年休假 5 天；已满 10 年不满 20 年的，年休假 10 天；已满 20 年的，年休假 15 天。"

根据第三条第一款可知：A 是工作满一定年限的职工，B 是与 A

〔16〕 王泽鉴为法学教育和法律实务构造了一个实例题："谁得向谁，依据何种法律规范，主张何种权利。"而本书提出的"A 得以向 B 主张权利 X，如果 B 违反与 X 相对的义务 Y，则需承担法律后果 Z"。尽管在形式上有一定的类似，但两者的目的是不一样的。前者是为案例分析提供一种固定的分析模式，便于法律人寻找特定案例中的请求权基础；而后者是对请求权基础本身的逻辑进行的抽象构造。参见王泽鉴：《民法思维：请求权基础理论体系》，北京大学出版社 2009 年版，第 41 页。

有劳动人事关系的用人单位，权利诉求 X 是与工作年限相对应的年休假时间。与 X 相对应的义务 Y 则是 B 必须保证 A 享有一定天数的带薪年休假。然而该条没有规定 B 违反义务不安排年休假的法律效果。因此，要看另外一条：

《职工带薪年休假条例》第五条第三款："单位确因工作需要不能安排职工休年休假的，经职工本人同意，可以不安排职工年休假。对职工应休未休的年休假天数，单位应当按照该职工日工资收入的 300% 支付年休假工资报酬。"

根据第五条第二款第二项可知，不安排年休假时单位应当按照职工日工资收入的 300% 支付其年休假工资报酬。然而需要注意的是，第五条第二款第一项规定：经职工本人同意，可以不安排职工年休假。这意味着，第二句中的"300% 年休假工资报酬"并非指单位违反第三条第一款的法律效果。它只适用于一种情况，即单位争得职工同意不安排年休假的。因此，该条实际上是根据契约自由原则，对用人单位的用工利益与职工的休息权益进行的平衡。单从该条文来看，它仅仅为"职工同意不安排年休假"的情形设定了用人单位的义务。它不仅没有为第三条第一款设定法律效果，甚至没有明确对第五条第二款自身描述的情形设定法律效果：当用人单位征得职工同意不安排年休假，却不履行支付 300% 年休假工资报酬的义务时，法律效果如何？继续往下看：

《职工带薪年休假条例》第七条："单位不安排职工休年休假又不依照本条例规定给予年休假工资报酬的，由县级以上地方人民政府人事部门或者劳动保障部门依据职权责令限期改正；对逾期不改正的，除责令该单位支付年休假工资报酬外，单位还应当按照年休假工资报酬的数额向职工支付赔偿金；对拒不支付年休假工资报酬、赔偿金的，属于公务员和参照公务员法管理的人员所在单位的，对直接负责的主管人员以及其他直接负责人员依法给予处分；属于其他单位的，由劳动保障部门、人事部门或者职工申请人民法院强制执行。"

第七条一共有四款，在逻辑上呈现一定的递进关系。第一款为“单位不安排职工休年休假又不依照本条例规定给予年休假工资报酬”的情况预设了法律效果，即“由县级以上地方人民政府人事部门或者劳动保障部门依据职权责令限期改正”。而这一预设实际包含着两层含义：首先，为县级以上地方人民政府人事部门或劳动保障部门设定监督职责；其次，为用人单位预设了违反义务的法律效果——限期改正。尽管限期改正用语较为含糊，但通过对比上下文不难确定其真实含义是：支付300%年休假工资报酬。第二款则针对“逾期不改正”的情况预设了新的法律效果，即“支付年休假工资报酬”加“赔偿金”。这意味着此种情况中用人单位的有责性要大于前一种情形。第三款和第四款对“拒不支付年休假工资报酬、赔偿金”的情形，设定了更进一步的法律效果。第三款、第四款分了“公务员和参照公务员法管理的人员所在单位”和“其他单位”，前者为其单位主管人员设定了主管责任，但其具体法律效果如何则只是用“依法给予处分”模糊带过，而对后者则明确表示可以由劳动人事部门或职工本人申请法院强制执行。

至此，利用法条梳理方法大致了解带薪年休假的请求权规范的体系。然而，此时我们看到的请求权规范体系确实仍然是不完整的。法条梳理方法有其优势，就是能够逐条逐句地解读法律，然而也有其劣势，就是对法律的逻辑缺乏宏观的审视，这也就导致我们常常忽视一些法律逻辑中的断裂。为了更全面、更仔细地考察休息权的请求权规范，我们在法条梳理的基础上进一步使用了请求权规范方法来分析。为了便于分析，我们将《职工带薪年休假条例》法条中的逻辑关系提取出来（见图4－2）：

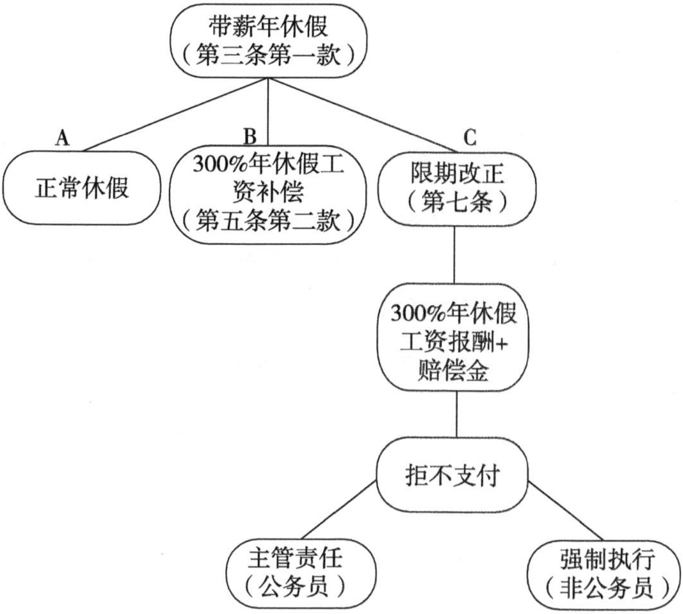

图4－2　《职工带薪年休假条例》法条逻辑

由图4－2可知,《职工带薪年休假条例》为符合条件的职工设定了带薪年休假利益(第三条第一款),这一利益可以通过三种方式实现:

第一种方式,用人单位依法安排职工正常休年假。

第二种方式,经职工本人同意,可以不安排职工休年休假,但要对未休的年休假给予300%的年休假工资报酬。

第三种方式,单位不安排休假也不支付300%年休假工资报酬的,由劳动行政部门责令限期改正;限期拒不改正的,加付赔偿金;仍不支付的,按照单位类别分别承担主管责任或申请法院强制执行。

然而,这三种方式并未完全涵盖所有情形,同时条文之间逻辑关系的衔接也存在纰漏。我们通过法条逻辑要素分解图(见图4－3)来进一步说明:

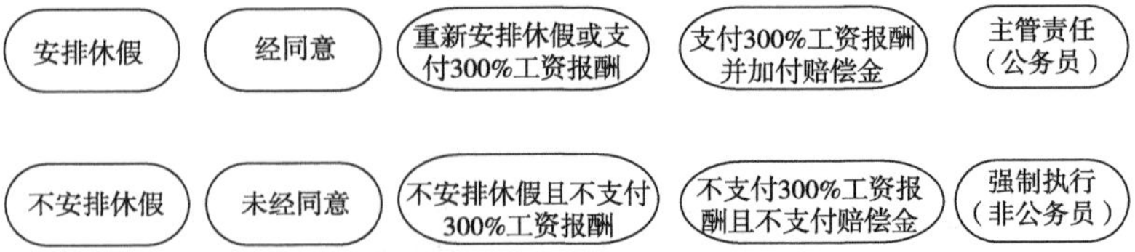

图4－3　《职工带薪年休假条例》法条逻辑要素分解

根据以上四组八个参数，可以模拟出带薪年休假的所有情形（见表4－1），我们逐一对其进行考察。

表4－1　带薪年休假的构成要件与法律效果

情形	构成要件	法律效果
一	安排休假	权利实现
二	不安排休假＋经同意＋支付300%工资报酬	权利实现
三	安排休假＋未经同意＋（单位主动）重新安排休假或支付300%工资报酬	?
四	不安排休假＋未经同意＋（劳动行政部门责令限期改正后）重新安排休假或支付300%工资报酬	权利实现
五	不安排休假＋未经同意＋（劳动行政部门责令限期改正后）仍不安排休假且不支付300%工资报酬＋支付300%工资报酬、加付赔偿金	权利实现
六	不安排休假＋未经同意＋（劳动行政部门责令限期改正后）仍不安排休假且不支付300%工资报酬＋拒不支付300%工资报酬、加付赔偿金＋（公务员）追究主管责任	?
七	不安排休假＋未经同意＋（劳动行政部门责令限期改正后）仍不安排休假且不支付300%工资报酬＋拒不支付300%工资报酬、加付赔偿金＋（非公务员）申请法院强制执行	权利实现

根据表4－1，可以发现以下几个问题：

问题一：第三种情况中，单位违反了第五条第二款中的“经职工本人同意”，此时侵权行为、受侵害利益、有责性、违法性等构成要件均已具备,但法律并未规定这种情形的法律效果。

问题二:第三种情况与第四种情况中用人单位的过错程度不同。在第三种情况中,用人单位虽未经同意不安排年休假,但是主动安排了补休或者支付了年休假工资,主观过错要小于第四种情况中拒不安排休假也不支付年休假工资的情形。而由于法律并未对第三种情况给予明确的规定,所以两者在法律效果上都只是“改正”,即重新安排休假或支付年休假报酬。

问题三:第六种情况中,公务员和参公人员的年休假权利因第七条第三款的限制,只能在公务员系统内部进行救济,而无法像第四款中其他单位职工那样向法院申请强制执行。这是公务员带薪年休假权利得不到有效保障的制度原因。

带薪年休假的侵权行为可以分为两个部分:首先,是不经职工同意不安排年带薪年休假(强制加班);其次,是不支付年休假工资报酬(拒绝支付加班工资)。在现实生活中,这两个侵权行为常常是同时发生的,用人既不安排年休假也不支付年休假工资报酬。因此,《职工带薪年休假条例》第七条在制定法律效果时预设的情况也是“单位不安排职工休年休假又不依照本条例规定给予年休假工资报酬的”。这种表述似乎意味着两者是同一个侵权行为。然而在逻辑上两者却实实在在地存在区别,这可以从带薪年休假保护的多重利益中予以进一步说明。

在带薪年休假的案例中,权利人的利益分为三个层次:第一层次的利益是依据第三条第一款,用人单位与职工一致决定的带薪年休假所给予职工的自由时间,此为直接利益;第二层次的利益是依据第五条第二款,职工同意不休年假时,用人单位须给予其300%的年休假工资报酬,此为间接利益(或替代利益);第三层次的利益是依据第七条,在前两个条件同时不满足的时候而产生的救济利益。

直接利益(自由时间)是权利人休息权的直接保护对象,如果该利益得到实现,那么就可以说权利人的休息权已经实现。然而在现实中,确实存在因工作需要而无法安排年休假的情况。此时,法律

（第五条第二款）允许用人单位不安排职工休年休假，但必须支付300%的年休假工资报酬。于是，直接利益（自由时间）转化为了替代利益（300%年休假工资报酬）。然而这样的转化必须有一个前提条件，即“经职工本人同意”。如果职工本人不同意以支付300%年休假工资报酬的形式替代其休年假所得到自由时间，那么，用人单位便不得如此而为之。

由此可见，当用人单位未经职工本人同意而擅自不安排年休假并主动支付300%年休假工资报酬时，尽管不存在第二个侵权行为（拒绝支付加班工资），却存在第一个侵权行为（强制加班）。这正是表4－1中描述的第三种情形。此种情况下，用人单位违反了“经职工本人同意”的法定义务，侵害了职工在年休假问题中可以根据个人需要而选择休假或者选择更高的加班工资的权利。

（三）带薪年休假规范重构

前文根据请求权基础分析方法对《职工带薪年休假条例》进行了逻辑分析，并发现该条例在逻辑上存在诸多瑕疵。因此，下面将继续采用请求权基础分析方法，对该条例进行逻辑上的重构。

首先，法律条文顺序应符合逻辑完整性和逻辑简洁性原则。

法律条文之间的逻辑关系决定了它们之间的先后顺序。尽管不同的法律法规在立法技术上会有一些差别，但法条之间的逻辑关联性是每部完整的法律都需要保证的基本要求。逻辑关联性不仅意味着逻辑的完整，同时还应保证逻辑的简洁。这样可以避免法律适用过程中一些不必要的推理步骤，从而减少在法律适用的成本。

《职工带薪年休假条例》第二条、第三条、第四条之间的逻辑简洁性便存在这样的问题。原文如下：

第二条　机关、团体、企业、事业单位、民办非企业单位、有雇工的个体工商户等单位的职工连续工作1年以上的，享受带薪年休假（以下简称年休假）。单位应当保证职工享受年休假。职工在年休假期间享受与正常工作期间相同的工资收入。

第三条　职工累计工作已满1年不满10年的，年休假5天；已满10年不满20年的，年休假10天；已满20年的，年休假15天。

国家法定休假日、休息日不计入年休假的假期。

第四条　职工有下列情形之一的，不享受当年的年休假：

（一）职工依法享受寒暑假，其休假天数多于年休假天数的；

（二）职工请事假累计20天以上且单位按照规定不扣工资的；

（三）累计工作满1年不满10年的职工，请病假累计2个月以上的；

（四）累计工作满10年不满20年的职工，请病假累计3个月以上的；

（五）累计工作满20年以上的职工，请病假累计4个月以上的。

第二条第一款的目的在于明确《条例》适用的权利主体与义务主体。第二款和第三款则是从原则上赋予权利人“年休假”“带薪”的权利。

第三条第一款明确了带薪年休假的具体种类和适用条件。第三条第二款属于休假时间的计算规则。

第四条则以反对性条款的形式将五类情况下的职工排除在权利主体之外。

因此，第二、三、四条主要讲的是权利主体和权利内容两个主题。问题在于权利主体未阐释完便开始阐释权利内容，之后再对权利主体进行补充。这样做给法律适用带来的问题很明显。假设某人的情况属于第四条规定的情形之一，那么他的法律推理过程是：

第一步，根据第二条其推断其是带薪年休假权利的适格主体；

第二步，根据第三条推断其应当享有的具体休假天数；

第三步，根据第四条推断其主体不适格。

可见，权利人的推理过程实际上兜了一个圈，如果法律首先解决主体适格问题，则将不必进行第二步的推理。如此便减少了法律推理的步骤，却不影响法律效果。所以，据此可以在不增减条文的情况下将第二、三、四条调整如下：

第二条 机关、团体、企业、事业单位、民办非企业单位、有雇工的个体工商户等单位的职工连续工作1年以上的，享受带薪年休假(以下简称年休假)。

职工有下列情形之一的，不享受当年的年休假：

(一)职工依法享受寒暑假，其休假天数多于年休假天数的；

(二)职工请事假累计20天以上且单位按照规定不扣工资的；

(三)累计工作满1年不满10年的职工，请病假累计2个月以上的；

(四)累计工作满10年不满20年的职工，请病假累计3个月以上的；

(五)累计工作满20年以上的职工，请病假累计4个月以上的。

第三条 单位应当保证职工享受年休假。职工在年休假期间享受与正常工作期间相同的工资收入。

职工累计工作已满1年不满10年的，年休假5天；已满10年不满20年的，年休假10天；已满20年的，年休假15天。

国家法定休假日、休息日不计入年休假的假期。

调整后的法条在内容上与之前保持不变，在形式上由三条缩减为两条，在逻辑上则更加符合推理的顺序。

其次，法律效果应涵盖符合构成要件的所有情形，并在法律责任中体现出不同构成要件之间的区别。

法律效果是指符合法律规定的构成要件，行为人应当承担的法律责任。一般侵权行为的构成要件包括侵权行为、受侵害权益、不法性、有责性四个部分。结合前文对休息权的侵权行为以及对《职工带薪年休假条例》进行的规范分析，可知带薪年休假的侵权行为包括两层含义：未经职工本人同意不安排带薪年休假，即强制加班；拒不支付300%年休假工资报酬，即拒绝支付加班工资。并且两者可能同时发生，也可能只发生其中之一。从有责性来说，强制加班且不支付加班工资的情形,其有责性要高于强制加班但支付加班工资的情形。因此,两种侵权类型的法律效果应当有所区分。然而根据第七条关于责任规范的规定"单位不安排职工休年休假又不依照本条例规定给予年休假工资报酬的……"可看出,条例只列出了一种侵权行为,而忽视了强制加班但支付加班工资的情形。这就意味着职工根据个人需要选择休年休假或是选择更高的年休假工资报酬的权利没有救济的途径。因此,我们尝试将第七条第一个逗号之前的句子做相应的调整:

原文:

单位不安排职工休年休假又不依照本条例规定给予年休假工资报酬的

调整后:

单位未经职工本人同意不安排职工休年休假,但依照本条例规定给予年休假工资报酬的;

单位经职工本人同意不安排职工休年休假,但不依照本条例规定给予年休假工资报酬的;

单位未经职工本人同意不安排职工休年休假,又不依照本条例规定给予年休假工资报酬的;

尽管调整后的条文字数要比原文多,但在逻辑上却比原文更完整,更能包含带薪年休假侵权中的几乎所有情形。而原文则没有区分出用人单位"不安排职工年休假"是否征得劳动者的同意。调整后的条文增加了一种新的侵权情形,此前在司法实践中该情形并不作为侵权处理,而经过前文的分析我们确定了这种情形符合侵权行为的构成要件,因此法律应当给予考量。同时调整后的条文描述的侵权行为其有责性也是渐次增强。这便于法律对不同的侵权行为做出不同的评价。

最后,法律法规不应为权利实现设置程序障碍。

第七条的立法目的是明确用人单位责任以及职工权利的救济途

径,同时为劳动主管部门设定了监管职责。然而在该条例出台至今的几年时间里,我们发现司法实践中第七条所制定的司法前置程序实际上不仅没有起到预想的效果,甚至成为带薪年休假权利在司法救济途径中的障碍。休息权的实现依赖于权利人自己的争取,因此法律法规应鼓励权利人主动行使权利。劳动主管部门可以提供必要的帮助,但不能也不应该取代权利人而成为权利活动的主体。"有困难找政府"的思维模式,其初衷是保护权利人的合法利益,而实际上却可能因政府超负荷而增加权利实现的程序成本,从而无形中增加了权利实现的障碍。因此,第七条应当减少司法前置程序,或将前置程序由必须改为可以,即权利人可以选择向劳动主管部门申诉或直接向司法机关起诉。

另外,公务员以及参照公务员法管理的人员与其他单位职工在救济途径上的差别极大地限制了前者年休假权利的实现。如果说根据《职工带薪年休假条例》第七条不能推断出公务员和参公人员的带薪年休假权利能否通过司法途径予以救济,那么根据《机关事业单位工作人员带薪年休假实施办法》第十二条:"工作人员与所在单位因年休假发生的争议,依照国家有关公务员申诉控告和人事争议处理的规定处理。"则明确了公务员和参公人员的年休假争议通过公务员申诉控告途径来救济。这意味着公务员和参公人员的带薪年休假权利并不具备法律意义上的可诉性,因此他们的带薪年休假休息权并非一项完整的法律权利。

第二节　抗辩权规范

休息权的抗辩权规范,是指由法律规定的阻碍休息权实现的合法情形。其作用类似于刑法中的"违法阻却事由",作用的方式是对请求权构成要件与法律效果的解构。因此,抗辩权规范既可能是针对构成要件,[17]也可能是针对法律效果。[18]

上一节讨论了休息权请求权规范的构成要件和法律效果,只有当构成要件与法律效果同时满足时,才能认为一项休息权的请求权是成立的。然而休息权请求权的成立并不意味着休息权一定能够实现。“即便请求权规范的全部要件都满足了,结果仍然是不确定的。还要考虑的是反对性规范(抗辩性规范):这些规定阻碍请求权规范的有效性。”[19]这意味着,请求权成立既要符合法定的构成要件,即侵权行为、受侵害利益、有责性与违法性,也必须同时不存在抗辩权规范。

休息权的抗辩权规范存在于不同的文本中,如果采用列举的方法可能会有所遗漏,并且呈现方式也可能会因为缺乏逻辑而显得杂乱。同时,本书的目的也并非想要对我国法律法规中的反对性规范做全面的梳理,而得出一个“法律适用指南”。而是通过对休息权抗辩权规范的整理而找到一个具有一定普遍性的、抽象的系统性结构,便于在以后的研究或者实务中更准确地分析问题。所以,本节拟按照工时博弈过程中不同的权利状态,将休息权的抗辩权规范区分为权利不发生型、权利已消灭型、权利行使障碍型三种。

一、权利不发生

权利不发生,顾名思义,意味着权利人主张的请求权根本没有发生。其又称为“权利障碍的抗辩”(rechtsverhindernde Einwendung),

---

〔17〕 例如,若当事人双方并非劳动关系而是承包经营关系,则不存在延长工作时间的侵权行为,又如,符合《劳动法》第四十二条规定的情形的则不受第四十一条规定的限制延长工作时间的限制,此种情况针对的是构成要件中的不法性。

〔18〕 例如,权利人向法院主张权利超过诉讼时效,则诉权消灭。在这种情况下,尽管满足休息权请求权的构成要件,但因诉权消灭,所以原构成要件对应的法律效果将得不到法律的支持。

〔19〕 [德]迪特尔·梅迪库斯:《请求权基础》,陈卫佐等译,法律出版社 2012 年版,第 12 页。

即权利人主张的请求权,因为一定的事由而自始不发生。[20] 在民法上,权利不发生的反对性规范大致包括“契约不成立;法律行为的当事人为无行为能力人,限制行为能力人订立契约,未得到法定代理人的同意;法律行为违反强制或禁止性规定;法律行为有悖于公共秩序或善良风俗;法律行为不依法定之方式;自始客观给付不能;无权代理未得本人之承认等”[21]。对于休息权来说,其权利不发生的情形,除了民法上的一般情形以外,还有其特有的一些情形。休息权的法律关系不同于民法上的一般契约关系。上一节中我们讨论了休息权请求权规范的二重渊源。并且指出在我国目前,休息权的请求权规范首先来自法律法规的规定,其次来自当事人之间的契约约定。这一发现对我们讨论休息权的不发生甚为重要,这意味着我们既要考虑法律规定的情形也要考虑契约约定的情形。

(一)无法律或契约依据

休息权不发生最为常见的情况之一,便是权利人的主张没有相应的请求权基础,即无法律或契约上的依据。

这种情况的发生通常是由于主张权利的一方当事人对其受侵害的权利理解存在偏差而错误地认为其被侵害的权利是休息权。在第五章案例分析中,可以看到刑事附带民事诉讼或相邻关系纠纷中常常会出现这种情况。

例如,2000 年发生在江西省赣州市的“郭某、邱某诉赖某、徐某等 9 人非法搜查及徐世荣反诉郭基恩、邱桂香诬告陷害案”(案件编号:XS001)中,郭某、邱某主张在搜查过程中“叫尚睡在床上的邱某穿衣服起床,邱某未起床,胡某即将邱桂香的被子掀起”的行为侵犯了邱某的休息权。根据休息权请求权构成要件说,该主张并没有相

---

[20] 王泽鉴:《民法思维:请求权基础理论体系》,北京大学出版社 2009 年版,第 135 页。

[21] 王泽鉴:《民法思维:请求权基础理论体系》,北京大学出版社 2009 年版,第 136 页。

应的休息权请求权基础(但这种情况并不排除有其他侵权行为的存在)。

又如,2012 年发生在福建省厦门市的"陈某诉厦门市侨某物业管理有限公司相邻权纠纷案"(案件编号:MS047)中,陈某主张"物业公司违规安装小门,侵犯了其正常生活和休息权"。本案最终法院支持了陈某的诉求,法院认为"部分小区居民为方便不从小区正常通道而从该小门进出社区,客观上影响了原告及家人的休息,因该通道并非必要的通道,故不存在通行权。被告出于安全的需要设置该门,为不影响原告休息,宜将该门封闭"。其法律依据为《物权法》第八十四条。[22] 由此可见,该案中权利人的利益(正常生活)遭受了侵犯,但该利益并非基于劳动关系,而是基于相邻关系。从权利的性质上看应该是生活安宁权,而非休息权。所以,判决中只使用了"休息"来代表受侵害的利益,而未使用"休息权"来确定支持判决的请求权基础。[23] 因此,此类案件尽管权利人主张其休息权受侵害,但实际上并不涉及休息权,而应从生活安宁权、通行权等基于相邻关系而产生的权利中去寻找法律依据。

综上所述,另一方当事人主张权利人的休息权请求权缺乏法律或契约依据时,可以对权利人的诉求形成有效的抗辩。

(二)构成要件不完整

休息权的请求权成立便意味着权利人的主张符合法定的构成要件。因此,当法定构成要件不完整时,权利人的休息权请求权也就不能成立,因此该权利不发生。请求权的构成要件包括侵权行为、受损害利益、有责性、违法性四个方面,在不同的案件中,这些构成要件可

〔22〕《中华人民共和国物权法》第八十四条规定:不动产的相邻权利人应当按照有利生产、方便生活、团结互助、公平合理的原则,正确处理相邻关系。

〔23〕此类案件在我们搜集的所有判决中,占到了一定的比例。(案例编号:XZ050、XZ053、MS037、MS038、MS046、MS047、MS092、MS130、MS146、MS156、MS166、MS172、MS194、MS206 等)

能缺失某一个,也可能某几个同时缺失。

例如,某日正午12时突发地震导致医院供电线路中断,供电公司甲立即安排电路维修工乙对供电线路展开维修,由于损毁严重,供电线路直至次日晚8时才抢修完毕。在这种情形下,甲安排乙进行抢修工作,乙的连续工作时间超过30小时,延长工作时间已经超过了《劳动法》第四十一条“因特殊原因需要延长工作时间的,在保障劳动者身体健康的条件下延长工作时间每日不得超过三小时”的规定。此时,侵权行为、受损害利益均已具备。然而,又根据《劳动法》第四十二条的规定:“有下列情形之一的,延长工作时间不受本法第四十一条规定的限制:……(二)生产设备、交通运输线路、公共设施发生故障,影响生产和公众利益,必须及时抢修的”。因此,甲安排乙连续30小时抢修供电线路的行为并不存在过错,即该行为缺乏有责性。同时,该案例符合《劳动法》第三十四条第二款中的情形,因此甲延长乙的工作时间超过三小时的行为并不违法,即缺乏违法性。

在这个案例中,权利不发生并不代表乙连续工作30小时而得不到补偿,恰恰相反,乙本来应得的休息时间应当通过调休或者支付加班工资的方式得到补偿。此时的权利不发生,仅仅意味着乙不能因《劳动法》第四十一条而拒绝加班抢修电路。权利包含着利益和自由,此时乙的休息利益可以通过其他方式予以补偿,但其拒绝加班的自由却因第四十二条第二款的出现而被合法地阻却。

因此,《劳动法》第四十二条就是一个典型的休息权抗辩权规范。类似的还有《职工带薪年休假条例》第四条。

二、权利已消灭

权利已消灭不同于权利不发生:权利不发生意味着权利自始没有发生,而权利已消灭的前提是权利已经发生,只是当出现一定情形之时,已经发生的权利才归于消灭。在民法理论中,足以构成权利已消灭的事由包括“清偿、代物清偿;提存;抵消;免除;混同;不可归责于债务人或双方当事人事由的给付不能;撤销权之行使;权利不当行使，如权利失效"[24]等。休息权的消灭除了清偿、免除等合同行为以外，一些法律规定的情形同样可能导致权利消灭。这些规定也是休息权抗辩权规范的一部分，不应遗漏对这部分规范的考察。

整体来说，权利已消灭分为两种情况，一种情况是权利彻底消灭，如清偿、免除等，此时权利义务相抵消，法律关系即告消灭；而另一种情况是一项权利转化为另一项权利，即原权利消灭而转化为新权利，权利义务关系并不消灭，而是从一种形态转化为另一种形态。

（一）法律关系彻底消灭

法律关系彻底消灭，是指特定的权利义务经过给付、清偿、免除、抵消等行为而归于消灭，且不转化为其他法律关系。例如，用人单位甲给工作满一年的职工乙安排了 5 天带薪年休假，随后乙享受了 5 天假期并拿到了正常的工资。此时，乙的带薪年休假权利因甲的给付（安排休假及支付正常工资）而实现，该法律关系彻底消灭。此后，乙再主张该年的带薪年休假权利则因该法律关系已经消灭而得不到法律的支持。于是，另一方当事人可以依据义务履行完毕，法律关系消灭而提出抗辩。

值得注意的是，从理论上来说，权利一旦产生，其结果只有一个——权利得到实现（无论是以正常的方式还是以救济的方式）。权利得到实现是导致权利义务关系彻底消灭的终极原因。在此之前，一项权利可能因为出现阻碍权利实现的事由而不能实现，但这项权利内在的法律关系与其包含的利益却并未消失，而是转化为了一项新的法律关系。例如，权利人死亡。在这种情况下，由于权利人的休息权出现了客观上的给付不能，所以权利人的带薪年休假权利随之归于消灭。然而，权利人的带薪年休假权由于客观给付不能而转化为支付带薪年休假工资报酬的权利。于是休息权转化为债权，债权

---

[24] 王泽鉴：《民法思维：请求权基础理论体系》，北京大学出版社 2009 年版，第 136 页。

可以继承,因此权利人的继承人可以主张用人单位给付带薪年休假工资报酬。

因此,法律关系彻底消灭的情形从理论上来说只有当权利得到实现时才会发生。权利一旦已经得到实现,权利人便失去了继续主张权利的事实基础与请求权基础,另一方当事人便可依据义务履行完毕来提出抗辩。

(二)法律关系发生转化

权利已消灭的第二种情形便是法律关系发生转化,它是指一项特定的休息权由于客观给付不能、发生侵权行为、法律规定等情况的出现,根据法律规定或契约约定而转化为其他权利(通常转化为债权)。

前文提到的权利人死亡的例子就是一个典型的客观给付不能的案例。更为常见的是因为侵权行为而导致的法律关系发生转化。绝大多数的休息权纠纷诉讼都是由侵权行为引起。休息权的侵权行为大致可以分为两类:强制加班和拒绝支付加班工资。前者侵犯的是休息权所保护的自由时间利益,后者侵犯的是由自由时间所转化的经济利益。严格来说,强制加班属于侵犯休息权,而拒绝支付加班工资则属于侵犯债权。但加班工资从属于加班行为,与休息权有直接的关联。并且在大多数的情况下,强制加班与拒绝支付加班工资会同时发生。更为重要的是,《劳动法》第四十四条、《职工带薪年休假条例》第五条第二款等都规定了加班需支付高于日平均工资的加班工资。所以强制加班与拒绝支付加班工资都应属于休息权侵权行为。在给付加班工资的诉讼中,首先是权利人的节假日自由时间遭到了用人单位强制加班行为的侵犯,然而大多数权利人所主张的并非调休或补休,而直接是给付加班工资。其原因在于大多数情况下职工与用人单位对簿公堂就意味着两者的劳动关系已经或即将终止,调休或补休失去了现实意义。此时权利人应享有的节假日自由时间的权利已经发生,却因侵权行为而不得实现,从而转化为经济利益。因此，权利人一旦胜诉，休息权就经过诉讼转化为了债权，权利人的自由时间利益也转化为了经济利益。

然而，并非所有的侵权行为都会导致法律关系性质发生转化，这取决于个案中权利人的主张。例如在上例中，如果权利人与用人单位之间的劳动关系并没有因为对簿公堂而终止，那么权利人便有可能仅仅提出要求调休或补休的诉求。此时，一旦权利人的诉求得到支持，原先的节假日权利因为客观履行不能时间无法倒流，事实上已不可能履行原义务而消灭，转化为新的调休或补休权利，新权利的内容依然是自由时间，在法律关系的性质上并未发生改变。这种情况现实中比较少见，但并不意味着不可能发生。

除客观履行不能与侵权外，在一些情形中法律直接规定了原休息权消灭并转化为新的休息权：

例如，《劳动法》第三十六条规定："国家实行劳动者每日工作时间不超过八小时、平均每周工作时间不超过四十四小时的工时制度。"

第三十八条规定："用人单位应当保证劳动者每周至少休息一日。"

而第三十九条又规定："企业因生产特点不能实行本法第三十六条、第三十八条规定的，经劳动行政部门批准，可以实行其他工作和休息办法。"

以上三条便构成了一个"原权利消灭并转化为新权利"的基本形式。

从制度的角度来说，就是当"企业因生产特点不能实行标准工时制度"（条件一）且"经劳动行政部门批准"（条件二）时，"标准工时制度"可被"特殊工时制度"所取代。

从权利的角度来说，即当条件一和条件二同时具备时，职工每日工作时间不超过八小时、平均每周工作时间不超过四十四小时、每周至少休息一日的权利即转化为特殊工时制度所约定的其他休息权利。

从诉讼的角度来说，权利人应当避免主张已经彻底消灭或已经发生转化的休息权。在休息权已经彻底消灭的情形下，权利人的主张缺乏事实基础与请求权基础，因此较难得到法律的支持。在休息权已经发生转化的情形下，权利人应尽量主张转化后的新权利。尽管新权利产生的基础在于侵犯了原初的休息权，但由于权利人主张的诉求往往是对侵权行为的赔偿，所以应当着力证明休息权侵权与债权之间的关系。而对另一方当事人来说，则可以主张权利义务关系已经彻底消灭或已发生转化，来对抗权利人主张的休息权。[25]

三、权利行使障碍

权利行使障碍，是指权利在已经合法取得，且未发生消灭或转化的情况下，在行使权利的过程中出现的法定障碍。如果说权利不发生与权利已消灭两类抗辩权规范针对的是权利本身，那么权利行使障碍则针对的是诉权。因此，王泽鉴教授将前两者称为“抗辩”(Einrede)，而将后者称为“抗辩权”(Einrederecht)。“其主要的不同，在于诉讼上抗辩的效力，即足以使请求权归于消灭，故在诉讼进行中当事人纵未提出，法院亦应审查事实，如认为有抗辩事由的存在，为当事人利益，须依职权作有利的裁判。反之，于抗辩权，其效力不过对已存在的请求权，发生一种对抗的权利而已，义务人是否主张，有其自由。义务人放弃抗辩的权利时，法院不得予以审究，唯他方在诉讼上主张时，法院有审究的义务。”[26]

在民法理论中，抗辩权分为永久抗辩权和一时抗辩权。永久抗辩权包括消灭时效抗辩权、对因侵权取得债权之拒绝履行权等；一时

[25] 在休息权转化为债权的情况下，用人单位不能主张休息权已消灭来对权利人主张的加班工资进行抗辩。

[26] 王泽鉴：《民法思维：请求权基础理论体系》，北京大学出版社 2009 年版，第 135 页。

抗辩权包括同时履行抗辩权、保证人先诉抗辩权等。[27] 通过对休息权相关法规的整理与判例的研读，可以将休息权纠纷中的抗辩权总结为三种，即消灭时效、仲裁前置、举证责任。消灭时效为永久抗辩权，仲裁前置与举证责任则属于一时抗辩权。分述如下：

（一）消灭时效

消灭时效是民法体系中的一种制度，指的是请求权因一定期间不行使而消灭或减损的法律效果。在休息权中，权利人超过法律规定的期限向劳动仲裁机构申请仲裁或向人民法院提起诉讼时，其胜诉权已归于消灭，裁判机构可依据时效制度裁判驳回权利人的请求，但用人单位放弃主张消灭时效的除外。消灭时效具有两个重要的特性：首先，消灭时效消灭的是权利人的胜诉权，而非权利人的实体权利；其次，用人单位放弃主张消灭时效时，裁判机构不得依据超过时效而驳回权利人的请求。

休息权的消灭时效由一般时效和特别时效两种。一般时效，是指《劳动争议调解仲裁法》第二十七条第一款的规定："劳动争议申请仲裁的时效期间为一年。仲裁时效期间从当事人知道或者应当知道其权利被侵害之日起计算。"特别时效，是指该法第二十七条第四款的规定："劳动关系存续期间因拖欠劳动报酬发生争议的，劳动者申请仲裁不受本条第一款规定的仲裁时效期间的限制；但是，劳动关系终止的，应当自劳动关系终止之日起一年内提出。"两者区分的关键在于争议焦点是否为"拖欠劳动报酬"。

在休息权的司法实践中，争议最大的问题莫过于与休息权相关的直接经济利益是否能够认定为劳动报酬，这涉及案件究竟适用一般时效还是特殊时效，将直接决定权利人的诉求能否得到法律的支持。

---

〔27〕 参见郑玉波：《论抗辩权》，载《台大法学论丛》1982 年第 2 期，第 53 页。转引自王泽鉴：《民法思维：请求权基础理论体系》，北京大学出版社 2009 年版，第 135 页。

例如,2011 年发生在浙江省杭州市的"张某某诉杭州师范大学劳动争议纠纷案"(案件编号:MS112)中,张某某与杭师大的劳动合同期限为 2008 年 3 月 1 日至 2011 年 2 月 28 日。劳动合同到期解除后,张某某于 2011 年 8 月 22 日向法院起诉主张杭师大应补发劳动合同存续期间 2008、2009、2010 三个年度带薪年休假工资差额。对于 2009、2010 两个年度的带薪年休假工资差额,法院认定杭师大已经足额支付,而对于 2008 年度的带薪年休假工资法院则认为:"年休假一般应当年安排,特殊情况下可以跨一年安排,故原告主张 2008 年年休假未休工资已经超过申请仲裁时效,本院不予支持。"本案中法院认为带薪年休假工资报酬中除去正常工资报酬之外的部分适用一般时效,即一年。

对于带薪年休假工资报酬如何适用时效的问题,一般有两种观点:一种观点认为,《职工带薪年休假条例》第五条第三款将其表述为"年休假工资报酬",从文义解释的角度应当认定其为劳动报酬,因此应该适用特殊时效;而另一种观点则认为,年休假工资是正常工资的三倍,其中包含着两种不同性质的经济利益,一类是正常的工资,另一类是两倍于正常工资的福利或补偿,前者属于劳动报酬,而后者因法律规定而产生的福利或惩罚并不属于劳动报酬,因此年休假工资报酬中除正常工资以外的部分应适用一般时效。

我们认为,以上两种观点虽然都有一定的道理,但对于解决年休假工资报酬是否属于劳动报酬的问题并没有起到实质性的帮助,无异于隔靴搔痒。真正理解这个问题的关键在于:如何理解《劳动争议调解仲裁法》第二十七条第四款中的"劳动报酬"。

在前面两种解释之外,我们尝试着提供第三种理解途径:

首先,法律为什么不用直接用"工资""薪水"等具体的概念,而用"劳动报酬"这个稍显含糊的概念。因为在现实中劳动者从用人单位拿到的劳动所得并不仅仅是工资单上的"工资",很多情况下公司为了避税,会将员工的工资分成不同的名目,分段发放。实际发放的各类津贴、奖金也完全是基于员工为用人单位付出的劳动,甚至大部分用人单位(尤其是企业)会根据员工的业绩来决定津贴、奖金的多少,谁能说这些经济利益与劳动无关?因此,使用相对含糊的“劳动报酬”一词是考虑到现实中复杂多样、名目繁多的支付方式,避免出现挂一漏万。

其次,赋予“劳动报酬”特殊时效的理由之一在于劳动关系存续期间职工与用人单位在身份上存在一定的从属关系,且职工处于弱势。职工在劳动关系存续期间主张权利存在一定的现实障碍。而这种弱势和现实障碍并不会因为职工主张的是工资还是其他经济利益而有所不同,因此,将所有与劳动有关的收入都纳入特殊时效的保护符合立法原意。

最后,“劳动报酬”是一种法律上的经济利益,它不仅是指与“劳动”直接相关的报酬,而是指基于“劳动关系”而产生的各类经济利益。例如,员工持有公司的股票,因此,员工从公司处得到的经济利益包括劳动报酬和股权收益两类。劳动报酬是基于劳动关系,而股权收益则是基于股东权利。

综上所述,劳动报酬的法律含义应当是:基于劳动关系而产生的经济利益。根据这一定义,判断权利人的主张是否适用特殊时效,只需判断权利人主张的利益是否基于劳动关系而产生。

在第五章讨论休息权诉求种类的时候,我们发现在法律上与休息权相关的直接经济利益分为如下几种:延长工作时间加班工资;法定休息日加班工资;法定节假日加班工资;带薪年休假工资报酬;病假工资;产假工资;等等。这些无一不是基于劳动关系而产生的经济利益,因此都应视为《劳动争议调解仲裁法》第二十七条第四款中规定的劳动报酬。因此,休息权争议案件中有关加班工资的诉讼,均应适用特殊时效。而针对强制加班要求补休或调休的争议则应当适用一般时效。

另外,还有一个期间值得注意:根据《劳动争议调解仲裁法》第四十七条规定,“因执行国家的劳动标准在工作时间、休息休假等方面发生的争议”“裁决书自作出之日起发生法律效力”。又根据第四十八条“劳动者对本法第四十七条规定的仲裁裁决不服的，可以自收到仲裁裁决书之日起十五日内向人民法院提起诉讼”。那就是劳动者对有关休息权的仲裁裁决不服而向人民法院提起诉讼的，应当自收到仲裁裁决书之日起15日内向人民法院提起诉讼。这里的“自收到仲裁裁决书之日起十五日内”同样也是一个消灭时效，超过这个期间权利人的胜诉权即归于消灭。因此，《劳动争议调解仲裁法》第四十八条是休息权抗辩权规范中的永久抗辩权规范。

除了消灭时效这类永久抗辩权外，在休息权的纠纷中还有两种一时抗辩权，一种是仲裁前置，另一种是举证责任。

（二）仲裁前置

劳动争议仲裁前置程序是依据《劳动法》和《劳动争议调解仲裁法》的规定，劳动争议案件须经劳动争议仲裁委员会仲裁后方可向人民法院提起诉讼。这意味着休息权的纠纷也应当经劳动争议仲裁前置程序，方可向人民法院起诉。

例如，2011年发生在山西省榆林市的“陕西延长石油漠源镁业有限责任公司诉曹小军医疗费、医疗保险待遇纠纷案”（案件编号：MS167），2012年发生在重庆市万州区的“王某诉某通信公司等劳动争议纠纷案”（案件编号：MS173）、“魏某诉某通信公司劳动争议纠纷案”（案件编号：MS174）中，一审法院均因权利人有关休息权的诉求未经仲裁而不予审理。

未经劳动仲裁法院不予审理的法律效果并不同于超过消灭时效。前面我们已经探讨过，超过消灭时效权利人的实体权利不受影响，但胜诉权将永久性地归于消灭。而违反劳动争议仲裁前置程序，不但权利人的实体权利不受影响，而且其胜诉权也不会永久性地归于消灭。只要权利人的诉求经过了劳动仲裁，并在收到仲裁裁决书之日起15日内向人民法院提起诉讼，法院将继续受理并依法审理该案。由此可见，仲裁前置只能对权利人的诉求进行暂时性的抗辩，一旦经过仲裁程序，这种抗辩权便消灭。

仲裁前置程序的规范来自《劳动法》第七十九条〔28〕、第八十三条〔29〕,《劳动争议调解仲裁法》第五条〔30〕、第四十七条〔31〕、第四十八条〔32〕、第四十九条〔33〕、第五十条。〔34〕

仔细对比可以发现两部法律对仲裁前置程序的规定并不一致,《劳动法》在程序上没有对争议双方的不同身份做出区分,而《劳动

〔28〕《劳动法》第七十九条规定:劳动争议发生后,当事人可以向本单位劳动争议调解委员会申请调解;调解不成,当事人一方要求仲裁的,可以向劳动争议仲裁委员会申请仲裁。当事人一方也可以直接向劳动争议仲裁委员会申请仲裁。对仲裁裁决不服的,可以向人民法院提起诉讼。

〔29〕《劳动法》第八十三条规定:劳动争议当事人对仲裁裁决不服的,可以自收到仲裁裁决书之日起十五日内向人民法院提起诉讼。一方当事人在法定期限内不起诉又不履行仲裁裁决的,另一方当事人可以申请人民法院强制执行。

〔30〕《劳动争议调解仲裁法》第五条规定:发生劳动争议,当事人不愿协商、协商不成或者达成和解协议后不履行的,可以向调解组织申请调解;不愿调解、调解不成或者达成调解协议后不履行的,可以向劳动争议仲裁委员会申请仲裁;对仲裁裁决不服的,除本法另有规定的外,可以向人民法院提起诉讼。

〔31〕《劳动争议调解仲裁法》第四十七条规定:下列劳动争议,除本法另有规定的外,仲裁裁决为终局裁决,裁决书自作出之日起发生法律效力:(一)追索劳动报酬、工伤医疗费、经济补偿或者赔偿金,不超过当地月最低工资标准十二个月金额的争议;(二)因执行国家的劳动标准在工作时间、休息休假、社会保险等方面发生的争议。

〔32〕《劳动争议调解仲裁法》第四十八条规定:劳动者对本法第四十七条规定的仲裁裁决不服的,可以自收到仲裁裁决书之日起十五日内向人民法院提起诉讼。

〔33〕《劳动争议调解仲裁法》第四十九条规定:用人单位有证据证明本法第四十七条规定的仲裁裁决有下列情形之一,可以自收到仲裁裁决书之日起三十日内向劳动争议仲裁委员会所在地的中级人民法院申请撤销裁决:(一)适用法律、法规确有错误的;(二)劳动争议仲裁委员会无管辖权的;(三)违反法定程序的;(四)裁决所依据的证据是伪造的;(五)对方当事人隐瞒了足以影响公正裁决的证据的;(六)仲裁员在仲裁该案时有索贿受贿、徇私舞弊、枉法裁决行为的。人民法院经组成合议庭审查核实裁决有前款规定情形之一的,应当裁定撤销。仲裁裁决被人民法院裁定撤销的,当事人可以自收到裁定书之日起十五日内就该劳动争议事项向人民法院提起诉讼。

〔34〕《劳动争议调解仲裁法》第五十条规定:当事人对本法第四十七条规定以外的其他劳动争议案件的仲裁裁决不服的,可以自收到仲裁裁决书之日起十五日内向人民法院提起诉讼;期满不起诉的,裁决书发生法律效力。

争议调解仲裁法》则在仲裁前置程序上区分了劳动者与用人单位两种不同的程序。因为《劳动争议调解仲裁法》相比《劳动法》既是新法也是特别法，所以仲裁前置程序应当适用《劳动争议调解仲裁法》。

由于休息权的主体在劳动关系中仅仅是劳动者一方，而不可能是用人单位。因此，主张抗辩权规范的一方，即行使抗辩权的一方只可能是用人单位。尽管不服仲裁裁决而提起诉讼可能会因当事人的不同而适用不同程序，但是在休息权的仲裁前置问题上，却只有一种情形。而且对于用人单位主张仲裁前置作为抗辩时，只要权利人重新申请仲裁，仲裁前置抗辩权即告消灭。而仲裁前置程序中的"自收到仲裁裁决书之日起十五日"根据前文的分析应当属于消灭时效。

（三）举证责任

在诉讼过程中，用人单位除了可能主张消灭时效、仲裁前置等抗辩权以外，还可能通过主张举证责任来对权利人的诉求提出抗辩。尽管《劳动争议调解仲裁法》第六条〔35〕、第三十九条第二款〔36〕均作出了有利于权利人的证据规定。但在司法实践中权利人仍然要对其主张的部分事实承担举证责任，而这恰恰是阻碍休息权实现的一个重要因素。在第五章所考察的案例中，诉求不被法律支持的判决，有相当多的情况是由于权利人无法履行举证责任（没有证据证明存在休息权受侵害的事实）。

例如，2014 年发生在上海市浦东新区的"中国大地财产保险股份有限公司与吕国忠劳动合同纠纷案"（案件编号：MS204）中，权利人是该公司的人力资源部副总经理，其主张每天超时工作、双休日加班，但用人单位并未支付加班工资。而用人单位则主张权利人并无

〔35〕《劳动争议调解仲裁法》第六条规定：发生劳动争议，当事人对自己提出的主张，有责任提供证据。与争议事项有关的证据属于用人单位掌握管理的，用人单位应当提供；用人单位不提供的，应当承担不利后果。

〔36〕《劳动争议调解仲裁法》第三十九条第二款规定：劳动者无法提供由用人单位掌握管理的与仲裁请求有关的证据，仲裁庭可以要求用人单位在指定期限内提供。用人单位在指定期限内不提供的，应当承担不利后果。

加班事实。此时,用人单位即行使了举证责任抗辩权,权利人有责任证明其存在加班的事实。但是因权利人未提供其存在加班事实的证据,故权利人关于加班费的主张,劳动仲裁机构、一审法院、二审法院均不予支持。

权利人主张休息权究竟应该就哪些事实承担举证责任?根据《最高人民法院关于审理劳动争议案件适用法律若干问题的解释(三)》第九条的规定:"劳动者主张加班费的,应当就加班事实的存在承担举证责任。但劳动者有证据证明用人单位掌握加班事实存在的证据,用人单位不提供的,由用人单位承担不利后果。"可知,休息权的权利人承担举证责任的情况有两种:第一种,在一般情况下,权利人应就加班事实的存在承担举证责任;第二种,在权利人认为加班工资掌握了加班事实存在的证据的情况下,权利人应当就用人单位掌握相关证据承担举证责任。这是休息权纠纷中权利人应当承担的基本举证责任,如果权利人不能证明其中任何一点,用人单位便有可能行使举证责任抗辩权,来对抗权利人的诉求。而通过分析大量案例,我们发现一旦用人单位行使举证责任抗辩权,权利人的诉求便很难得到法律的支持。因为权利人无法履行举证责任,将丧失主张权利的事实基础。

第五章　工时博弈的案例分析

规范分析可以帮助我们了解工时博弈双方的行为依据，而真实的博弈情况则只能从纠纷实际发生的过程去发现。因此，本章将以生效司法判决书为研究对象，使用案例分析、统计分析等方法，将司法实践中与工时博弈相关的重要因素以及各因素之间的关系通过直观的方式呈现出来。这不仅可以帮助我们客观地了解工时博弈司法实践的状况，而且通过对判决书中“权利主体”“法律关系”“诉求”“请求权基础”等重要因素的研究，还可以为后续研究提供扎实的判例与数据支撑。

第一节　判例统计分析概况

一、分析目的与主要问题

建立工时博弈判例数据库是研究我国司法实践中工时博弈状况的必要工作。这项工作在之前的研究中往往被忽略。一些基于案例的分析也只是建立在个别热点案例的基础上，虽然积累了一定的实证基础，但囿于样本的单一，这种研究方法展示给人们的内容是有限的。随着互联网的发展，全国范围内的生效司法判决文书检索成为可能。[1] 在

---

〔1〕 最高人民法院于 2013 年 11 月 21 日发布了《关于人民法院在互联网公布裁判文书的规定》，要求自 2014 年 1 月 1 日起，符合条件的法院生效裁判文书应当在互联网全面公布。

客观条件逐步完善的情况下,更大范围地检索、分析司法判例,从大量的判例文书中发现实践中遇到的真问题显得格外重要。

判例统计分析拟回答三个主要问题:

第一,针对判决书中人们对休息权概念的使用,来判断在司法活动中人们如何认识和理解休息权;并结合本书第二章对休息权观念沿革的分析,来发现我国当前休息权实践中存在观念误区。

第二,通过分析判决书中相关诉求不被支持的原因,来寻找休息权利实现中存在的现实的制度障碍。

第三,从大量休息权纠纷实例中总结出用人单位规避法律责任的常见方式,为有针对性地完善休息权实现机制寻找突破口。

以上三个看似相对独立的问题其实蕴含着统一的逻辑:人的观念决定着制度的形态,而观念与制度的合力决定着人们参与工时博弈的方式。

二、判例样本的采集与处理

(一)样本采集

在选取判例的过程中需要考虑两个原则:第一是权威性原则,必须保证所有的判例都是来自司法机关公布的生效判决书。第二是相关性原则,必须保证所选取的判例与本书所探讨的休息权有直接的相关性。

在权威性原则方面,自 2000 年以来,各地法院都逐渐实行了裁判文书上网,直到 2013 年 11 月 21 日,最高院发布了《关于人民法院在互联网公布裁判文书的规定》,要求自 2014 年 1 月 1 日起,符合条件的法院生效判决应当在互联网上全面公布。所以,我们的案例主要来自最高人民法院主办的“中国裁判文书网”(wenshu. court. gov. cn),其次参考“北大法意”(www. lawyee. org/case/case. asp)、“北大法宝”(www. pkulaw. cn)等第三方裁判文书数据库,另外还包括最高人民法院发布的指导性案例等。

在相关性原则方面,主要的问题在于关键词的选取。与休息权直接相关的关键词有很多,如"休息""休假""放假""请假""加班""加班费""加班工资""休息权""休假权"等,不胜枚举。

在对与休息权直接相关的若干概念检索后,我们发现,若要考虑所有关键词,那么在浩如烟海的判决书中找出与本书研究相关的内容,几乎是一项无法完成的任务。所以,必须缩减关键词。最终将关键词设定为"休息权",并在国内权威的案例文书数据库中进行检索。随后,将不同数据库中的案例进行交叉对比,剔除重复案例,得到判决文书一共263个,其中民事209个,行政53个,刑事附带民事1个。这便是工时博弈判例库的雏形。随后,对所有判决文书逐个地仔细阅读和整理,提取出与研究相关的关键信息,并利用这些信息做了统计分析。而在将统计结果呈现出来之前,有必要对判决书整理的方法与整理过程中发现的一些重要问题进行梳理和说明。

(二)样本处理

按照前面的检索方式,尽可能地从判决文书数据库中收集到与休息权相关的案例,只是所有工作的第一步。第二步则是要仔细阅读并分析收集到的判决书,将判决书中的关键信息类型化,并以此构建数据库。每个案例中都包含着数不清的信息,但真正与休息权有关的信息确是有限的。因此,必须要考虑提取哪些方面的信息能够较为客观地反映司法判决中休息权实现状况。在处理的案例数较少时我们得到的信息是有限的,而随着案例数逐渐增加,新的问题和信息也不断涌现,这时就必须对数据库的结构进行调整,以达到更完善的信息结构。所以,下面将简要介绍判例库中收录的关键信息,以及它们可能证明的事实。

判决书基本信息:

这部分的关键信息包括"案件字号""案件名称""案件性质""文书性质""纠纷日期""审结日期""地点""审级""审理法院"等。案件字号与案件名称保证了判决书的真实性与权威性。案件性质与文书性质可以帮助我们了解人们通常在哪类纠纷中主张休息权。统计纠纷日期、审结日期可以让我们了解不同时期的案件特点。而地点、审理法院的相关信息可以反映地域与休息权案件之间的关系。

权利相关人的身份与法律关系：

这部分的关键信息包括“权利人身份”“侵权人身份”“双方程序身份”“法律关系”“合同类型”“工作制”等。休息权的权利内容与实现方式跟权利人的身份有着紧密的联系。环卫工人、保安、司机、医生、公司高管等，不同的权利人身份对应着不同侵权人身份，两者之间的法律关系根据职业的特点也有不同。通过整理他们的身份、法律关系、合同类型、工作制等信息可以帮助我们研究职业等身份信息对休息权实现过程的影响。

诉讼请求与请求权基础：

这部分的关键信息包括“诉求种类”“诉求金额”“判决金额”“涉及法条”“判决说理”等。诉求是休息权实现中的核心内容，对这部分信息的整理能够帮助我们了解三个方面的问题：首先，人们在主张休息权时究竟主张的是何种利益；其次，人们依据何种请求权基础来主张利益；最后，司法实践中如何适用法律，解决纠纷。同时，统计各类诉求金额与判决金额可以直观地看出哪些诉求更容易或更难得到法院的支持，结合对判决说理的分析，能够揭示权利实现过程中的具体阻碍因素。

在对263份判决书逐个整理的过程中，本书选取的信息是有限的，也许单凭几个关键信息并不足以完整描述一个案件的所有情况。然而本书的任务并不是面面俱到地描述所有案件，而是按照一定的框架去分析案例、发现休息权司法实践中的规律。因此，选取的关键信息之间应该有着明显的逻辑关联：权利相关人的身份决定了他们之间的法律关系，法律关系中蕴含着请求权基础，请求权基础决定着诉讼请求是否得到支持。

三、判例分析的不足与改进

为了保证样本质量，在判例库构建的过程中本书对判例研读与数据录入进行了标准化处理，以确保个案分析尺度的统一。首先，按照前文所设定的关键信息对每个判例进行了预处理，提取出研究需要的三组共 24 个原始数据。其次，为了保证数据的可分析性，又对原始数据进行了二次处理，即类型化处理。这些处理都是建立在对每个案件反复的研读基础上。例如，在判例中对以机动车驾驶为职业的人的称呼有"司机""驾驶员"两种，通常情况下这两种称呼是没有严格区分的，然而在考虑权利人的法律关系后，我们发现存在两种法律性质完全不同的"司机"或"驾驶员"：一种是公司内部的雇员，他们与公司之间是劳动关系，适用劳动法（例如 MS002、MS010、MS011、MS012、MS013、MS014、MS015、MS016、MS017、MS039、MS054、MS055、MS093、MS134、MS149、MS197 等）；而另一种则以出租车司机为代表，他们与出租车公司之间签订的多半并非劳动合同，而是出租车承包经营合同，因此劳动法中关于工时制度的规定则对他们不适用（例如 MS048 等）。因此，两类"司机"的休息权实现依据和状况存在着很大差别，需要区分考察。所以，对"权利人身份"这组数据进行类型化处理时，我们将劳动关系中的机动车驾驶人员称为"驾驶员"，而将非劳动关系中的出租车司机直接称为"出租车司机"。所以，最后得到的统计表格用语会对判决书原文进行适当的调整。

而在数据处理之外，仍有两个无法控制的因素可能会影响样本库质量。首先是判例来源方面，尽管判决书网上公开在 2000 年以后就开始在一些地方试点，但最早只能在各地方法院自己的网站和数据库中查询本地的判例，并且案例的检索功能并不完善，不利于展开大规模的案例收集。同时，收集到的零散判例由于数量少、随机性大，因此也不适合做统计分析。从统计学的角度来说，这会造成样本在年份分布上的不均匀和缺乏连续性。

其次是关键词检索方面。正如前文所述，综合考虑研究的各方面条件，最终设定的关键词是"休息权"。在此之外，仍有其他判例会涉及休息权，却因没有在判决书中使用"休息权"这个词语而未能被收录进判例库。所以,严格来说,收录到判例库中的判决书只是全国判决书中的一部分。

以上两个因素对案例库的样本构成是有一定影响的,要减少这种影响则至少应该做到两点:一是持续不断地更新上网判决书,形成连续的观察。二是在关键词的选取上保持开放的态度,继续关注更广义的休息权判决,以便及时跟进和调整关键词。应该指出的是,这两点都建立在研究持续的基础上,只有时间和持续的关注能够消减这些不稳定因素。

第二节　判例统计主要数据

一、休息权概念使用含义分布

根据本书第二章对休息权概念的界定,作为一项法律权利的休息权是指在广义的劳动法律关系中,劳资双方就前者的工作时间与自由时间如何分配而形成的有约束力的行为规范。在263份判决书中,符合以上休息权概念的判决书为239份。另有24份判决书中的“休息权”指的是其他权利义务关系或仅作一般用语使用,其中14份判决书中所用“休息权”实际是指基于相邻关系等产生的安宁权(判决文书:XZ050、XZ053、MS037、MS038、MS046、MS047、MS092、MS130、MS146、MS156、MS166、MS172、MS194、MS206等);2份指健康权(判决文书:XZ049、MS131);8份仅作一般用语使用(判决文书:XS001、XZ047、XZ048、MS133、MS150、MS176、MS178、MS202)(见图5-1)。

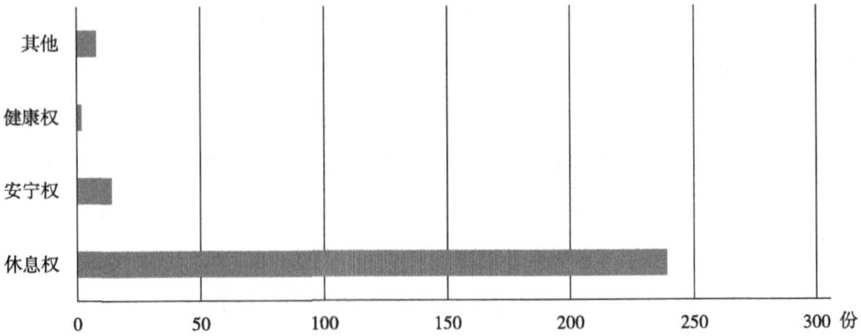

	休息权	安宁权	健康权	其他
数量	239	14	2	8

图 5－1　休息权概念使用含义分布

而在 239 份符合概念条件的判决书中，以休息权作为争点的有 168 份。另有 71 份判决书仅是涉及了休息权，但并未提出休息权诉求。例如：有的是权利人未提出相应诉求（判决文书：MS115、MS116、MS117、MS118、MS119、MS120、MS121 等）；有的是权利人撤回了关于休息权的诉求（判决文书：MS188、MS189、MS190 等）；有的是权利人主张与休息权间接相关的其他利益（MS192 中权利人主张用人单位补偿其因加班导致的未申领就业补贴损失、MS200 中权利人主张用人单位长时间安排加班导致其身体健康受损等）。因此，符合统计条件的判决书为 168 份。

二、休息权生效判决的地域分布

从判决书的地域分布来看，数量最多是广东省 71 份，其次是上海市 35 份。因此，63% 的休息权案件发生在广东省和上海市两省市。导致这一现象的原因可能有三：一是珠三角与长三角地区是劳动力相对集中的区域，劳资纠纷发生基数大；二是两地市民社会相对发达，人们的权利意识较强；三是两地的法治发展水平在国内城市中相对靠前，劳资纠纷司法救济程序相对成熟。地域分布详见图 5－2：

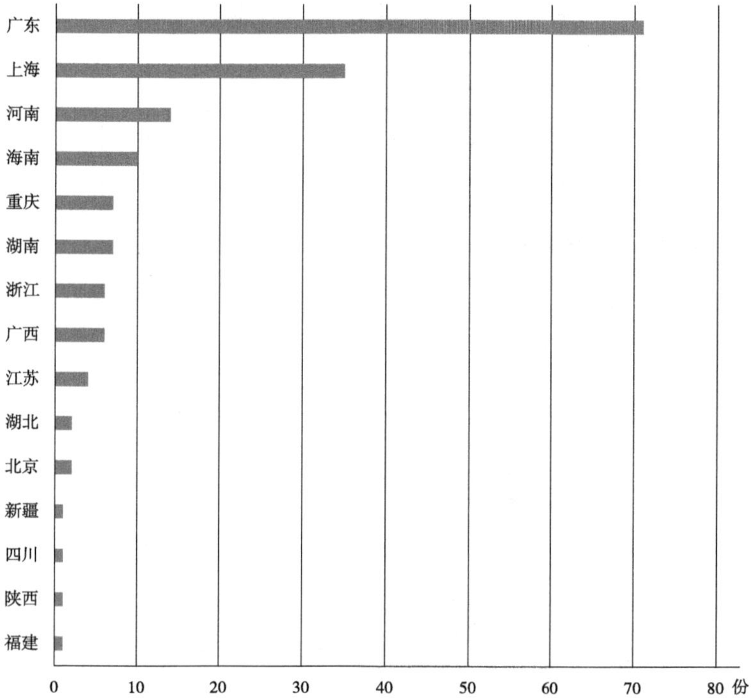

	福建	陕西	四川	新疆	北京	湖北	江苏	广西	浙江	湖南	重庆	海南	河南	上海	广东
案件数量	1	1	1	1	2	2	4	6	6	7	7	10	14	35	71

图 5－2　休息权生效判决书地域分布

三、休息权生效判决的行业分布

根据国家统计局发布的《国民经济行业分类与代码》，本书将168 份休息权纠纷所属的行业做了大致的分类。发生休息权纠纷最多的三个行业分别是：制造业共 91 份，交通运输、仓储和邮政业共 24 份，房地产业共 17 份。其中制造业是休息权纠纷的重灾区，占所有纠纷的 54%（见图 5－3）。

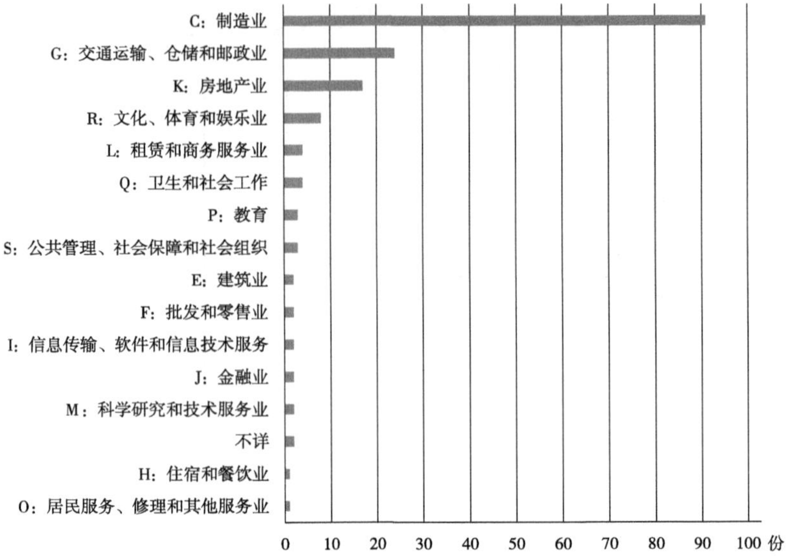

	O：居民服务、修理和其他服务业	H：住宿和餐饮业	不详	M：科学研究和技术服务业	J：金融业	I：信息传输、软件和信息技术服务	F：批发和零售业	E：建筑业	S：公共管理、社会保障和社会组织	P：教育	Q：卫生和社会工作	L：租赁和商务服务业	R：文化、体育和娱乐业	K：房地产业	G：交通运输、仓储和邮政业	C：制造业
数量	1	1	2	2	2	2	2	2	3	3	4	4	8	17	24	91

图 5－3　休息权生效判决的行业分布

四、权利人的职业分布

根据权利人的工作内容，大致将职业分为如下 15 种。人数最多的三种职业分别是：工人 65 人，管理人员 27 人，保安 26 人。其中，工人占所有职业的 39%，属于休息权最易受侵害的职业。这一分布总体上与行业分布一致（见图 5－4）。

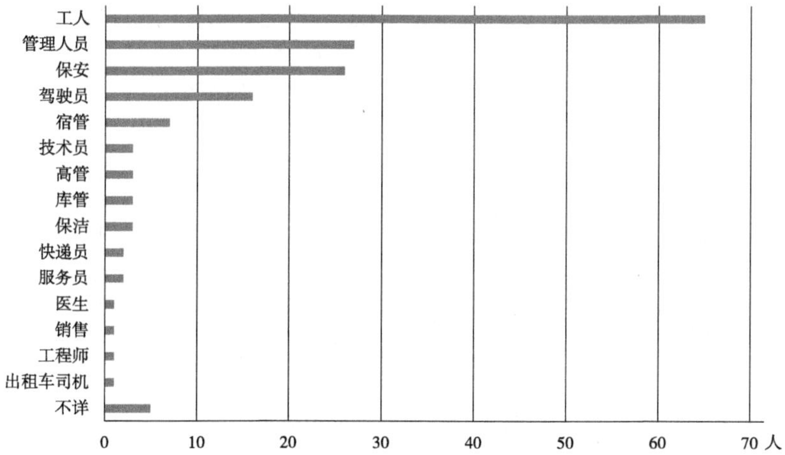

	不详	出租车司机	工程师	销售	医生	服务员	快递员	保洁	库管	高管	技术员	宿管	驾驶员	保安	管理人员	工人
数量	5	1	1	1	1	2	2	3	3	3	3	7	16	26	27	65

图 5－4　权利人职业分布

五、权利人的诉求分布

判决书中的诉求即是权利人依据请求权规范主张相应利益。因此，休息权的诉求应当以请求权规范为基础。根据第四章对休息权请求权规范的分析，在我国现行法律体系中，休息权的请求权规范主要来自《劳动法》《职工带薪年休假条例》《女职工劳动保护特别规定》等法律法规对工时制度、休假制度所做的规定。依休息权请求权规范主张的利益可称为“直接利益”，具体包括延长工作时间、法定休息日、法定节假日、带薪年休假、探亲假、婚假、病假、产假等。在 168 份判决书中，延长工作时间、带薪年休假、法定休息日、法定节假日成为受侵害最为普遍的休息权利益，它们依次占了总诉求的 50%、43%、42%、39%（见图 5－5）。

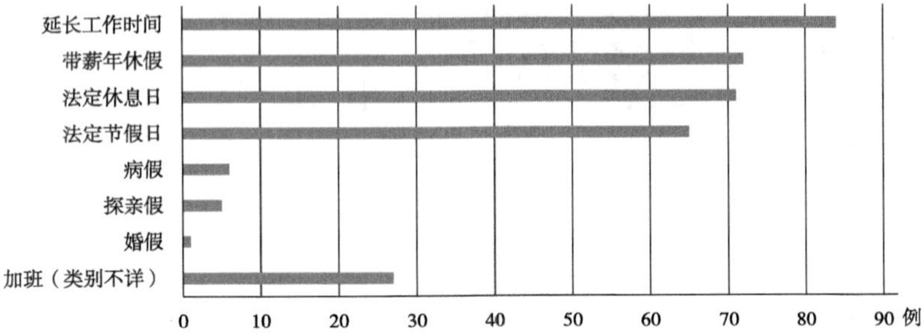

	加班（类别不详）	婚假	探亲假	病假	法定节假日	法定休息日	带薪年休假	延长工作时间
数量	27	1	5	6	65	71	72	84

图 5 -5　权利人诉求分布

六、纠纷双方法律关系分布

本书第二章第二节已经论证了休息权的主体应该是广义劳动关系中的劳动者。在我国,广义的劳动者应当包括狭义劳动关系(《劳动法》层面)中的劳动者、劳务关系中的劳动者、人事关系中的公务员以及参公人员等。图 5 -6 是 168 份休息权判决书中的法律关系分布,其中“劳动关系”与“事实劳动关系”均是指狭义的劳动关系,“特殊劳动关系”是指退休人员返聘或再就业后与用人单位形成的特殊法律关系(判决文书:MS152、MS153、MS154、MS155),“承包经营关系”是出租车行业中出租车司机与出租车公司之间常见的一种法律关系,事实上变劳动关系为承包经营关系是出租车公司规避《劳动合同法》的表现(MS048)。由此看出,司法层面的休息权主体被局限在了狭义的劳动关系之中,其他类型的劳动者在司法层面整体消失了。

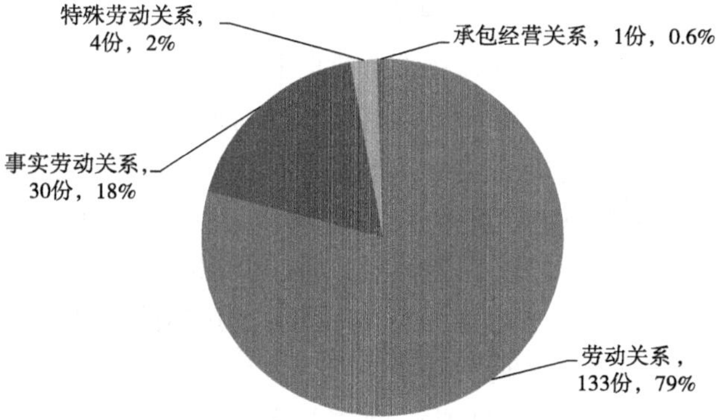

图 5－6　休息权纠纷的法律关系分布

第三节　主要问题及其产生的原因

一、判决书中体现的休息权观念

在本书理论篇中，已经对休息权的观念、概念和发展规律做了分析，并提出：休息权的基本问题是自由时间的规范分配问题；作为自然权利的休息权属于每一个自然人，而作为法律权利的休息权则仅属于特定法律关系中的特定主体；劳动法律关系中的休息权其内在矛盾并非"休息与劳动"而是"休息与异化劳动"；尽管是工人运动推动了休息权相关的劳动法律法规登上历史舞台，但这些法律法规的目的并非单一地保护工人的休息权利，而在于平衡劳资关系中双方在时间分配问题上产生的利益冲突；异化劳动所造成的时间利益冲突是休息权成为一项法律权利的根本原因，休息权发展的历史必然性也就蕴含在时间利益的冲突与博弈过程中。

那么在司法实践中，人们又是在何种意义上使用"休息权"一词？通过对判例库中 263 份裁判文书的整理，可以发现人们使用"休息权”的几种情况。分类的依据是第二章第二节所探讨的休息权的客体，即休息权所保护的法律意义上的自由时间，它是指在雇佣关系中雇佣双方依照法律或契约所确定的劳动时间以外的其他时间。于是，我们可以将诉求区分为主张自由时间与其他主张两大类。同时，任何诉求都是以一定利益为基础的，权利人通过主张利益来实现或维护自身的权利。所以，根据利益与权利的相关性，又可以将主张“休息权”的情况区分为：主张自由时间的直接利益；主张自由时间的间接利益；主张非自由时间利益。

主张自由时间的直接利益，是指权利人依据《劳动法》第四章规定的各种工时制度与休假制度要求用人单位履行法律义务保障权利人在工作日不延长工作时间、不在法定休息日节假日加班、依法享有带薪年休假等，或依据权利人与用人单位合同约定（不得与法律相抵触）的方式享受休息与休假等自由时间。此时如果用人单位违反法律或约定，剥夺权利人上述自由时间，则可以依照《劳动法》第四十四条、《职工带薪年休假条例》第五条第三款等规定对用人单位占用权利人的自由时间给予经济补偿（或赔偿）。或者，用人单位与权利人因工作时间问题发生其他冲突，某方提出解除劳动关系，权利人依照《劳动合同法》第四十六条、第四十七条、第四十八条主张经济补偿的。这种情况包括：权利人不堪忍受长时间加班而提出解约、用人单位以员工违反请假规定解约、用人单位将休息日计为旷工解除劳动关系等。所以，与自由时间相关的直接利益包括延长工作时间加班工资、法定休息日加班工资、法定节假日加班工资、带薪年休假工资、解除劳动合同经济补偿等。这里的核心是：义务人违反法律或契约所设定的义务，侵占权利人的自由时间，并且法律或契约对此明确规定了侵权或违约责任。

主张自由时间的间接利益，是指权利人因用人单位占用其自由时间（加班）而引起的其他利益损失。这里的其他利益是指与加班之间可能存在事实上的因果关系，而不存在法律上的因果关系，或者法律上的因果关系是由其他法律规定的。例如：权利人主张长期加班导致其健康受损。在这种情况下,加班可能是导致权利人健康权遭受损害的事实原因,而用人单位是否要为此承担侵权责任,则需要看法律是否对加班行为与健康权损害赔偿之间设定明确的赔偿责任。事实上,工作与健康的关系已由《劳动法》第六章作出原则性规定,并通过《工伤保险条例》《工伤认定办法》等法律法规予以明确。但这里的问题是:加班包含两个内容,一个是增加的工作量,另一个被占用的自由时间,究竟哪一个才是导致健康权受损的直接原因?显然,实质性的工作是导致健康权受损的直接原因,而被占用的自由时间只是间接原因。所以,权利人主张加班导致的健康损害纠纷中,权利人主张的实际是基于劳动关系的健康权、生命权(也就是通常所说的工伤)。其他间接利益的原理与此相同。因此,义务人违反法律或契约所设定的义务,侵占权利人的自由时间,导致权利人其他利益受损;侵占自由时间与利益受损之间没有法律上的因果关系。

主张非自由时间利益,是指权利人主张的利益并非基于前文所说的劳动法意义上的"自由时间"。例如,权利人主张邻居晚上练气功声音太大打扰了正常的休息,这其实主张的是基于相邻关系而产生的生活安宁权。又如,权利人认为酒店的房间噪声太大致使其无法休息,这里的问题实际是基于服务合同的违约问题。在这些案件中,表面看上权利人的休息确实受到了侵害,但实际上,这些受侵害的利益并非基于劳动法意义上的"自由时间",而是诸如基于相邻关系的生活安宁权、服务合同等。

二、权利实现中存在的制度障碍

在对收集到的判决书进行研读和数据分析后,可以发现司法活动中存在的制度障碍主要来自两个大的方面:一是制度安排对休息权主体做了一定的限制,导致部分主体的休息权不具备可诉性;二是司法救济程序的设置在一定程度上增加了权利实现的制度成本。

休息权主体受限制的主要原因在于,司法救济层面的休息权被局限在狭义的劳动关系(《劳动法》意义上的)中,而其他的休息权主体尽管也部分享有法律规定的休息权,但却并不具备法律上的可诉性。可以从两类典型判决中发现狭义的劳动关系在司法实践中对休息权实现的阻碍。

一类是“退休返聘或重新就业的劳动者 VS 用人单位”(判决文书:MS152、MS153、MS154、MS155)。在该系列案中,权利人均已到退休年龄,并重新与用人单位签订了劳动合同,双方因劳动者是否享有带薪年休假而产生争议。劳动者提起劳动仲裁,劳动仲裁委认为:“原告在纠纷产生之前已到法定退休年龄,已不具有申请劳动仲裁主体资格”,并以此为由做出了不予受理通知。随后劳动者以劳动争议为由诉至法院,法院认为:“《企业职工带薪年休假实施办法》规定,在中华人民共和国境内的企业、民办非企业单位、有雇工的个体工商户等用人单位和与其建立劳动关系的职工,适用本办法。2009 年 2 月原告达到法定退休年龄,依法享受养老保险待遇。2009 年 3 月至 2012 年 11 月原告在某公司工作,与某公司建立劳务关系而非劳动关系,不适用职工带薪年休假规定。用人单位对聘用退休人员的年休假问题有约定,可从其约定。原、被告自愿签订的用工协议,不违反法律规定,对原、被告均有约束力,而该协议未就原告是否享有带薪年休假作出约定。故原告要求被告支付年休假折算工资的诉请缺乏法律及合同依据,本院不予支持。”仲裁委与法院不支持权利人带薪年休假请求的原因都是认为退休人员已经开始享受社保,因此与用人单位之间的法律关系应当是劳务关系,而非劳动法意义上的劳动关系。因此,该系列案件判决均不支持权利人的带薪年休假诉求。

另一类是“出租车司机 VS 出租车公司”(案例编号:MS048)。在出租车行业中大致存在两种不同类型的法律关系,即劳动关系和承包经营关系。在劳动关系中,出租车司机与出租车公司属于《劳动法》与《劳动合同法》管辖范围内的劳动者与用人单位,即出租车公司有义务遵照《劳动法》相关规定来保障出租车司机的工作时间、休息、休假等。而在承包经营关系中,出租车司机与出租车公司之间并不签订劳动合同,而是签订承包经营合同,在这种情况下,出租车公司没有保障司机工作时间、休息、休假的法定义务，公司只管向司机收取“份子钱”，至于司机一天工作几个小时、是否能够休假则一概不问。这至少意味着：第一，司机收入与劳动量挂钩，多劳多得、不劳不得；第二，份子钱与工作量无关，不出车也要缴纳；第三，司机需要自己缴纳社保基金等。因此，在后一种法律关系中，出租车司机若想要休息休假，就必须停止出车，出车就意味着没有收入，而份子钱与社保基金仍必须自己缴纳。所以，大部分出租车司机坦言，除非是干不动了或者家里有急事，否则不会不出车。例如，在案件 MS048 中的原告（出租车司机）即主张被告（出租车公司）通过签订承包经营合同规避劳动关系中用人单位应当保证劳动者得到休息的义务。这种现象在出租车行业普遍存在，而此时劳动者的休息权得不到保障（甚至得不到法律承认）的原因仍然是用人单位以及裁判者以不存在狭义的劳动关系为由，拒绝承认出租车司机应当受到《劳动法》《劳动合同法》的保护。

除了以上两类从判例库中发现的主体受限情况外，还有更多主体受限制的情况可能并没有被判例库收录，更有可能是因为在制度设计的过程中已经将一部分劳动者排除在了诉讼程序外。公务员以及参公人员就是被排除在诉讼程序之外的一群劳动者，他们的休息权救济途径止于内部申诉，而无法进入司法救济程序（详见第四章第一节对带薪年休假进行的规范分析）。

休息权实现的制度成本取决于权利实现需要满足多少制度要求的条件。对于一般民事纠纷而言，有协商、调解、仲裁、诉讼等多种纠纷解决途径，权利人具体通过何种方式主张权利可由权利人自由选择，这是由民事纠纷的特点决定的。每种纠纷解决机制都有自身的一套程序性要求，而正是这些要求或条件导致了权利实现存在制度成本。从对休息权判决书的统计中我们发现，尽管休息权纠纷属于民事纠纷，然而它与一般民事纠纷在解决途径上却存在较大的差异，其中最显著的两个特征在于：劳动仲裁前置与劳动行政部门的干预。[2]

劳动仲裁前置的存在使休息权的司法救济程序实际成为“一裁两审制”。这一制度在一定程度上减轻了人民法院的业务压力，然而面对越来越复杂的劳动争议，该制度的弊端也越来越明显。首先，劳动仲裁没有终局性。当事人不服仲裁仍然可以向法院提起诉讼，使仲裁委的工作实际上并不受当事人的重视。其次，不符合程序效率与效益原则。劳动仲裁与法院审判工作的核心内容都是查清争议事实、合理适用法律，重复劳动不仅造成了司法活动效率降低，同时也会耗费更多的司法资源。最后，不符合保护当事人合法权益的初衷。在普通民事案件中，当事人可以选择成本最低、对自己最有利的纠纷解决方式。而仲裁前置程序的存在一方面剥夺了当事人选择纠纷解决方式的自由，另一方面增加了纠纷解决的程序步骤，既限制了维权方式又增加了维权成本。

劳动行政部门在休息权实现中所扮演的角色应该是监督用人单位履行法定义务的监督者，[3]而非直接取代权利人的维权主体

[2] 《劳动法》第七十九条规定：劳动争议发生后，当事人可以向本单位劳动争议调解委员会申请调解；调解不成，当事人一方要求仲裁的，可以向劳动争议仲裁委员会申请仲裁。当事人一方也可以直接向劳动争议仲裁委员会申请仲裁。对仲裁裁决不服的，可以向人民法院提起诉讼。另外，《劳动争议调解仲裁法》第二条规定：中华人民共和国境内的用人单位与劳动者发生的下列劳动争议，适用本法：……（四）因工作时间、休息休假、社会保险、福利、培训以及劳动保护发生的争议；……第五条规定：发生劳动争议，当事人不愿协商、协商不成或者达成和解协议后不履行的，可以向调解组织申请调解；不愿调解、调解不成或者达成调解协议后不履行的，可以向劳动争议仲裁委员会申请仲裁；对仲裁裁决不服的，除本法另有规定的外，可以向人民法院提起诉讼。

[3] 例如，《劳动法》第八十五条规定：县级以上各级人民政府劳动行政部门依法对用人单位遵守劳动法律、法规的情况进行监督检查，对违反劳动法律、法规的行为有权制止，并责令改正。第八十九条第一款规定：用人单位制定的劳动规章制度违反法律、法规规定的，由劳动行政部门给予警告，责令改正。第九十条规定：用人单位违反本法规定，延长劳动者工作时间的，由劳动行政部门给予警告，责令改正，并可以处以罚款。

地位。[4]而在我国当前的休息权制度中,劳动行政部门的这一身份却并不明确。权利人本应是维权的主体,如果劳动行政部门取代了权利人维权主体地位,一方面权利人从自己维权变成了“指望”劳动行政部门帮其维权,疏远了权利人在权利救济活动中的中心地位,增加了不确定因素;另一方面劳动行政部门从监督者变成了维权的执行者,增加了行政部门的工作量。因此,当休息权纠纷数量超过行政部门的最大工作能力时,行政部门的效率必然降低,权利人便指望不了行政部门帮其维权。而这还没有考虑劳动行政部门是否愿意承担维权任务。在现实中,行政部门出于自身利益的考虑“踢皮球”“打太极”的现象也并不少见。更何况,没有人比权利人自己更了解自己的权利,何不让权利人自己承担这个责任。让权利人承担维权的主要责任并不是指权利人应当在各个部门之间跑来跑去,而是指真正赋予权利人维权的主体地位,减少权利人在维权活动中所遇到的制度障碍。

三、用人单位规避法律责任的常见方式

用人单位规避法律责任的具体方式五花八门,根据判例大致可以总结为如下几类:

第一,变劳动关系为其他法律关系,规避法律适用。在我国现行法律体系中,只有劳动法层面的休息权才具备可诉性。因此,如果用人单位与劳动者之间的法律关系不是劳动法层面的劳动关系,那么劳动者的休息权就可能面临不具备可诉性的窘境。例如,劳务关系里的钟点工、临时工,甚至包括律师、承包经营关系中的出租车司机、

---

〔4〕 例如,《劳动法》第九十一条第一款、第二款规定:用人单位有下列侵害劳动者合法权益情形之一的,由劳动行政部门责令支付劳动者的工资报酬、经济补偿,并可以责令支付赔偿金:(一)克扣或者无故拖欠劳动者工资的;(二)拒不支付劳动者延长工作时间工资报酬的……假如用人单位存在所列情形,劳动者本人即有权要求用人单位支付工资报酬、经济补偿等。劳动部门的“责令”看似加重了维权的语气,然而实际上却喧宾夺主,淡化了权利人的主体地位。

特殊劳动关系中的离退休人员等。尽管这些劳动者所做的工作并不比其他人少(甚至可能更多),但是囿于法律关系的限制,他们的休息权往往得不到司法层面的救济。

第二,利用综合计算工时制、不定时工作制、计件工资制等特殊工时制强迫劳动者加班。[5] 在我国的劳动法律关系中,大致存在标准工时制和特殊工时制两种工时制度(详见第四章第一节)。标准工时制即法律明确规定了每日、每周劳动时间的上限,用人单位安排加班不得超过此上限;特殊工时制是考虑到部分行业、企业、工种的特殊性质,允许用人单位按照自身的生产经营需要安排劳动者在一定期限内连续工作的一种非标准工时制度。两种工时制度的本质区别在于劳动时间与自由时间分配的周期不同,而不是分配的比例不同。换言之,两种工时制度下劳动者的自由时间数量应当是一致的,甚至对于一些连续工作的岗位应当安排更长的自由时间。但在现实中,一些用人单位以特殊工时制为由头安排劳动者连续工作,却不安排相应的休息休假。这不仅意味着用人单位调整了劳动者工作与休息的周期,更意味着用人单位调整了工作时间与自由时间的比例,而这种行为实质上是打着特殊工时制的幌子侵犯劳动者的休息权。

第三,合同约定工资中列明已包括加班工资。[6] 加班工资应当

---

〔5〕 类似案件有:MS157、MS158、MS159、MS162、MS163、MS175、MS177、MS195 等。例如,在 MS163 中,二审法院认为:“以月为周期进行计算,每人每月的工作时间约为 180 小时,超过法定工作时间 13.36 小时,该超出的工作时间应视为延长工作时间或加班,则潘某某理应获得该延长部分工作时间的报酬。”或在 MS177 中,法院直接依据《工资支付暂行规定》第十三条最后一款的规定,认为:“实行不定时工作制度的劳动者,不执行加班加点工资制度,故原告要求被告支付加班加点工资和赔偿金的诉讼请求本院不予支持。”

〔6〕 类似案件有:MS139、MS161、MS173、MS174、MS179 等。例如,在 MS161 中,根据《广东省工资支付条例》第十七条规定,用人单位延长劳动者工作时间或者在休息日、法定休假日安排劳动者工作的,应当在工资清单中列明相应的工资报酬;未列明且无法举证已支付的,视作未支付相应的工资报酬。所以,本案中如果权利人能够证明其实际加班时间对应的加班工资多于合同约定中的“固定加班工资”,其就两者之间差额仍能主张权利。

根据劳动者具体加班的时间以及法律规定的加班工资比例来具体计算。一些用人单位在合同中即约定包括了固定的加班工资,一方面侵害了劳动者是否加班的自由,另一方面无视了加班工资法定的计算方式。

第四,合同约定加班工资以基本工资为基础,津贴、补贴等不作为计发加班工资依据或将加班工资拆分为各种名目的福利。[7] 加班工资的实质是劳动者的劳动所得,而非福利。其计算方法应当是根据劳动者日平均工资乘以一定的系数,日平均工资则是根据上年度工资总额除以年工作日天数。根据国家统计局《关于工资总额组成的规定》工资总额由六部分组成:计时工资;计件工资;奖金;津贴和补贴;加班加点工资;特殊情况下支付的工资。因此,加班工资的计算基数应当是工资总额,而非工资明细上的基本工资。甚至一些用人单位还在日平均工资上与劳动者玩文字游戏,用月收入除以30天的方式计算日平均工资,而不是依照法定月平均制度计薪日21.75天计算,如此劳动者的日平均工资则少于法定数额。

第五,主张休假工资不属于劳动报酬,不适用劳动仲裁特别时效规则。[8] 《劳动争议调解仲裁法》第二十七条规定,拖欠劳动报酬争议适用特别时效,即劳动关系存续期间不受仲裁时效限制,但是,劳动关系终止的,应当自终止之日起一年内提出。有的用人单位便会主张休假工资(如带薪年休假工资)不属于劳动报酬,其仲裁时效应当从当事人知道或应当知道权利被侵害之日起算。这种情况下,在用人单位工作多年的劳动者一旦因休假工资发生纠纷,往往只能主张仲裁时效一年内的休假工资,超过一年仲裁时效的部分则不被法律所保护。

---

〔7〕 类似案件有:MS049、MS050、MS051、MS052、MS053 等。例如,在 MS049 中,"合同约定广州市月亮贺卡有限公司根据邓某某的工种定为不定时工作制,邓某某的基本工资为690元/月,津贴6910元/月,并约定加班工资以基本工资按劳动部门有关规定计算,津贴不作为计发加班工资的依据"。

〔8〕 类似案件有 MS070、MS072、MS111、MS112 等。

第六，利用法人独立性与实际工作单位之间的相关性规避劳动法律责任。[9] 这种情况通常是指一个老板拥有两个公司A和B，劳动者先与A签订劳动合同，随后解除与A的劳动关系，继而与B签订劳动合同。因为A与B之间为同一个老板，所以在劳动合同发生变动的时候，劳动者出于保住工作等原因的考虑，并不能够就其与A之间的休息权纠纷提出异议。而当其在B工作超过一定期限以后，他与A之间的休息权纠纷可能因为仲裁时效而丧失了胜诉权。

---

〔9〕类似案件有MS164，判决认为："物业公司于2008年6月注册成立；投资公司与物业公司均系独立法人……法律规定，劳动者与用人单位因拖欠报酬发生争议的，劳动关系终止的，应当自劳动关系终止之日起一年内提出。而漆某某在与投资公司的劳动关系终止一年之后，才申请仲裁，已超过仲裁时效。"

第六章　工时博弈的三种模式

通过第五章的案例分析，尤其是在对工时纠纷的诉求进行整理之后，工时博弈的若干种类型逐渐呈现雏形。本章将依据工时博弈中的不同诉求尝试将博弈划分为三种模式：强制加班模式；拒绝支付加班工资模式；混合侵权模式。其中前两种为基础模式，混合侵权模式由两种基础模式组合而来。分类的主要意义在于为工时立法锚定逻辑框架。

第一节　工时博弈分类的依据

人是观念动物，人们依循自身的观念而思考、行为，乃至人的整个生活都离不开观念。人与动物的区别之一即在于人不仅仅是动，而是行动。“所谓行动，指的就是与观念相联系的活动……观念的理在于它跟真情实感的联系……依循观念行动本身没什么不好，可虑的是，人们也会缘于虚假的观念行动，他们产生的情绪和行为，甚至会十分强烈……虚假观念产生虚假感情，促生虚假行动，引导虚假生活。”[1]可见，观念的真假并非仅仅是观念自身的问题，它牵涉到人的情感、行为与生活是接近还是远离真善美。在工时博弈中同样存在虚假观念，这些虚假观念是制约休息权实现的主观因素，从观念的

---

〔1〕 陈嘉映：《价值的理由》，中信出版社2012年版，第35～42页。

类型出发可将工时博弈分为若干模式。

本书第二章已经对休息权观念的沿革做了梳理，并提出：法律权利中的休息并非是指人的行为或生理需要，而是指社会分工状态下人们围绕时间分配问题而形成的制度化的社会关系。这一观念的要旨在于“时间分配”与“制度化”。“时间分配”是指在劳动社会关系中，付出劳动的一方与购买劳动的一方，就前者的劳动时间与自由时间如何分配而达成的共识。“时间分配”的“制度化”是指上述共识被宪法法律所确认，成为制度事实。

然而，在现实中人们对此观念仍有许多不同的理解，其中不乏一些误解。最为普遍——同时也是造成休息权利实现困境最为重要的原因——的是关于休息权所保护的利益（自由时间利益）是否具有可替代性，即工时博弈所争取的自由时间是否可以被经济利益所取代。对此，目前存在两种看似截然对立的观点：

从自然权利的角度出发，有些学者认为，休息权所保护的利益是“单一性”的，“是社会成员个体不可缺少的，也是不可替代的，不能被抛弃或被转让”[2]的利益。并认为“由于时间是单向的、不可存储的，一旦过去就再也无法追回。表面上看，休息日工作获得补休，但是超时劳动对劳动者的损害已经造成，很难获得完全的补救”。[3]这种观点以时间的单向性为出发点，认为超时工作一旦发生即对劳动者造成了损害，而无论是调休还是支付加班工资，均无法完全弥补劳动者的损失。因此，“法律必须对工作时间标准做出强制性规定，避免过劳损害的发生”，[4]即工时博弈所争取的自由时间利益是不可替代的。

---

〔2〕 蓝寿荣：《休息何以成为权利——劳动者休息权的属性与价值探析》，载《法学评论》2014 年第 4 期。

〔3〕 蓝寿荣：《休息何以成为权利——劳动者休息权的属性与价值探析》，载《法学评论》2014 年第 4 期。

〔4〕 蓝寿荣：《休息何以成为权利——劳动者休息权的属性与价值探析》，载《法学评论》2014 年第 4 期。

从法律权利的角度出发,工时博弈是双方利益的较量,所以休息权除了保障权利人的利益以外,还肩负着平衡劳资关系、协调经济发展的历史使命。因此,我国法律制度中除了对工作时间做了强制性规定以外,同时也规定了公休替代办法。例如,《劳动法》第三十九条规定,对企业因生产特定不能实行标准工时制的,经劳动行政部门批准,可以实行其他工作和休息办法。在此情形中,法律允许劳动者连续工作一段时间,随后在集中休息一段时间。[5] 又如,《劳动法》第四十四条规定了延长工时的报酬支付办法,对工作日延长工作时间、法定休息日加班、法定节假日加班三种情形规定了高于正常工作时间的工资报酬。因此,在现实的法律制度中,至少存在"调休"与"支付加班工资"两种方式来对休息权所保护的自由时间利益进行替代或补偿。

以上两种观念尽管在结论上看似截然对立,然而就各自所处的语境来说,却都有合理之处。认为自由时间利益不可替代,主要考虑的是作为个体的人的全面发展,以及作为一个整体的人类社会的平衡发展。而认为自由时间利益可以被"调休"或"支付加班工资"等方式进行替代或补偿,主要考虑的是一个特定的经济体内,作为劳动者的人的发展与该经济体中其他人利益的平衡,以及该经济体自身的发展。因此,尽管结论上看似对立,但这两种观点在理论上是并行不悖的。

理论上的并行不悖并不意味着在实际中没有冲突。在我国劳动者的休息权实现过程中,法律法规对自由时间利益可替代性的确认,符合休息权发展的规律,却也在无形中造成了权利实现的障碍。休息权所保护的自由时间利益的可替代性是指在一定的情景下,法律允许通过调休或支付加班工资的方式对权利人本该享有的自由时间

---

〔5〕 例如,案例 MS077、MS078、MS079、MS080、MS081、MS082、MS083、MS084、MS085、MS086、MS087、MS088、MS089、MS090 中,企业可因消防员工作特点向劳动行政部门申请实行不定时工作制。

进行替代或补偿。替代的方式包括“调休”与“支付加班工资”两种。前者是以一段时间利益补偿另一段时间利益，自由时间在总量保持平衡。后者是以经济利益补偿时间利益，劳动者可以获得更多的经济利益，而自由时间的总量却减少了。在实践中，用人单位往往认为支付了加班工资就等于履行了保护劳动者休息权的义务。然而，经济利益只是对自由时间利益的补偿，它并不能完全取代自由时间利益。一旦加班成为常态，即便是支付了加班工资，劳动者的休息权也实实在在地受到了损害。因此，对休息权所保护的自由时间利益可替代性不能做过于宽泛的理解。

为避免实践中对可替代性做过于宽泛的理解，需要对休息权所保护的利益做规范化处理。民法上的侵权行为大致可以分为一般侵权行为与特殊侵权行为。一般侵权行为是指行为人有过错直接致人损害，因此适用民法上的一般责任条款的行为。一般侵权行为的构成要件包括有加害行为、有损害事实的存在、加害行为与损害事实之间有因果关系、行为人主观上有过错四个方面。而特殊侵权行为是指由法律直接规定，在侵权责任的主体、主管构成要件、举证责任的分配等方面不同于一般侵权行为的其他侵权行为。在我国《民法总则》《侵权责任法》等法律文本中，属于特殊侵权行为的情况都有具体的条文明确加以规定。

工时博弈引起的休息权纠纷应当属于民法上一般侵权纠纷。尽管在劳动合同对休息权做出约定的情况下，休息权纠纷也可以适用违约责任，事实上在第五章分析的案例中也普遍存在违约与侵权的竞合。但在法律实践中人们普遍将休息权纠纷作为侵权纠纷来处理。原因主要是两点：第一，违约责任是由当事人双方签订的合同予以约定的，其请求依据在于合同约定；第二，我国目前实践中的劳动合同对休息权的规定大多比较模糊，多数情况下只是约定“劳动者享有法律规定的休息休假权利”，而违约责任约定不明。因此，我国大部分劳动合同约定的休息权内容在纠纷处理中较难起到定分止争的作用，更多的还是需要按照一般侵权纠纷来处理。

根据对休息权判例库的分析整理，可从工时博弈引起的休息权侵权行为中按照构成要件的不同提取出两种基本的侵权行为：一类是强制加班，另一类是拒绝支付加班工资。尽管两者在法律实践中常常被混为一谈，但从理论的角度分析，两者之间却存在本质的差别。区分出两者之间的不同，对于我们认识工时博弈的模式有着重要的方法论意义，是对工时博弈利益进行规范化处理的基石。

第二节　强制加班模式

强制加班是工时博弈中最基本的模式，它是指雇主违背雇员的意愿，强行要求雇员放弃自由时间。

加班常常被认为是资本家剥削劳动者的手段，即便是有相应的加班补偿，加班对于劳动者来说也仍然意味着对工作的一种负面评价。然而，运用法律经济学的视角分析加班行为，我们发现，加班并不必然是一种消极行为。在劳资博弈的过程中，加班起到了重要的信号传递作用，它为劳资双方形成重复博弈提供了可能，避免了囚徒困境的产生。加班促使劳资博弈关系各方为实现自身利益最大化相互妥协、退让从而形成劳资博弈的分离均衡。形成博弈均衡的劳资关系有利于实现社会整体福利的最大化，因此，社会稳定方能通过非正式的社会控制方式来实现。可见，法律对社会规范的干预界限应当以“福利最大化”（并非被赋予其他意义的“公共利益”）作为衡量准则，以形成国家法与民间法的良性互动（详见第一章）。

在第二章第二节中讨论了休息权的客体，并提出休息权所保护的利益是人的自由时间。在法定休息权中，强制加班侵害的就是权利人的自由时间利益，可称其为直接利益。直接利益实际上是由两个层次的内容构成：一个是客观存在的时间，如国庆节假期、8 小时工作时间以外的其他非工作时间等；另一个是权利人如何使用这部分时间的自由。因此,强制加班行为也可以表述为:违背权利人意志自由,强行占有权利人的自由时间。

强制加班的方式有多种多样,按照强制的来源可以分为外部强制与内部强制。外部强制是指来自权利人之外的直接干预,如工厂老板甲要求工人乙加班,甲对乙的要求便是一种外部强制。这种干预的特点在于直接来自义务人的明确的意思表示。内部强制是指来自权利人自身的干预,权利人会因为考虑各种因素(晋升、失业等)而放弃自由时间。

内部强制不同于外部强制的直接性,它更多的是通过权利人的心理因素起作用,所以可以说这是一种间接的强制。"人类在很多方面和其他动物不同,其中之一是,他乐于从事哪些本身未必令人愉快的事情,因为这些事实是实现他想要达到的目的的手段。"〔6〕权利人会为了寻求某种潜在的积极利益而放弃自由时间,如出租车司机宁愿放弃吃饭与午睡的时间多跑几趟车以换得更高的收入。同样,权利人也会为了避免某种潜在的损失而放弃自由时间,如某些从事技术要求较低工作的工人由于可替代性强而面临更高的失业风险,面对工作压力他们选择牺牲部分自身利益来换取工作的保全。这两种不同的心理因素对应着两种不同的内部强制:自愿的内部强制和被迫的内部强制。

无论是外部强制还是内部强制,在工时博弈中强制加班可能是通过外部强制,也可能是通过内部强制,甚或是二者皆有。

第三节　拒绝支付加班工资模式

拒绝支付加班工资的行为与强制加班的行为存在一定关联,但

〔6〕［英］罗素:《权威与个人》,储智勇译,商务印书馆2012年版,第52页。

二者之间并不存在必然联系。拒绝支付加班工资基于的事实是存在加班行为,而无论加班行为是强制产生的还是协商一致产生的。因此,从理论上来说,拒绝支付加班工资可以单独构成一种侵权行为,即劳动者与用人单位协商一致加班,但用人单位拒绝支付加班工资。尽管在实际中,强制加班与拒绝支付加班工资两类侵权行为常常同时发生,甚至法律也常常将拖欠加班工资作为标准的休息权侵权行为。但实际上,区分两种不同的侵权行为具有重要意义。

一、加班工资的意义

尽管休息权的初衷是为了保障权利人享有充足的自由时间,但适当的加班仍然是被认可的,前提是应当征得劳动者同意,并对加班做出补偿。补偿的方式不外乎补休、调休或支付加班工资。补休、调休是以时间的形式对被占用的时间做出补偿,而支付加班工资则是以经济利益的形式对被占用的时间做出替代补偿。“以时补时”与“以钱补时”之间存在很大的差别。

“以时补时”通常发生在因工作需要而急需人手或工作性质要求连续作业的情况下,此时用人单位占有劳动者的劳动时间总体上并未增加,劳动者通常也不会因此而得到额外的经济利益。但“以钱补时”则是以超出平常工作收入多倍的加班工资换取劳动者更多的劳动时间。相比较而言,后者比前者更容易诱发休息权侵权行为。这一观点可以从加班工资存在的意义中予以阐明:

(一)从人的需求出发

超出平时工作收入多倍的加班工资对部分劳动者来说具有很大的诱惑,一方面原因是他们的经济状况,使他们将经济利益作为出来打工的主要目的,甚至唯一目的。另一方面原因是部分劳动密集型企业不能给劳动者提供良好的休息休闲环境,这使劳动者即便有自由时间也不知道该干什么或能干什么。2011 年 12 月 19 日,数百名工人聚集在广东省佛山市一家公司门口,通过罢工的方式要求企业安排加班。工人们表示，此前周末经常加班可以拿到双倍工资，那时每个月能拿到3000元左右，如今没加班就只有1500多元。“我们是农民工，只想多挣一些钱”，许多工人表达了这样的愿望。[7] 由此可见，多倍加班工资在特定的情况下会诱使劳动者放弃休息的权利。

（二）从经济规律出发

剩余价值规律是资本主义运行的基本经济规律之一，追逐剩余价值的过程实际上就是对劳动者的自由时间不断挤压的过程。加班工资在这个过程中扮演着双面角色：从积极方面出发，加班工资起到了调节劳资关系的重要作用。在工时制度出现之前，劳方与资方就工作时间、工资的约定就构成了双方法律关系中最基本也是最重要的部分，而此时劳动者的时间分配实际上完全受制于资本家。资本家有追逐剩余价值的本能，而劳动者也有休息休闲的要求，两者便在时间分配问题上产生了重大矛盾。当工人运动将工时制度推上历史舞台后，这一矛盾得到了制度上的缓解。但真正起到缓解作用的经济工具是更高的加班工资，它在一定程度上允许资本家继续占有劳动者的自由时间，同时又要求资本家对劳动者支付高于平常收入的经济报酬。从消极方面出发，加班工资为剥削劳动者自由时间的行为做了正当性背书。

正如前文所述，加班工资作为一种经济工具，只是缓解了劳资双方在时间分配问题上的矛盾，而并未真正解决这一问题。并且它还带来了一个潜在危机，即人们（包括资本家与部分劳动者）误认为支付了加班工资的加班行为就不存在剥削，于是加班在加班工资的背书下仿佛具备了正当性。

综上所述，加班工资是以“以钱补时”的方式对权利人的休息权受侵害所做的补偿。由于这种补偿方式有一定的积极意义，并且被

---

〔7〕《12·19广东佛山工人聚集要求加班事件》，载搜狗百科网：http://baike.sogou.com/v69670185.htm，2020年2月22日最后访问。

法律所明确承认,因此,在现实中关于休息权的纠纷大多与加班工资有关。

二、拒绝支付加班工资损害间接利益

强制加班侵害的是休息权所保护的直接利益——自由时间。而拒绝支付加班工资则侵害的是休息权所保护的间接利益——自由时间的经济补偿利益。休息权所保护的直接利益来自该权利的固有属性,而间接利益则源于休息权制度博弈过程中的合理妥协。任何一项经过博弈而产生的法律制度,都不仅仅是保护某一项权利而遏制与其相博弈的另一项权利。休息权相关的法律制度也是如此,它产生的初衷是为了保障工人享有必要的自由时间,然而通过劳资双方的博弈,这项制度实际上只是达成了一种平衡,即一方面要保障工人享有必要的自由时间,另一方面也要保障资本家仍能够追逐剩余价值。如果一种休息权制度不能满足这两个条件,或只满足其中一个条件,这样的制度无疑是异想天开的。因此,在制度化的休息权里,它不仅包含着直接利益(自由时间利益),也包含着因制度博弈而形成间接利益(自由时间的经济补偿利益)。

休息权的间接利益,即自由时间的经济补偿利益,通常表现为各种形式的加班工资。因此,拒绝支付加班工资本质上就是对休息权间接利益的侵害。拒绝支付加班工资行为从形式上看侵犯的是权利人的金钱债权,不过这项债权并不同于一般的契约之债、不当得利之债或无因管理之债等。尽管从劳动合同的角度出发,间接利益受侵害也是一种违约行为,但实际上这项债权是由用人单位的拒付行为而产生的侵权之债,债权的请求权基础来自《劳动法》《职工带薪年休假条例》《女职工劳动保护特别规定》等法律法规的规定。

三、法律禁止拒付行为

前文已经讨论过法律干预加班的边界,结论是:法律对加班行为的评价并非完全禁止,而是在尊重劳资双方各自利益的前提下,允许双方通过协商的方式合理安排加班。例如,对于延长工作时间(日常所说的“加点”),《劳动法》第四十一条规定:“用人单位由于生产经营需要,经与工会和劳动者协商后可以延长工作时间,一般每日不得超过一小时;因特殊原因需要延长工作时间的,在保障劳动者身体健康的条件下延长工作时间每日不得超过三小时,但是每月不得超过三十六小时。”由此可以看出,我国法律对劳动者自由时间利益(直接利益)实行的是弹性保护,即允许在一定条件下缩减权利人的自由时间。

但对于缩减的自由时间的经济补偿利益(间接利益),法律则采取的是严格保护。我国法律法规明确禁止拒绝支付加班工资的行为,如原劳动部颁发的《工资支付暂行条例》第十一条规定:“劳动者依法享受年休假、探亲假、婚假、丧假期间,用人单位应按劳动合同规定的标准支付劳动者工资。”同时,该条例第十八条规定:“……用人单位有下列侵害劳动者合法权益行为的,由劳动行政部门责令其支付劳动者工资和经济补偿,并可责令其支付赔偿金:(一)克扣或者无故拖欠劳动者工资的;(二)拒不支付劳动者延长工作时间工资的……”又如,2007年开始实施的《劳动合同法》第八十五条规定:“用人单位有下列情形之一的,由劳动行政部门责令限期支付劳动报酬、加班费或者经济补偿;劳动报酬低于当地最低工资标准的,应当支付其差额部分;逾期不支付的,责令用人单位按应付金额百分之五十以上百分之一百以下的标准向劳动者加付赔偿金:(一)未按照劳动合同的约定或者国家规定及时足额支付劳动者劳动报酬的;(二)低于当地最低工资标准支付劳动者工资的;(三)安排加班不支付加班费的;(四)解除或者终止劳动合同,未依照本法规定向劳动者支付经济补偿的。”〔8〕

〔8〕 这里主要是为了说明法律对拒绝支付加班工资行为的态度,至于具体的法律责任则应当根据个案中涉及的不同加班情形,依据《劳动法》第四十四条、《职工带薪年休假条例》第五条等相关内容来明确。

由此可见,法律对于拒绝支付加班工资行为的评价,以及具体的侵权责任都是明确的。法律不仅禁止拒绝支付加班工资的行为,并且还设置了赔偿金来加重对逾期不支付行为的惩罚。相比较强制加班模式,法律对拒绝支付加班工资模式的规制要更为严格。

第四节　混合侵权模式

现实中的休息权侵权纠纷中,用人单位既可能实施了强制加班行为,又可能实施了拒绝支付加班工资的行为。但在司法实践中,侵权的法律后果却仅仅反映在拒绝支付加班工资这一个行为上。原因一方面在于现行法律法规对自由时间的经济补偿利益遭受侵害的情形规定较为明确,而对自由时间本身遭受侵害的情形除了转化为支付加班工资以外几乎没有规定其他法律后果。因此,在司法实践中强制加班的法律后果往往等同于拒绝支付加班工资的法律后果。另一方面在于人们普遍认为只要足额支付了加班工资就不构成侵犯休息权,因此在我们收集的休息权案例中,没有一起纠纷是在“强制加班,但足额支付加班工资”后劳动者主张用人单位侵犯了其自由时间利益的情形。

在现实生活中,侵权的形式有多种多样。而经过前两节的分析,我们已经发现“强制加班”与“拒绝支付加班工资”是休息权侵权的最基本形式。因此,借助这两个最基本的侵权模式,我们可以将形式多样的混合侵权行为类型化。首先,我们将休息权纠纷中的与侵权相关的行为(见图6-1)。

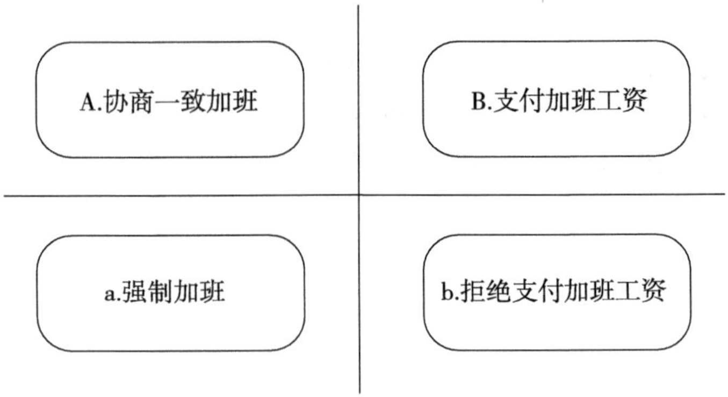

图 6-1　休息权侵权的基本要素

随后,根据这些行为之间的组合我们可将混合侵权模式分为四种:

一、协商一致加班+支付加班工资

即用人单位与劳动者之间协商一致加班,并支付了加班工资。在这种情况中,如果协商的加班时间不超过《劳动法》等法律法规关于工作时间的强制性规定,那么则不构成侵权。但是,如果协商的加班时间超过了法律的强制规定,那么关于超时加班的约定则会因为违反法律而归于无效。此时,尽管加班得到了权利人的同意,并且用人单位为此支付了加班工资。但是在法律上,该行为仍然对权利人的休息权造成了侵害。受侵害的利益就是法律为权利人所设定的最低限度的自由时间。

此种模式在理论上存在较大的争议,人们常提出这样的疑问:休息权能否被放弃?应该说,在法律对工时制度作出规定之前,人的自由时间能否放弃还只是一个单纯的契约问题。但当社会法逐渐兴起、福利国家的理念逐渐深入人心,人能否放弃其最低限度的自由时间则不再仅仅是契约所决定的问题,还应当考虑法律体系对该行为的评价。因此,在法律实证主义看来,法律所规定的最低限度的自由时间是不能突破的。那是否意味着权利人不能与用人单位协商一致加班超过法律的最低限度,休息权不能被放弃呢?这个问题也许不应当从权利人的角度来回答,而应当从义务人的角度来回答。法律上关于工时限度的规定,是通过为用人单位设定义务的方式来赋予劳动者权利。换句话说,工时限度首先是用人单位应当履行的义务,其次才是劳动者享有的权利。权利意味着权利主体拥有支配自身权利的自由,即便是最高权利的生命权,法律也只能通过"禁止杀人"这样的方式来为他人设定义务,至于自杀的情况,绝大多数国家的法律并未予以禁止或者惩罚。同理,法律关于工时限度的规定,用人单位有义务遵守。尽管权利人可以处置自身权利,但用人单位却不得违反法律义务。因此,在大多数用人单位与劳动者协商一致加班超过法律规定的情形中,承担违法责任的是用人单位,而非劳动者。[9]所以,协商一致加班,并且支付了加班工资,但是超过了法律规定的工时上限,仍然构成休息权侵权。

通过以上分析,可以得出一个判断,即超过法律规定的工时限度,用人单位即构成对劳动者休息权的侵犯,无论其是否与劳动者协商一致加班,也无论其是否支付加班工资。因此,在后面的若干种类型中,我们只考虑加班不超过法律限度的情形。

二、协商一致加班+拒付加班工资

即用人单位与劳动者协商一致加班,但用人单位拒绝支付加班工资。此种情况下,加班行为已经征得了劳动者的同意,所以加班并不存在违背劳动者意愿的情形。且加班总时间不超过法律规定的限度,因此,属于合法加班。但用人单位不(足额)支付加班工资的行为却直接损害了劳动者自由时间的经济补偿利益。因此,该情形属于基本侵权模式中的"拒绝支付加班工资"模式。

〔9〕 例如,案例 MS179。

三、强制加班＋支付加班工资

用人单位安排加班不征得劳动者同意，违反了《劳动法》第四十一条规定的加班之前提条件“生产经营需要，经与工会和劳动者协商”。为了规避这一法律责任，现实中有的用人单位将诸如“凡是单位安排加班劳动者均知情并同意加班”的条款写入劳动合同或协议，这显然是违法的约定，当属无效。因此，尽管用人单位支付了加班工资，也不能免除其强制剥夺劳动者自由时间的法律责任。但是在司法实践中，不仅是侵权人与权利人，甚至包括一些司法机关，也认为这样的情形并不违反法律。因为，在现行法律体系中，强制加班的违法后果就是支付加班工资，而补偿金或赔偿金只有在逾期不支付加班工资的情况下才会出现。所以，当用人单位支付按时足额支付加班工资时，似乎用人单位已经履行了法律义务，即法律后果已经成为现实。这种情形已经在“强制加班模式”中做了讨论。需要再次指出的是：强制加班的法律责任与支付加班工资的法律责任应当有所区分，否则“强制安排加班，但支付加班工资”的情形就不构成侵犯休息权，这显然违背了法律与情理。

四、强制加班＋拒付加班工资

在我国法律体系中，休息权所保护的利益包括两种：直接利益（自由时间利益）与间接利益（自由时间之经济补偿利益）。针对两种不同的利益，侵权行为也表现为不同的形式：强制加班侵犯的是自由时间利益，而拒绝支付加班工资则侵犯的是自由时间之经济补偿利益。严格来说，这是一种理论意义上的区分。在现实生活中，有关休息权的纠纷要更为复杂，它可能是某个单一类型的侵权，也可能是多个相同类型的侵权的混合，更可能是多个不同类型的侵权的混合。第四种混合侵权的模式就是多个不同类型的侵权的混合。可通过一个案例来予以说明：

2007 年发生在广东省广州市的“吴某与番禺锦某纺织漂染有限

公司劳动争议纠纷上诉案”（案件编号：MS179）中，用人单位要求吴某每日工作12小时，吴某因体力不支在工作期间睡着，用人单位以此为由单方面解除了与吴某的劳动合同，吴某遂将用人单位告上法庭，主张用人单位应当支付加班工资。该案有两个主要争点：第一，用人单位与吴某约定每月工作28天、每日工作12小时是否合法。第二，用人单位主张吴某的工资构成中包含了加班工资是否成立。第一个争点涉及吴某的自由时间利益是否受侵犯，第二个争点则涉及自由时间的经济补偿利益是否受侵犯。分述如下：

首先，加班导致吴某的自由时间利益受到了侵害。根据《劳动法》第三十六条关于国家工时制度的规定和第三十八条休息日最低保障的规定可知，用人单位安排吴某每月工作28天、每日工作12小时的行为已经违反了法律关于工作时间的强制规定，应属违法。即便两者就该问题有约定，该约定也因违法而归于无效。因此，不论吴某与用人单位之间是否就工作时间达成约定，用人单位安排吴某每月工作28天、每日工作12小时的行为已经侵犯了吴某的自由时间利益。

其次，用人单位未支付吴某加班工资，致使其自由时间之经济补偿利益受到侵害。用人单位主张吴某的工资构成中包含了加班工资，但用人单位提供的工资明细中并不能证明以上主张。而根据《广东省工资支付条例》第十七条第二款规定：“用人单位延长劳动者工作时间或者在休息日、法定休假日安排劳动者工作的，应当在工资清单中列明相应的工资报酬；未列明且无法举证已支付的，视为未支付相应的工资报酬。”可见，吴某的自由时间补偿利益也受到了侵犯。

以上案例就是一个典型的休息权混合侵权模式案例。通过对这个案例的分析，可以清晰地发现，第四种混合侵权模式中，侵权行为包括强制加班与拒绝支付加班工资两种，而受损害利益也包括两种，即自由时间利益和自由时间的经济补偿利益。

在理论上，不同的利益受到侵害，应当对应独立的法律后果。即便两者的法律后果都表现为支付一定的经济利益，两种不同的利益受损害也应当获得两个独立的经济利益补偿,而不应将两者混为一谈。然而在现实中,休息权针对两种不同利益的侵权行为,法律后果却常常被混同。造成这种问题的制度原因在于法律并未就强制加班行为规定明确而独立的法律责任,只是将其法律后果转化为支付加班工资,而实际上,支付加班工资是另一项独立的利益。而造成制度事实如此的原因则是人们对于休息权所保护的利益存在虚假的观念,即没有将自由时间利益作为休息权保护的根本,而以自由时间的经济补偿利益取而代之。因此,本书认为应当为强制加班行为设立独立的法律后果(如强制加班赔偿金),以此区别于拒绝支付加班工资的法律后果(支付加班工资)。

应　用　篇

第七章　工时博弈的立法原则

通过第四章的规范分析与第五章的案例分析，可以发现，当前我国工时立法存在的主要问题包括：部分权利主体面临制度歧视；单一标准难以兼顾地域差异；权利实现面临较高制度成本；等等。

首先，工时制度是一项复杂的社会系统工程，涉及劳方、资方、行业、社会等多方利益，立法应当尊重各方主体的合理诉求；其次，应当尊重地区和行业差异性，避免“一刀切”的立法给部分地区或行业带来不利影响；最后，应当预留出充足的时间供利益相关方了解、提议、讨论。总体而言，应当通过广泛的社会参与尽可能地在劳资双方之间消除信息不对称，通过重复博弈促成劳动力市场形成分离均衡，最后，由立法对分离均衡中既有的规范进行确认、微调，以达到整体利益的最大化。

第一节　当前我国工时立法的主要问题

一、部分权利主体面临制度歧视

在制度上区分了“劳动法上的劳动者”和“非劳动法上的劳动者”，使不同身份的劳动者在休息权的取得、实现、救济等方面都存在一定的差别。这种差别其实并不是简单的“公务员好于企业职工”，事实上，制度对劳动者不同身份（而不是工作内容）的区分，造成了不同身份的劳动者在不同的情形中都会面临来自制度的歧视。例如，公务员、参公人员的带薪年休假权利就受到了制度限制。《职工带薪年休假条例》第七条规定："对拒不支付年休假工资报酬、赔偿的，属于公务员和参照公务员法管理的人员所在单位的，对直接负责的主管人员以及其他直接责任人员依法给予处分；属于其他单位的，由劳动保障部门、人事部门或者职工申请人民法院强制执行。"依此救济程序可知，其他单位职工可以通过司法救济途径来主张带薪年休假权利，而公务员、参公人员等是否能主张司法救济则不明确。如果说根据《职工带薪年休假条例》第七条不能推断出公务员和参公人员的带薪年休假权利能否通过司法途径予以救济，那么《机关事业单位工作人员带薪年休假实施办法》第十二条"工作人员与所在单位因年休假发生的争议，依照国家有关公务员申诉控告和人事争议处理的规定处理"则明确了公务员和参公人员的年休假争议通过公务员申诉控告途径来救济。这意味着公务员和参公人员的带薪年休假权利并不具备法律意义上的可诉性。

二、单一标准难以兼顾地域差异

我国是单一制国家，全国人大制定的劳动标准适用于全国所有省、市、自治区（港澳台除外），各地制定的地方性法规等规范性文件可以兼顾本地的特点，但不得与上位法冲突。

从标准工时制度来看，我国《劳动法》规定劳动者每日不超过八小时、每周不超过四十四小时。这一制度在最早可以追溯到 1949 年制定的具有临时宪法性质的《中国人民政治协商会议共同纲领》，其中规定"公私企业目前一般应实行八小时至十小时的工作制，特殊情况得斟酌办理"。这一规定的前半句体现了新中国"实行工人阶级领导的、以工农联盟为基础的、团结各民主阶级和国内各民族的人民民主专政"的决心，具有高度的政治性，后半句则体现了马克思主义政党实事求是的思想方法。然而，工时问题既有政治的一面，又有经济的一面，忽略任何一个方面都会引发社会的连锁反应。

新中国成立 70 年来，尤其是改革开放 40 年来，生产力的提高促使我国经济社会生活发生了翻天覆地的变化,劳动领域中“过劳死”“996. ICU”引发广泛关注,现有工时制度的滞后性开始逐渐显现,工时制度改革迫在眉睫。然而,根据第一章中对法律干预工时博弈边界的分析,合理有效的工时立法应当以劳动力市场的均衡类型为基础。我国各地之间由于经济基础、产业结构、人口结构等不同,导致劳动力市场的供需存在较大差异,如珠三角、长三角是劳动力输入地,而内陆省份则是劳动力输出地。单一而缺乏弹性的标准工时制显然无法在差异巨大的劳动力市场之间实现面面俱到。

三、权利实现面临较高制度成本

在制度设计过程中为了凸显行政执法部门在该领域的主管地位,制度赋予了行政执法部门诸多权力。例如:监督检查用人单位是否存在违法行为、发现用人单位的违法行为责令其限期改正等。[1]然而行政主管并不意味着主导权利活动。从权利实现的角度来看,劳动行政执法部门的参与在一方面确实体现了国家对劳动者的特殊保护,但在另一方面却又给权利人维权增加了制度成本。更为现实的情况是,休息权的纠纷原本只涉及劳动者和用人单位两方利益,政府作为监督者并不涉及相关利益分配问题。然而在我国,地方政府的角色却是多样的,在一些情形中政府既是“裁判员”也是“运动员”。理论上,政府在劳资关系中的角色应该是中立的,它必须平衡各方利益,既要维护经济秩序,也要保障企业有利可图,更要保障劳动者有足够的自由时间用于生存和自我发展。但现实中往往并非如此,政府(以及掌管政府的官员)也存在自己的利益,而出于自身利益的考量,政府及其官员在行使劳动监督检查权力的时候会选择有利于自身利益的方式。在我国,这表现为各级政府都将 GDP 的增长放在第一位,面对部分企业无视法律规定强迫工人超时工作或不支付加班工资的行为,采取睁一只眼闭一只眼的监管方式,无疑是在默许

〔1〕《职工带薪年休假条例》第六条、第七条。

企业压榨工人的自由时间,并以此来维系当地经济的发展。在这种思维模式中,政府无疑是站在了用人单位一边,而工人们主张更多的自由时间则被认为增加了企业劳动力成本、减缓了经济的增长。这无形中使时间分配的天平朝着更加不利于休息权实现的方向倾斜。

制度障碍的表现形式多种多样,但追根溯源不外乎两类:权利取得制度障碍与权利救济制度障碍。权利能够通过合法的方式取得,并在受侵害时能够得到有效的救济,便意味着这项权利的实现机制是基本畅通的。而当制度设定既成事实,制度障碍已然存在时,如何做到权利实现机制的畅通?我们认为,从权利实现机制生成——规范的制度化与再制度化路径——的角度出发,可以寻找到一个较为合理的方案。

第二节　工时立法应当遵循的基本原则

法律制度是经立法活动所确立的行为规范,它以分配权利义务的方式来达到调整社会关系的目的。在权利人与义务人之间,权利义务分配是否合理,直接决定法律制度能否有效运行。假如法律制度中权利义务分配失衡,则意味着立法活动失去了公平公正的基础。这样的法律在现实运行过程中必然会面临来自某一方利益相关方的消极应对。

工时立法的目的是对雇员的工作时间与自由时间做出规范的划分,它是劳动法律制度中最核心、最基础的部分之一。不同的经济体中,或出于维护职业安全与健康,或出于创造和共享就业岗位,或为了达到工作于生活平衡,或为了公平地补偿超时工作,基本都会制定类似的法律法规。[2] 采取不同的立法目的会带来截然不同的制度设计。

在一国两制的背景下，我国内地与香港特别行政区在工时立法方面形成了鲜明对比。

我国内地当前工时制度由两个部分组成：标准工时制度与特殊工时制度。标准工时制度，概括地说就是由立法确定一昼夜中工作时间长度，一周中工作日天数，并要求各用人单位和一般职工普遍实行的基本工时制度。标准工时制是标准和基础，是其他特殊工时制度的计算依据和参照。因此标准工时制具有至关重要的意义，这也是各国劳动立法中的重要内容。[3] 我国《劳动法》第四章“工作时间和休息休假”中，第三十六条“国家实行劳动者每日工作时间不超过八小时、平均每周工作时间不超过四十四小时的工时制度”，是大陆标准工时制度的基础。特殊工时制度是相对标准工时制度而言的，《国务院关于职工工作时间的规定》第五条规定：“因工作性质或者生产特点的限制，不能实行每日工作 8 小时、每周工作 40 小时标准工时制度的，按照国家有关规定，可以实行其他工作和休息办法。”[4] 这里的“其他工作时间和休息方法”指的就是特殊工时制度。特殊工时制度包括两种具体的工时制度：不定时工时制和综合计算工时制。

---

[2] 香港特别行政区政府劳工处：《标准工时政策研究报告》，载香港特别行政区劳动处网：https://www.labour.gov.hk/tc/plan/swh.htm，2019 年 8 月 24 日最后访问。

[3] 不同经济体的标准工时制度会存在差异，这种差异不仅仅体现在工作时间的跨度或上限，还体现在对法定休息时间规定。工时制度对休息权的保护体现在两个方面，首先是它对工作时间的限制，其次是对休息时间的保护。但并非所有工时制度都会对两个方面作出规定。例如，新加坡、韩国、日本、中国澳门、中国台湾、欧盟、英国等都设有每天休息时段，而中国大陆、澳大利亚则仅对工作时间作出了限制。

[4] 这里的国家有关规定是指劳动部《关于企业实行不定时工作制和综合计算工时工作制的审批办法》《国家机关、事业单位贯彻〈国务院关于职工工作时间的规定〉的实施办法》。

准确地说,我国香港特别行政区并没有普遍适用的工时制度。对于已满18周岁的成年人,香港法例第57章《雇佣条例》未对标准工时、最高工时、超时工作限制或者超时工作薪酬作出规定。与此相关的问题遵照契约自由原则,由劳资双方自由协商确定。但出于保护未成年人的考虑,《雇佣条例》也有特别规定,15岁以下儿童,15岁及以上但未满18周岁的青年人,每日工作时间、休息时间均受法律特别限制。

虽然我国内地和香港的工时制度现状存在很大差异,但在立法的基本原则上却可以相互借鉴、取长补短。2012年,我国内地正在积极制定《特殊工时管理规定》,与此同时香港也正在研究制定本地区的标准工时制度。尽管我国内地的《特殊工时管理规定》以及香港标准工时法例都仍未出台,但这恰恰给我们提供了研究工时立法过程的机会与材料。工时制度能否合理、有效地分配权利义务,取决于制度设计的过程是否合理。本书经过对我国内地与香港工时立法过程的比较,提出合理的工时制度在立法的过程中应该遵循三个基本原则:尊重并保障各方合法权益;明确适合本地的立法理念;建立平等互动的交流平台。

一、尊重并保障各方合法权益

工时制度正逐渐成为一个复杂且备受关注的话题,它不仅仅关涉到工人的工作时间,更关涉经济、政治、社会等诸多方面,其根本原因是在工时制度中存在劳动者、企业、国家等多方利益的角逐。

我国内地的《特殊工时管理规定》主要影响的是劳动密集型产业及其工人,如代工工厂之类由订单主导生产的企业,这些企业在产业结构中扮演着重要的角色,尤其是在东南沿海一带的部分地区甚至是支柱产业。

从劳动者的角度看,特殊工时制度能否有效地平等保护工人的休息权?是否会导致工人收入减少?

从企业的角度看,特殊工时制度会否增加企业用工成本?是否影响企业生产效率?

从国家的角度看,特殊工时制度是否会影响整个国家的产业竞争力?是否影响社会整体福利?

这些都是必须要考虑的问题。假如没有利益相关者的参与,再良好的立法动机也不能保证达到预期的效果。

在这方面,香港的标准工时制度研究中有所提及。在香港《标准工时政策研究报告》中分析了实施标准工时会对劳工市场以及经济带来重大影响。主要包括以下几个方面:

第一,对中小型企业的影响,可能会严重影响中小企业的灵活性、竞争力和营运开支。设立工时限制后,中小企业必须增加聘用员工或向现有员工发放超时工作薪酬,以应付周期性的工作需求。

第二,对实际工时的影响,大众普遍认为标准工时对雇员的工作时间订立某些限制,有助于减少工作时间,但标准工时制度不一定能解决所有与长工时有关的问题,其中必须考虑到宏观经济环境、工种、季节性市场波动甚至社会文化等方面的因素。

第三,对整体经济的影响,如一些经济体在削减工时或实施标准工时之后,兼职就业人数有上升的趋势。这种情况引起一个问题,就是每周工时上限以每名劳工抑或每份合约为依据。至于削减工时与生产力增长之间的关系是否存在此消彼长的关系还具有争论。[5]

香港的研究主要是从经济的角度出发。工时制度作为保障人的休息权的一部分,与经济联系紧密,但却不仅仅由经济因素决定,还应该考虑到政治因素、社会因素、文化因素等。例如,政府以及官员在工时制度中也扮演着重要的角色,他们既可能是积极的推动,也可能是消极的阻碍。

正向因素会使国家或地区积极设计推行工时制度。例如,在生

---

〔5〕 香港特别行政区政府劳工处:《标准工时政策研究报告》,载香港特别行政区劳动处网:https://www.labour.gov.hk/tc/plan/swh.htm,2019 年 8 月 24 日最后访问。

产力需求不变的情况下，个人工作时间减少，将导致雇主增加雇员，理论上可以增加就业。同时雇员在可接受的收入减少范围内得到更多的自由时间，这是社会福利的表现。国家在此过程中将得到多数的雇员的认可，获得一定的政治声誉。假如国家都不考虑这些，雇员极有可能为了争取权利而进行罢工，所以社会稳定就是国家积极推行限制工时的最后一个因素。

反向因素则会阻碍国家或地区设计和推行工时制度。例如，经济的快速增长被看成是国家强盛的表现，而限制工时的制度客观上会增加企业用工成本、降低生产效率，于是迫切需要经济增长的国家往往会对该制度采取消极态度。影响国家或地区制定工时制度的另一个反向因素是税收，一方面雇主增加雇员导致成本增加，税收收入减少，另一方面社会福利需要更多税收支出。同时，工时制度客观上增加了政府劳动主管部门的工作量，这也是消极因素之一。在政治方面同样存在消极因素，企业主为谋求自身利益会对国家施加压力从而干预立法。

企业也可能在其中扮演双重角色。在积极的一面上，工时制度是社会福利的一部分，作为社会的一员，雇主承担着相应的社会责任。这也是现代企业所倡导的企业价值之一。从雇员的工作效率来说，充足的休息可以提升雇员的工作积极性与创造力，这同样有利于企业的发展。雇员在享受休息休假的时候会对企业产生价值认同，企业保护雇员的休息权可以提升雇员对企业的忠诚度。但在消极的一面，雇员自由时间的增加，必然导致工作时间的减少，在不增加雇员的情况下企业会面临生产能力降低的风险。如果要解决这一问题可能就需要增加员工，而这就会导致工资成本、管理成本升高。

甚至连雇员自己也并非完全是工时制度的支持者。一方面，毫无疑问自由时间对于每个人来说都具有积极意义。出于生存考虑，适当的休息可以帮助劳动者恢复体力与脑力。从更高层面看，更多的自由时间让劳动者可以学习充电、提升专业技能，或者发展个人兴趣爱好。当然，家庭也是一个重要的因素，雇员有时间陪伴家人可以提升家庭幸福感。另一方面，对休息权的消极态度通常存在于低收入群体中，他们迫于生活压力急需经济收入，甚至不惜牺牲健康换取更多加班费。休息不仅意味着收入的减少，同时还会造成支出的增加。为了节省开支，很多人选择待在家里，于是无处打发时间又成了一个问题。另外，在劳动力过剩的市场中，雇员迫于失业压力也不敢向雇主提出休息休假的要求。因此很多低收入人群宁愿加班也不愿意放假。

所以，工时制度涉及个人、企业、国家等各方面的利益，尽管这些利益之间的博弈关系需要进一步研究，但有关工时立法的首要原则应当是尊重并保障各方的合法利益。这一原则不仅对未来的立法活动具有指导意义，同时也对当前我国现行的工时制度提出更高的要求。部分权利主体所面临的制度歧视，正是由于立法时未能做到对此类权利主体合法利益的尊重。

二、明确适合本地的立法理念

立法的理念是历史的、多元的，工时立法也会因为地域、行业、时期等变化而有所不同。“法律也是随着人类社会的历史类型的变化而发展的，不同类型的社会有不同类型的人类和对人性的不同观点，因而会产生不同类型的法。”〔6〕所以，客观社会条件会制约法的形态，而法也同样会反作用于客观社会条件。因此，制度的作用应该包含两层意思，第一层是直接目的，解决世俗争议；第二层是间接目的，潜移默化地影响其中的人，直至整个人类达到另外一个历史阶段。〔7〕美好但不切实际的立法理念并不能完全保证制度的有效运行，而只有符合客观社会条件要求的制度才能在特定地区、特定历史

〔6〕［德］拉德布鲁赫：《法律智慧警句集》，舒国滢译，中国法制出版社2001年版，附录一。

〔7〕参见［美］詹姆斯·S. 科尔曼：《社会理论的基础》（上），邓方译，社会科学文献出版社2008年版。

时期中发挥应有的作用。

拉德布鲁赫将人类的发展大体上分为三个阶段:古代或礼俗社会时代、近代或自由权利时代、现代或社会法时代,与这三个阶段对应的是民俗法、官吏法、社会法。[8] 在自由权利时代,工时在个人之间遵循着契约自由原则。此时的工时是单纯的民事法律关系,只存在雇主与雇员两个相互对立的主体。然而到了社会法时代,劳动法的出现将工时制度的两个主体搬上了天平两端,而国家及其出台的制度居于其间。法律制度的存在打破了原始的契约自由,在雇主与雇员中间建立了一道保障休息权利的屏障。[9]

香港的工时制度可以说正处在从自由权利的立法理念向社会法的立法理念过渡阶段。虽然该法例暂时还未出台,但是从《标准工时政策研究报告》中引导公众讨论的事项来看,显然是试图把更多的福利社会理念带入了公众讨论的范围。其中提到香港工时制度可能达到多个目的:第一,维护职业安全与健康;第二,创造和共享职位;第三,达到工作与生活的平衡;第四,公平地补偿超时工作;等等。同时报告也指出,"采用不同的目的,会涉及不同的政策考虑,并产生不同的制度设计。没有单一的制度能够完全符合所有目的。因此,香港如要实施标准工时,则社会必须就其最终目的达成共识。"[10]

虽然香港的标准工时制度还在讨论之中,但从现有的资料以及劳工处正在进行的研究中我们可以看出,一项法律制度的出台不能是盲目的。尽管它可能有很多原因和目的,但作为将深刻影响全社会的立法活动,它必须确立一个适合本地区的理念,并达成社会成员的基本共识。

对于我国内地来说,国家层面的工时立法应当着重把握宏观方

〔8〕 严存生:《西方法律思想史》,中国法制出版社 2012 年版,第 220 ~ 225 页。

〔9〕 参见[德]拉德布鲁赫:《法学导论》,米健译,法律出版社 2012 年版,第 91 ~ 102 页。

〔10〕 香港劳工处:《标准工时政策研究报告摘要》,2012 年 6 月,第 9 页。

向,而将具体的工时分配方案制定权通过地方立法权授予地方人大,地方人大在对本地区劳动力供需关系进行研判的基础上制定适合本地区发展,同时又不违背上位法的工时制度。

三、建立平等互动的交流平台

平等互动的交流平台是实现重复博弈的基础,也是保障前两个原则得以实现的前提。工时立法各方的合法利益需要在一个平等公开的平台上进行沟通。适合本地区的立法理念若要达成社会的基本共识,更要求有一个互动的交流平台,才能便于各方交换意见。

2012 年 5 月 8 日,人力资源和社会保障部公布了《特殊工时管理规定(征求意见稿)》(以下简称《征求意见稿》),并公开向全社会征求意见。[11] 在《征求意见稿》出台之前,特殊工时制度已经由国务院作出原则规定[12],并由原劳动部与原人事部制定实施办法。[13] 根据原劳动部《关于企业实行不定时工作制和综合计算工时工作制的审批办法》要求,地方企业实行不定时工作制和综合计算工时工作制等其他工作和休息办法的审批办法,由各省、自治区、直辖市人民政府劳动行政部门制定,报国务院劳动行政部门备案。全国各级地方政府相继制定了相关实施办法。例如,2007 年厦门劳动与社会保障局发布《关于进一步加强工时管理,完善特殊工时审批办法有关问题

---

〔11〕 公众可以通过以下途径和方式提出反馈意见:(1)登录中国政府法制信息网(网址:http://www.chinalaw.gov.cn),进入首页左侧的“法规规章草案意见征集系统”提出意见。(2)电子邮件:lifachu@mohrss.gov.cn。(3)通信地址:人力资源和社会保障部法规司(地址:北京市东城区和平里东街 3 号,邮编:100013),并请在信封上注明“特殊工时管理规定征求意见”字样。意见反馈截至时间为 2012 年 6 月 8 日。

〔12〕 参见《国务院关于职工工作时间的规定》(1995 年修订)第五条:因工作性质或者生产特点的限制,不能实行每日工作 8 小时、每周工作 40 小时标准工时制度的,按照国家有关规定,可以实行其他工作和休息办法。

〔13〕 参见《劳动部关于企业实行不定时工作制和综合计算工时工作制的审批办法》《劳动部贯彻〈国务院关于职工工作时间的规定〉的实施办法》《国家机关、事业单位贯彻〈国务院关于职工工作时间的规定〉的实施办法》。

的通知》(厦劳社〔2007〕336号)、2009年河北省劳动和社会保障厅发布《关于下放企业实行特殊工时制度审批和管理工作的通知》(冀劳社〔2009〕6号)、2011年南京市人力资源和社会保障局发布《南京市企业实行特殊工时工作制审批管理办法》(宁人社规〔2011〕8号)。各地的规定形式不尽相同,有繁有简,但整体还是与原劳动部的审批办法保持一致。这些地方性制度为即将要制定出台的《特殊工时管理规定》提供了宝贵的实践经验。

但是,先行先试待时机成熟再推而广之的立法模式,虽然在一定程度上解决了制度的空白,而在此过程中也出现了一些值得关注的问题。〔14〕主要有以下几个方面:第一,前期立法实施现状评估。对先行先试的立法进行评估,是进一步修改或制定法律的前提。客观评价原制度在现实中的实施情况,发现并总结存在的问题,才能完善新制度。第二,立法相关信息公开程度。在人力资源和社会保障部发出的征求意见通知中,除了《征求意见稿》与一个包含立法原则与主要内容的说明外,别无其他资料,然而立法论证的各类信息都是重要的,尤其是存在争议的部分,信息公开程度高可以帮助公众了解立法原意并发表意见。第三,征求意见过程应形成讨论。征求意见的通知从发布到截止仅为一个月时间,留给公众的考虑时间较少。加上公众反馈意见单向流动,公众反馈了什么意见、意见有无得到回复目前都因信息公开程度低而未知。

特殊工时制度虽然会影响很多个人与企业,但是真正参与讨论的个人与企业并不多。立法者只有通过调研等方式来了解工时制度各方面的影响,这不能完全代表与其直接相关的劳动者与企业的实际情况。各方权利人不能直接参与立法过程,而通过邮件等方式来表达意见未必能受到重视。更重要的是,邮件式征求意见把广场式

〔14〕“时机成熟”是一个包罗万象的表述,它可以被解释为社会客观条件的具备,也可以被解释为制定者主观意愿的认可。现实中立法通常基于上级压力、政绩考核等原因而被“时机成熟”。

的讨论平台分割成立法者与个人之间的单线讨论,甚至只是反馈。参与者不知道其他人有无反映意见,更不知道其他人的意见是支持自己还是反对自己。这种情况下只有立法者掌握了具体的反馈意见,而未形成讨论。所以建立平等互动的交流平台也是工时制度立法中的一项基本原则。只有坚持这项基本原则才能使立法不再神秘,在平等互动的讨论中探讨出适合本地区的立法理念、保障各方的合法权益的工时制度。

第八章　家庭生育假立法想象

改革开放40年来，中国经济社会的发展取得了举世瞩目的成就。经济的发展为女性创造了丰富的就业机会，女性在劳动力市场中的地位也显得越发重要。然而，生育活动给女性带来的就业歧视，在劳动力市场并不少见，这反过来抑制了女性的生育意愿。[1] 因此，生育政策的调整能否达到提高生育率的预期目标，与其配套制度之间具有紧密的联系。

党的十九大报告中提出要“实施健康中国战略”，其中明确指出要“促进生育政策和相关经济社会政策配套衔接，加强人口发展战略研究”。[2] 产假制度是生育政策的重要配套制度之一，它的形成依赖于以计划生育为基本国策的政策背景。当生育政策做出调整，从“独生子女”（1980）到“单独两孩”（2014）再到“全面两孩”（2016），产假制度赖以生成和运行的政策背景发生了深刻变化。客观上来说，生育政策的调整，创造了一种新的社会关系，即“两孩产假”（见图8－1）。随着全面两孩政策的落地，这种社会关系得到了普遍化，成为涉及大多数人利益的社会关系。这种新的社会关系在一定程度上打破了国家、用人单位、劳动者家庭之间既有的生育成本分担格局。然而，这种社会关系却并未被国家法律所确认。因此，在现实需求与制度规范之间产生了落差，这种落差是造成这一时期产假纠纷

---

〔1〕 参见程雅馨、何勤：《影响女性生育二孩意愿的因素预测及女性权益保护——基于马尔科夫链模型》，载《中国劳动关系学院学报》2018年第1期。

〔2〕 习近平：《决胜全面建成小康社会夺取新时代中国特色社会主义伟大胜利——在中国共产党第十九次全国代表大会上的报告》，人民出版社2017年版，第48页。

的首要原因。所以,解决并预防产假纠纷,提高生育率、降低女性就业歧视,需要对中国现行的产假制度进行调整。可见,中国现行产假制度的主体框架仍是"独生子女"时代的产物,相较于党的十八届五中全会制定的最新生育政策以及新修正的《人口与计划生育法》已经滞后,产假制度改革势在必行。

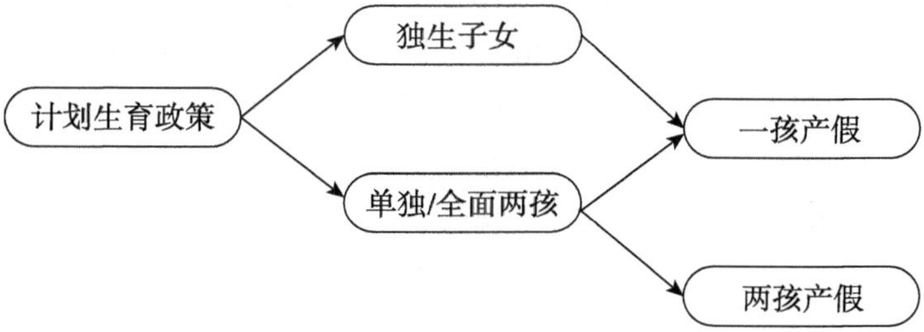

图 8－1　作为一种新生社会关系的"两孩产假"

基于人口结构可持续发展的考虑,中国生育政策正在由严格的限制生育向相对宽松的鼓励生育发展。其中,影响两孩生育意愿的一个重要因素便是劳动者个人及家庭的"时间或精力"。因此,学界和舆论都在呼吁延长产假,保障育龄人群有足够的时间或精力孕育两孩。通常认为,延长女性产假时间能够提升生育意愿,从而达到提高生育率的目的。但女性产假的陡然增加,却不可避免地带来了诸如女性就业歧视、劳动力成本增加等不良后果。因此,如何使产假制度在提升生育意愿的同时,继续推动平等就业、降低用人单位劳动力成本?这就成为产假制度改革与生育政策配套衔接不可回避的重要议题。

从理论上看,社会学家科尔曼曾提出:社会系统是由个体行动构成的,但问题是在个体行动者都有着自己的理性、自己的偏好的前提下,社会行动如何形成?〔3〕产假制度是一项以权利义务再分配(成本分担)为核心、具有一定价值导向(人口经济)的社会系统。它由

〔3〕　参见[美]詹姆斯·S.科尔曼:《社会理论的基础》(上),邓方译,社会科学文献出版社 2008 年版,第 3～23 页。

作为规则制定者的国家、用人单位、劳动者及其家庭三方主体所组成，涉及休息权、生育权、健康权、劳动权、财产权等多个方面。当计划生育政策导向发生变化，引发了新的个体行为（例如生两孩、主张两孩产假），旧的社会系统一时无法对新的个体行为做出有效的调整，此时作为社会系统的产假制度就面临改革压力。可见，产假制度改革的理论镜像，是个人行动系统作用于社会行动系统，“从而促进人与社会作为两种独立而又相互作用的行动系统之间的共存”[4]。

从实践上看，产假制度的改革涉及多方主体、多层利益的调整，改革对母婴健康、就业保障、企业成本、人口结构等都将产生深远的影响，可谓牵一发而动全身。综观全球，大部分国家已经形成各具特色的产假制度，针对产假制度的研究也涵盖了法学、社会学、经济学、心理学、医学等众多学科。而中国关于产假制度的研究则起步较晚，学者们往往将其作为计划生育政策的配套制度，并未给予充分的学术讨论。因此，紧扣“两孩产假”这一新生的社会关系，对产假制度进行系统的研究，为产假制度的改革提供更有针对性的决策参考意见，具有突出的现实意义。

第一节　生育政策调整的主要目的与核心手段

制度逻辑是制度改革所应当遵循的“底层协议”，任何具体的改革措施都应当围绕制度逻辑而展开。生育政策配套衔接的制度逻辑体现在生育政策的主要目的与核心手段中。新生育政策调整的主要目的在于扭转目前中国人口结构老龄化与低生育率现象，从而实现人口经济的可持续发展。实现这一目的的核心手段在于提升社会整

[4]　[美]詹姆斯·S.科尔曼：《社会理论的基础》（上），邓方译，社会科学文献出版社2008年版，第7页。

体生育意愿(不仅仅是女性的生育意愿),这并非取决于女性一方主体生育权利(或福利)的增加,而取决于生育成本在国家、用人单位、劳动者家庭之间的合理分配。

一、目的:人口经济可持续发展

在中国,计划生育成为基本国策虽然受到了优生学思潮的影响,但政策制定者的初衷始终是出于国民经济社会健康发展这个总体目标。[5] 1978 年,计划生育政策第一次写进中国《宪法》,其中规定"国家提倡和推行计划生育"。1980 年,中央召开五次人口座谈会后提出"国家推行计划生育,使人口的增长同经济和社会发展计划相适应","提倡一对夫妇生育一个孩子",并于 1982 年写进《宪法》。然而随着改革开放政策的实施,国民经济在这几十年中飞速发展,曾经面临的人口多、物资紧缺等问题逐渐消失,如今面临的人口问题主要是老龄化、低生育率等。因此,2015 年中共第十八届中央委员会第五次主体会议中指出,"促进人口均衡发展,坚持计划生育的基本国策,完善人口发展战略,全面实施一对夫妇可生育两个孩子政策,积极开展应对人口老龄化行动"。[6] 2016 年新修订的《人口与计划生育法》规定,"国家提倡一对夫妻生育两个子女"。透过计划生育政策制定的背景,以及计划生育政策内容的调整不难发现,人口结构对于国民经济发展的影响自始至终是中国生育政策调整的主要目的。

二、手段:生育成本合理分配

生育政策的核心手段可以理解为在国家、用人单位、劳动者家庭之间分摊生育成本,从而促进社会整体生育意愿的提升。具体方式则是对时间(休假时间、工作时间等)与经济(产假期间的工资、津

---

〔5〕参见易富贤:《大国空巢:反思中国计划生育政策》,中国发展出版社 2013 年版,第 63 ~ 106 页。

〔6〕《中国共产党第十八届中央委员会第五次全体会议公报》,2015 年 10 月 29 日。

贴、生育保险等)相关的权利义务关系进行再分配。

生育成本再分配的方式体现了制度的价值取向,侧重保障人权的产假制度(如瑞士)会将生育成本更多地转移给用人单位与公共财政;而侧重经济自由的产假制度往往将分配的权力交给市场(如美国)。〔7〕

中国产假制度具有很强的政策引导性,无论是过去抑或是现在,均是为了促使人们采取符合计划生育政策的生育行为。例如,之前的晚婚晚育假目的是鼓励人们更晚地结婚生子,而随着全面两孩政策的落地,新的《人口与计划生育法》中删除了鼓励晚婚晚育的相关条款,转而规定一对夫妻生育两个子女的情况"可以获得延长生育假的奖励"。仅从假期来看,表面上是既表达了生育政策鼓励生育的价值导向,即这项规定是为了提高女性生育意愿,从而达到调整人口结构的目的;也在一定程度上保障了生育者的各项权利。然而,从生育成本分担的视角来看,逻辑上为这项政策买单的却是用人单位和劳动者的家庭。

由此可见,中国生育政策的成本分担机制不同于瑞士或美国,其目的是调整人口结构、维持国民经济的健康发展,而却将成本交由用人单位与劳动者承担。其中用人单位承担的生育成本几乎翻倍,而这又反过来加重了女性就业歧视。因此,生育政策的配套制度,应尽量做到平衡国家、用人单位与劳动者家庭之间的成本分配关系,这是疏解就业歧视、缓解生育压力的方向。

第二节 产假制度运行的内部结构与外部动力

实践中的产假制度并非仅仅涉及法律所调整的具体的权利义务

〔7〕 参见宋健、周宇香:《全面两孩政策执行中生育成本的分担》,载《中国人民大学学报》2016 年第 6 期。

关系,这项制度运行在实践中是多重社会关系共同作用的结果。新制度经济学将外部性理论引入权利及制度的变迁研究中,揭示出制度的外部性会带来社会责任与权利的不对称分配。从中国产假制度的变迁来看:1951 年颁布的《中华人民共和国劳动保险条例》是中国首个对女职工产假问题做出规定的全国性行政法规;随后出台了一系列制度规范,从《国务院关于女工作人员生产假期的通知》(1955,已失效)到《女职工劳动保护规定》(1988,已失效),再到现行的《劳动法》(2009)、《女职工劳动保护特别规定》(2012)、《人口与计划生育法》(2016),中国产假制度逐渐形成了一套理论体系逐渐完备、实践操作基本可行的运作机制。然而,制度的不断调整,也反映出制度的外部性问题一直没有得到有效解决。

因此,研究产假制度改革要解决的核心问题之一就是社会责任与权利的合理分配,这不仅要求制度要考虑其直接调整的内部社会关系,也要求制度对其可能影响的外部社会关系有所回应。

一、结构:内部社会关系

产假制度所直接调整的内部社会关系主要是指用人单位与劳动者之间围绕劳动者的生育活动而形成的各类权利义务关系,如产假长度、产假工资等。

产假制度通常会被解释为与生育津贴、医疗服务配套的一种社会保险制度,或称生育保险。生育保险根据女性劳动者怀孕、妊娠、哺乳期间的特殊情况而制定。在怀孕期间女性的身体发生变化,有些工作将无法继续承担;在生育之后,要花费大量时间在新生儿的抚养以及自身身体的恢复上。在生育保险出现之前,女性常常会因为生育期间不能工作而失业,即便保留工作也不会给予正常的工作报酬。正是生育保险的出现,改变了对女性的这种不公正待遇。产假制度是生育保险核心部分。受产假制度所保护的女性劳动者,在生育期间免于工作、享有充足的自由时间用于抚养婴儿照顾家庭,是生育保险的核心理念,而生育津贴、医疗服务等都是为这个核心理念服务的手段。

产假制度直接调整的内部社会关系大致包括如下四个方面：首先，劳动者在一定时期内停止工作；其次，用人单位不得因此解除与劳动者的雇佣关系；再次，劳动者可以领取到正常（或基本）的经济收入；最后，权利受到侵害时可以要求法律救济。所以从这个角度出发，生育保险制度的目的就是通过国家与用人单位共同提供的经费来保障女性劳动者在生育期间能够暂时停止工作，利用自由时间用于抚养婴儿照顾家庭，并且享受由制度提供的经济收入与医疗服务等。而经费与医疗服务并非生育制度的目的，它们只是手段，用来保障女性劳动者可以无后顾之忧地享受产假。

因此，在劳动关系中围绕生育活动而形成的各类权利义务关系，都可以理解为产假制度所直接调整的内部社会关系。

二、动力：外部社会关系

产假制度所涉及的外部社会关系则泛指受到产假制度实施所影响的其他各类社会关系，如生育意愿、就业歧视等。

“全面两孩”政策的实施，一方面起到了优化人口结构、提高生育率的作用，另一方面也引起了人们对于该政策可能造成消极影响的讨论。其中以女性权利保护问题最为热烈。有学者指出，“全面两孩”政策的实施可能会使女性权利面临多方面的挑战：首先，可能会使部分女性失去生育自主权，对于只想生一胎的女性而言，“全面两孩”政策的实施无疑意味着将要面临来自其他家庭成员的压力，被迫生育两孩。其次，可能会加重女性的家庭负担，多一个子女意味着多一份投入，尤其在中国“男主外女主内”的传统影响下，这份投入多半还是来自女性。再次，可能会加剧就业市场的性别歧视，生育情况在女性就业中是一个隐形的指标，多数企业不会在招聘介绍中明说，但不能否认，在现行的产假制度下，职工生育两孩对企业的用工成本确实带来了不小的压力，最终都转化为了女性就业歧视。最后，可能会危及特定女性群体的身体健康，在“男孩偏好”的影响下，部分高龄产妇可能为了生男孩选择铤而走险。[8] 而产假制度在其中扮演的却是一把“双刃剑”的角色。

根据模型预测，全面两孩政策放开之初新增人口不会出现显著增加，可能要到2017年才会出现。[9] 但事实证明，预测中的生育高峰并未出现。面对生育率持续偏低，进一步放开生育，甚至鼓励生育成为趋势。各地也出台了多种措施鼓励生育，其中最普遍的就是延长产假时长。有研究证明，产假长度与职业女性的两孩生育率确实存在正相关。[10] 但是，直接延长产假来提高生育率实为一剂猛药，其在提升生育率的同时，也为女性平等就业带来了不利影响。一个突出的负面效应就是部分企业会更加排斥女性，尤其是育龄女性。[11]

内部社会关系构成了产假制度运行的内部结构，而形形色色的外部社会关系则构成了产假制度运行的外部动力（或阻力）。产假制度的有效运行不仅仅要依靠内部社会关系的逻辑自洽，更重要的是该制度的运行应当尽可能少地对其他社会关系造成不良影响，即减少制度的负外部性。

第三节　产假制度改革的三个共识与参考路径

产假制度的外部性决定了产假制度的改革不论是延长假期还是

---

〔8〕 参见邝利芬、程同顺：《“全面二孩”生育政策下女性基本权利的保障——基于性别公正的视角》，载《天津行政学院学报》2016年第4期。

〔9〕 参见王广州：《生育政策调整研究中存在的问题与反思》，载《中国人口科学》2015年第2期。

〔10〕 See Theodore P. Gerber and Brienna Perelli - Harris, “Maternity Leave in Turbulent Times: Effects on Labor Market Transitions and Fertility in Russia”, 1985 - 2000. *Social Forces*, 2012, Volume: 90. Issue: 4, pp. 1297 - 1322.

〔11〕 参见赖德胜等：《2014中国劳动力市场发展报告——迈向高收入国家进程中的工作时间》，北京师范大学出版社2014年版，第72～86页。

增加假期种类，都不能简单实行"一刀切"。依据生育政策调整的主要目的与核心手段可以推断，产假制度要与生育政策配套衔接，则也应当遵循以人口经济发展为总体目标、以生育成本合理分担为具体手段的基本原则，这是提升社会整体生育意愿的根本之所在。因此，在制度调整的时候，既要保证女性及其家庭享有充分的时间和精力用于生育抚养后代，也要考虑用人单位在选择员工时不会因为顾虑生育成本的增加而采取性别歧视措施。

这就要求人们对如下三个关系达成共识：

首先，劳动者与用人单位之间的利益关系并非完全对立，恰当的制度安排不仅可以保障劳动者权利，也能够使用人单位从中受益。这就要求厘清劳动者休假与用人单位利益之间的关系。已有的研究表明，劳动者休产假与用人单位利益之间并非一对不可调和的矛盾。实际上合理的产假制度可以兼顾两者。基于实证研究发现，产假的长度与产妇重回全职工作的意愿正相关。〔12〕 或者说，合理的产假长度对女性职业忠诚度有积极影响。〔13〕 有研究则进一步指出，某一社会中产假的理想长度取决于社会对性别歧视的容忍度，即人们越是不能容忍性别歧视，产假的理想长度就越长。〔14〕 除了产假长度，合理的产假津贴也能促使女性更早地重返工作岗位。〔15〕

其次，家庭是生育抚养的基本单位，而非女性个人。因此，生育

〔12〕 See Lawrence M. Berger, Jennifer Hill and Jane Waldfogel, "Maternity Leave, Early Maternal Employment and Child Health and Development in the US", *The Economic Journal*, 2005, Volume: 115. Issue: 501, pp. F29 – F47.

〔13〕 See Michael Baker and Kevin Milligan, "How Does Job – Protected Maternity Leave Affect Mothers' Employment?" *Journal of Labor Economics*, 2008, Volume: 26. Issue: 4, pp. 655 – 691.

〔14〕 See YehonatanGivati and Ugo Troiano, "Law, Economics, and Culture: Theory of Mandated Benefits and Evidence from Maternity Leave Policies", *The Journal of Law & Economics*, 2012, Volume: 55. Issue: 2, pp. 339 – 364.

〔15〕 See Joyce Yen Feng and Wen – Jui Han, "Maternity Leave in Taiwan", *Family Relations*, 2010, Volume: 59. Issue: 3, pp. 297 – 312.

假也应当以家庭为单位。这就要求要正视男性与女性在社会生育活动中的角色关系。费孝通曾在《生育制度》中指出,“供给新的社会分子是生育制度的任务”〔16〕。其中“社会分子”并非指单纯的自然人,而是经过生理性抚育和社会性抚育(双系抚育)后的社会人,其中前者主要由女性提供,后者主要由男性提供。产假(maternity leave)制度最早仅针对女性,1878 年德国率先建立了生育产假制度,其主要目的在于保护女性正常怀孕妊娠以及婴儿健康出生。随着生育观念的改变,男性逐渐进入产假制度的视野。1974 年瑞典首先建立了新生儿父亲陪护假制度,其主要目的在于鼓励男性尽早进入抚育婴幼儿的家庭角色,实现家庭角色性别平等。〔17〕 中国 1995 年颁布实施的《劳动法》第一次将女性产假写进国家法律。虽然男性陪产假至今没有国家层面的法律规定,但截至 2020 年 5 月 25 日,已经有 31 个省级行政区(除港澳台)通过地方性法规或其他方式确立了男性的产假主体地位。这意味着,中国产假制度在生育理论发展的推动下,正逐渐从“单系抚育”向“双系抚育”过渡。男女双方作为共同抚育的主体,都应当成为生育产假(fertility leave)的主体。

最后,国家作为公共政策的制定者也应当承担一定的社会责任,即承担一部分生育成本。理解了国家在社会生育活动中的特殊位置,才能合理设置各方主体在社会生育活动中的成本分担机制。在实行计划生育政策的前提下,国家并非只是裁决用人单位与劳动者之间关于生育成本如何分配的裁判员。理论上来说,任何鼓励或者限制生育的行为,都是对生育成本分配市场行为的干预。一旦干预产生,原有的成本分配平衡就会被打破,如果政府不承当相应的成本补贴或引入其他资源,那么成本负担加重的一方必然会选择其他方

---

〔16〕 费孝通:《生育制度》,商务印书馆 2004 年版,第 60 页。

〔17〕 参见李西霞:《生育产假制度发展的国外经验及其启示意义》,载《北京联合大学学报》(人文社会科学版)2016 年第 1 期;参见邱玉梅、田蒙蒙:《“陪产假”制度研究》,载《时代法学》2014 年第 3 期。

式来减轻负担。这就是为什么有的劳动者选择不生二胎，以及有的用人单位选择歧视性就业标准的经济学原因。

定位在中国当下，全面两孩生育政策配套制度是否完善，是计划生育政策调整能否达到预期，从而促进人口经济可持续发展的关键。产假制度作为计划生育政策的重要配套制度，其改革在形式上表现为制度规范对权利义务的再分配，而其内在动因则在于国家制定法与社会自生秩序之间的张力互动。〔18〕因此，为了实现提高社会整体生育意愿的目的，产假制度改革应当以前述三个共识为基础，尽可能降低制度的负外部性。

不同国家采取的产假制度是根据各国自身的特殊情况制定的，如法国实行"生越多休越多"的政策，而英国则实行"休越久钱越少"的政策。而作为社会福利发展水平较高的北欧，则发展出了产假、陪产假、父母假、父母配额假等制度。

根据中国国情以及未来的发展趋势，"家庭生育假"模式（见图8－2）可能是改革的参考路径之一。它以家庭作为单位将生育产假分为三个阶段：第一阶段实行全额带薪产假，休假对象是女性，通过国家强制执行，支付全额工资，成本由男女双方用人单位、国家和地方财政共同承担；第二阶段实行部分带薪产假，男性和女性均可向用人单位提出申请，且用人单位必须同意，但仅支付基本工资，这部分工资由工人单位承担，；第三阶段实行无薪假期，男性和女性均可向用人单位提出申请，但用人单位可根据自身的经营状况决定是否批准，此阶段不支付工资。它的主要作用有三：第一，更灵活的产假长度有助于提升女性生育意愿；第二，更多元的"父亲假"及其衍生制度有助于男性承担起"双系抚育"的责任，通过责任转移减少女性就业歧视；第三，更人性化的生育成本分担方式有助于减轻用人单位负担。

---

〔18〕 黄镇：《休息权实现机制的形式特征与内在动因——兼论我国休息休假制度的理论重构》，载《学习与实践》2015年第12期。

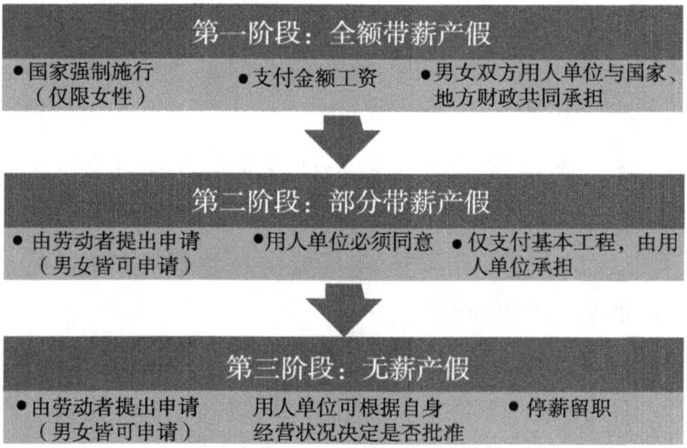

图 8－2　家庭生育假框架

从称谓上看，“家庭生育假”也比“产假”具有更丰富的内涵和更强的包容性。“产假”仅能表示女性分娩时所享受的假期，而“家庭生育假”至少包含两层含义：首先，“家庭”体现了生育活动的双系特征，消除了性别歧视，同时也可以将“陪产假”等男性产假囊括在内；其次，“生育”将休假涵盖的范围从分娩扩展到了“生产”和“抚育”，这将有更利于家庭对婴幼儿的陪护和抚养。

从内容上看，家庭生育假模式并不完全同于北欧的父母配额制或欧盟的父母假指令。后者多半出于性别平等的考虑而不允许父母之间假期权利的转让，尽管强制父亲休假能够降低男女在就业时的性别歧视现象，然而强制父亲休假却未必能解决育儿家庭的面临的具体困难。[19] 因此，家庭生育假模式在第二、三阶段中提出一种可供育儿家庭根据自身情况选择的休假模式，通过休假收入转移支付的方式，确保父亲即便选择不休假，父亲所在的用人单位也要支付父亲工资之外的额外休假收入给这个家庭。如此，在就业市场中，对于

〔19〕 参见周培勤：《北欧育儿假政策变迁的性别分析》，载《妇女研究论丛》2013 年第 1 期。参见吕亚军：《欧盟家庭友好政策的性别视角分析——以父母假指令为例》，载《妇女研究论丛》2008 年第 1 期。

用人单位来说无论雇用女性还是男性，也无论最终谁会选择休假，其都将支付产假收入，这将有利于缓解就业时的性别歧视。同时，也为育儿家庭提供了更多的休假选择。

中国当前产假制度的改革是一项复杂的系统工程，其对生育意愿、就业保障、劳动力市场、人口结构等问题都将产生深远的影响。因此，产假制度的改革既是研究中面临的制度理论问题，更是关乎社会治理大局的重大实践问题。

由于国内关于产假的研究起步较晚，所以除了部分比较研究外，直接针对产假制度的研究并不多。大多数研究是从计划生育政策的角度，侧重分析人口结构、生育意愿、社会保障等问题。而在国外，针对产假的研究相对细化，学者们从人口学、法学、社会学、经济学、心理学、医学等学科的角度对产假展开了多维度的研究。因此，如何与最新的生育政策进行衔接，对于产假制度改革来说是一个全新的课题。本书初步提出了“家庭生育假模式”的框架结构，但对于不同阶段产假的时长却没有给出具体的参数。这是因为该方案仍需以真实的产假纠纷为依据，进行案例分析、案例数据采集、构建数据库、设计实验模型以及结果反馈，根据模型结果设计调查问卷，了解不同方案的社会认可情况，并对模型结果进行修正，从而最终得出符合计划生育政策精神、达到生育成本合理分担目的的改革方案。

结　论

人民日益增长的自由时间需要与劳动时间不规范不公平的分配之间的矛盾,是新时代我国社会主要矛盾的具体表现之一。因此,工时博弈问题具有鲜明的时代性与突出的紧迫性。

中央电视台财经频道曾在2015年3月9日发布《CCTV中国经济生活大调查2014—2015》,其中数据显示中国人平均休闲时间不容乐观。无独有偶,新浪网2015年3月25日发起了一项名为"你支持实行一周4天工作制么?"的调查,[1]截至调查结束共有49998人参与了调查,88.4%的被调查者对一周4天工作制表示"支持",仅有8.8%和2.8%的被调查者分别表示"不支持"和"不好说"。但在评论中几乎绝大多数网友都认为"企业员工双休都无法保障""应当先把五天八小时落实好""四天工作制不现实""这样的调查没有实际意义"。[2] 调查结果与评论之间的巨大反差,恰恰说明:人们对工时立法的期盼与工时博弈的实际情况之间存在落差。前者反映的是休息权主体对自身利益的关注与要求,而后者则体现的是与休息权相关的多方主体的利益平衡。

作为工时立法,不应局限于单方利益的保护,而应当以社会整体利益最大化作为研究的终极目标。这不仅仅是由于应该承认其他主体也有合理的利益需求,更重要的是:对单方利益主体的倾斜保护势

---

〔1〕 参见新浪调查:http://survey.news.sina.com.cn/survey.php? id=107998&dpc=1,2019年6月18日最后访问。

〔2〕 参见新浪调查:http://survey.news.sina.com.cn/result/107998.html,2019年6月18日最后访问。

必要以牺牲其他主体的利益为代价，如果这种代价超过了其他主体的承载能力，则将引起他们的不满与反弹，这不仅有损于权利人利益的实现，更可能导致整体经济环境的恶化，以及人们对法律权威的质疑。[3] 基于此，本书提出：我国当前工时领域面临的主要问题已不再是"是否需要缩短工时"，而是"如何有效缩短工时"。因此，本研究试图通过分析工时立法与劳动力市场之间的博弈机制来回答：工时立法在什么条件下能够达到整体利益最大化的效果？

一、预设前提语境

已经发生的历史是确定的，而对历史的解读却五花八门。解读在一定程度上既是对过去的总结，也是对未来的展望。预设前提语境意味着本书在解读休息权的历史时将遵循某些一致的法理前提，与前提相违背的内容在本书中暂未讨论。

第一，休息权调整的是特定的社会关系。休息权中休息指的是一种社会关系，即在社会分工、私有制的背景下，出卖劳动的一方与购买劳动的一方围绕前者的劳动时间与自由时间如何分配而形成的社会关系。

第二，休息权调整的社会关系的产生有特定的历史背景。休息与劳动的主体是同一个人，而休息与异化劳动（雇佣劳动）的主体则是对立的至少两个人，这种人与人之间的对立关系就是休息作为一项权利所要调整的社会关系。这种社会关系的产生，是人类社会分工、私有制经济发展的必然产物。休息权从无到有、从道德权利发展为法律权利的必然性蕴含在人们就如何合理分配时间而进行的博弈过程中。

第三，休息权的主体是广义劳动关系中的劳动者。作为道德权利的休息权是一项人格权，它平等地属于每一个自然人；作为法律权利的休息权是一项身份权，它属于特定法律关系中付出劳动的自然

---

〔3〕 参见张五常：《张五常论新劳动法》，载《法律和社会科学》2009 年第 1 期。

人,即广义劳动关系中的劳动者。

第四,休息权的客体是劳动者的自由时间相关利益。权利的客体一开始只有物和行为。随着知识产权的产生,智力成果也成为权利的客体。随着休息权的产生,劳动者的与自由时间相关的利益也成为权利的客体。与自由时间相关的利益在具体案件中表现为权利人自由支配个人时间的行为不受来自义务人的妨碍,以及因妨碍权利人行为自由而产生的经济补偿。

二、构建分析框架

基于以上前提,本书提出一个基本判断:工时博弈现象决定了休息权制度化的初衷在于平衡劳资各方的利益冲突,而非仅仅在于保护一方利益。由此出发,进而推导出了休息权实现困境的根本原因在于:休息权相关的利益在各方主体之间分配失衡。而重新促成休息权相关利益分配平衡,依赖于休息权实现机制对影响利益分配的各种因素的分析,以及各影响因素与利益平衡之间普遍联系的解释。为此,本书从规范与经验两个层面分别对工时博弈过程做了分析,并得出以下结论:

第一,法律意义上休息权是一项身份权。作为道德权利的休息权一般是指人格权,它与生命权、健康权一样,平等地属于每个自然人。而作为法律权利的休息权则更多的是指身份权,它产生的基础是私有制经济条件下的雇佣关系。因此,并非所有的人都享有这种法律意义上的休息权,这取决于当事人是否具备特定的身份,即雇佣关系中出卖劳动的自然人。

第二,休息权的实现是多方参与的社会实践活动。传统研究进路将休息权的实现理解为劳动者的利益的实现,这便将工时博弈的研究格局限制在了劳动者的个人利益上。尽管有一种解释认为这样做体现了法律对劳动者的特殊保护,但实际上如果仅仅强调对劳动者利益的保护而忽略了社会整体的利益平衡,就有可能导致对劳动者的保护止于法律宣誓而无法真正地推行下去。因此,休息权的实现应当以平衡各方利益作为研究的整体格局。在此格局下,休息权实现困境中的诸多障碍就可以理解为不同主体之间的利益博弈,因此如何促成利益分配平衡就是解决休息权实现困境的突破口。

第三,休息权实现机制具有特定的含义。它是指存在于人类现代社会中,以人的自由时间的取得、实现、救济为目的;以调整劳资关系、平衡双方利益冲突、协调人权保障与经济发展为手段;由制度(工时制度、带薪年休假制度、企业管理制度等)与其他规则(职场文化、人际关系、潜规则等)共同构成的规则有机体。

第四,休息权实现机制的生成具有特定的理论指向。它并不完全等同于与休息权相关的法律制度从无到有的产生过程,它还包括权利人在通过相关法律制度取得并实现自身利益的过程中受到的来自政治、经济、文化、习俗等的影响。休息权实现机制生成的内在动因在于与休息权相关的利益主体为其各自利益所展开的博弈,在形式上表现为休息权实现途径的制度化与再制度化。

三、分析现实问题

在对我国工时博弈相关的规范体系进行了系统分析,并对相关判例文书所做了统计分析之后,本书发现,我国当下劳动时间分配失衡主要有以下三个方面的原因:

第一,劳动者与用人单位之间利益分配失衡。在以私有制为基础的商品经济社会中,劳动者付出劳动时间换取生活资料,用人单位购买劳动者的劳动时间用于生产商品赚取利润。在法律对劳动者的休息权作出规定以前,用人单位的劳动力成本是由劳动力市场的供求关系决定的。当休息权成为法律权利后,工时上限的出现实际上给用人单位的劳动力成本设置了固定的、不受市场供求关系影响的下限。在经济持续增长的前提下,用人单位有能力负担这部分劳动力成本,但当经济出现负增长时,用人单位的劳动力成本负担能力也会随之降低,一旦低于法律规定的下限,便会产生诸多法律和经济问题。例如,1984 年我国台湾地区“劳动基准法”颁布实施,劳动力成本上升，引发大批台湾工厂外迁。正如经济学家张五常所言“法例归法例，效果归效果，数之不尽的说是维护劳工的法例，有反作用。”[4]他认为：“正确的做法是清楚界定资产权利之后，我们要让市场有合约选择的自由。在雇佣合约方面，雇主要怎样选，劳工要怎样选，你情我愿，应该自由，政府干预一般是事与愿违的。”[5]“劳工合约的自由选择，好些劳工不清楚他们选的是什么，不知道法律对他们有什么保障，不知道他们是否受骗了。无良的老板这里那里存在。这方面政府要做的不是干预合约的选择，而是要设法协助，对劳工解释他们选择的合约是说什么，法律可以帮多少忙。如果劳工清楚明白，政府不要左右合约的选择。”[6]“硬性规定劳工合约要如此这般，是干预市场运作，不可取也。”[7]他甚至认为，单方面提高劳动者节假日加班工资的法律规定可能导致企业面临倒闭：“如果没有超时及假日工作，员工一般不干，但他们乐于接受不加工资而干，所以一般的工厂，在旧法下是不依法定的超时及假日工资的。如今推出新法，工厂老板还是忙顾左右，提供超时及假日工作但不支付加倍工资，工人也是得过且过地干下去。然而，有了新法但不依新法，工人罢工或投诉或上街的机会极升，使老板不知怎样处理才对。按新法支薪要关门，员工同意不依新法，但老板的意识，是早晚会闯祸，非关门不可。”[8]由此可见，法律保护休息权的初衷当然是为了保障公民权利、提高人们的生活水平，但如果保护过度便可能演变成为对市场的干预。法律对休息权的保护有可能不足，也有可能过度，而衡量的标准正是劳动力市场的供求关系。劳动者与用人单位之间不能遵循供求关系来选择劳动时间与自由时间分配方案，这便会导致劳动者与用人单位之间的利益分配失衡。

---

〔4〕 张五常：《张五常论新劳动法》，载《法律和社会科学》2009年第1期。

〔5〕 张五常：《张五常论新劳动法》，载《法律和社会科学》2009年第1期。

〔6〕 张五常：《张五常论新劳动法》，载《法律和社会科学》2009年第1期。

〔7〕 张五常：《张五常论新劳动法》，载《法律和社会科学》2009年第1期。

〔8〕 张五常：《张五常论新劳动法》，载《法律和社会科学》2009年第1期。

第二,工时立法未能在制度上对不同类型的劳动者提供平等保护。在我国劳动法律实践中,“劳动者”一词具有特定的含义,它仅指《劳动法》第二条规定的与我国境内的企业、个体经济组织、国家机关、事业单位、社会团体建立劳动合同关系的劳动者,认定是否具备资格的关键在于“劳动合同关系”。[9] 国家机关公务员与事业单位职工尽管属于《宪法》层面的劳动者,然而其并不具备《劳动法》上的资格。这种制度上的区分造成了两者在休息权相关利益上的分配失衡,而这种失衡却并非只对某一方有害。一方面,公务员与事业单位职工拥有法定双休日[10],而企业劳动者只享有法定单休日[11],后者比前者的公休日一年少了52天之多。另一方面,公务员的带薪年休假权利却在很大程度上受到了制度的限制,本书第四章第一节中分析了带薪年休假法律条文的逻辑构造,并发现公务员的带薪年休假权利因为缺乏可诉性而不能成为一项完整的法律权利。决定公务员休息时间的是上级机关或领导的安排和指示,其救济渠道也只能通过内部申诉。由此可见,(广义的)劳动者之间的自由时间分配也并不均衡。而且,并非公务员在自由时间的分配上当然占优势。

第三,政府及其官员以非中立的身份参与工时博弈。理论上,政府在劳资关系中的角色应该是中立的,它必须平衡各方利益,既要维护经济秩序,也要保障企业有利可图,更要保障劳动者有足够的自由时间用于生存和自我发展。但现实中往往并非如此,政府以及官员在也存在自己的利益,而出于自身利益的考虑,他们在行使劳动监督

---

〔9〕《劳动法》第二条规定:在中华人民共和国境内的企业、个体经济组织和与之形成劳动关系的劳动者,适用本法。国家机关、事业组织、社会团体和与之建立劳动合同关系的劳动者,依照本法执行。

〔10〕《国务院关于职工工作时间的规定》第七条规定:国家机关、事业单位实行统一的工作时间,星期六和星期日为周休息日。企业和不能实行前款规定的统一工作时间的事业单位,可以根据实际情况灵活安排周休息日。

〔11〕《劳动法》第三十八条规定:用人单位应当保证劳动者每周至少休息一日。一些企业也会实行双休日工作制,但此时劳动者的双休属于契约约定的权利,而非法定权利。

检查权力的时候会选择有利于自身利益的方式。在我国,各级政府曾长期将GDP的增长放在第一位,面对部分企业无视法律规定强迫工人超时工作或不支付加班工资的行为,采取睁一只眼闭一只眼的监管方式,无疑是在默许企业压榨工人的自由时间,并以此来维系当地经济的发展。在这种治理模式中,政府及其官员无疑是站在了用人单位一边,而工人们主张更多的自由时间则被认为增加了企业劳动力成本、减缓了经济的增长。这无形中使时间分配的天平朝着更加不利于休息权实现的方向倾斜。

四、提出解决方向

我国休息权实现困境的深层原因在于休息权相关利益在各方主体之间分配失衡。所以,克服休息权实现困境归根结底要从平衡各方利益入手:

第一,尊重各方利益。休息权制度化的初衷,并非仅仅在于保护劳动者的自由时间利益,更在于平衡劳动者与用人单位在前者的时间分配问题上产生的利益冲突。因此,工时立法应当以各方利益平衡为基础,这是消除休息权实现障碍的根本途径。在我国,法律不应在利益分配问题上采取"一刀切"的方式,将劳动者的休息成本转嫁给用人单位,而不问用人单位是否能够承受。对于国家法律而言,改善民生固然是头等大事,然而如果企业因无法负担过高的劳动力成本而纷纷关门大吉,最终受害的还是广大劳动者。可见,我国目前工时立法与劳动力市场供求关系之间存在明显的张力。因此,一味地指责用人单位不遵守法律法规,而不考虑其生存压力,不但不利于劳动者休息权问题的消减,甚至会引发更严重的社会问题。在我国,法律层面的休息权已经形成了制度化的庞大系统,而且这一系统还有继续膨胀的趋势。但实际上,社会层面的休息权是由劳动力市场的供求关系决定的,一纸自由签订的契约便能在劳资双方达成共识。而我国社会治理领域长期以来存在的父爱主义传统并不十分相信老百姓能够管理好自己的事情,希望通过各种组织或制度对此进行干预。[12] 其实,国家的干预应当是防止劳动者在缔约过程中误签对自己不利的条约,而不是直接干预缔约自由。所以,国家要做的是让劳动者知晓自己签订的契约内容是什么、法律后果是什么。这样便能使约定的自由时间分配方案既被劳动者接受,也被用人单位接受,达到尊重劳资双方利益的目的。同时,政府及其官员也从"运动员"席坐回了"裁判员"席,既降低了他们干预市场参与利益分配导致腐败的风险,又减少了休息权实现的制度成本。因此,尊重各方利益实际上是要求规则制定者要克服法律父爱主义,相信社会成员有认识自身利益的能力,承认社会成员有按照自身利益缔结契约的自由。

第二,消除制度歧视。前文论证了休息权的主体是雇佣关系中出卖劳动的一方。在我国,与此相关的概念有"劳动关系""劳务关系""人事关系"等,它们既有区别也有联系。然而在休息权问题上此三者并无本质差别,劳务人员、公务员、劳动法上的劳动者等,在本质上都属于不占有生产资料、以出卖劳动换取生活资料的广义劳动者,他们都应当是法律上的休息权主体。但在现实制度中,劳务人员与公务员等群体却因不具备《劳动法》上的主体资格而被排除在休息权制度之外。因此,消除休息权的主体不适格障碍,应当消除制度上的歧视,赋予劳务人员、公务员等群体受雇群体完整的休息权主体资格。

第三,简化救济程序。最佳的权利救济方式应当是由权利人自己主导,通过简单、便捷、低成本的救济制度达到权利救济的效果。而我国立法父爱主义的传统导致劳动行政部门角色错位,占据了权利救济的主导地位,休息权救济程序也变得相对繁琐。这降低了权利人维权的主动性与积极性,同时对政府执法的主动性与积极性也是一项考验,这样的制度设计往往会演变为政府的懒政和权力寻租。

---

〔12〕 参见孙笑侠、郭春镇:《法律父爱主义在中国的适用》,载《中国社会科学》2006年第1期。

因此，消除休息权实现中的程序障碍，应当简化救济程序、确立权利人维权活动主导地位。

工时博弈话题由来已久，哲学、休闲学、经济学、法理学、劳动法学等诸多学科对此都展开了形式多样的研究。对其他学科成果的借鉴使本项研究有了更开阔的视野。同时，不同学科中一些具有争议的问题对工时博弈以及休息权研究具有间接甚至直接的影响力。例如，劳动法学对“雇佣关系”“劳动关系”“劳务关系”“人事关系”等概念的界定会影响休息权主体的资格认定。这些概念有着各自的特性和相互之间的共性，但应当区分不同场合或语境中它们表现的是特性还是共性，而不应当在所有场合或语境中都认为他们是异质的。因此，本书只是抛砖引玉，希望有更多交叉学科的学者一起加入劳动时间的规范分配研究中。

参考文献

中文著作

1. 葛洪义:《法与实践理性》,中国政法大学出版社 2002 年版。
2. 葛洪义等:《我国地方法制建设理论与实践研究》,经济科学出版社 2012 年版。
3. 严存生:《西方法律思想史》,中国法制出版社 2012 年版。
4. 王泽鉴:《民法思维:请求权基础理论体系》,北京大学出版社 2009 年版。
5. 周林彬:《法律经济学论纲》,北京大学出版社 2000 年版。
6. 于光远、马惠娣:《于光远马惠娣十年对话——关于休闲学研究的基本问题》,重庆大学出版社 2008 年版。
7. 黄建武:《法的实现》,中国人民大学出版社 1997 年版。
8. 王宁:《消费社会学》,社会科学文献出版社 2001 年版。
9. 庞学铨:《休闲评论》(第 6 辑),浙江大学出版社 2014 年版。
10. 毛泽东:《毛泽东选集》(第一卷),人民出版社 1991 年版。
11. 陈达:《中国劳工问题》,商务印书馆 1929 年版。
12. 李仲广:《休闲学》,中国旅游出版社 2011 年版。
13. 陈鲁直:《民闲论》,中国经济出版社 2005 年版。
14. 张斌:《休闲权利论》,中国旅游出版社 2013 年版。
15. 董保华:《劳动关系调整的法律机制》,上海交通大学出版社 2000 年版。
16. 员俊雅:《马克思异化理论新探》,中央编译出版社 2013 年版。
17. 李金霞:《马克思自由时间理论》,当代世界出版社 2011 年版。
18. 张维迎:《社会与博弈》,北京大学出版社 2013 年版。
19. 胡锦光、韩大元:《当代人权保障制度》,中国政法大学出版社 1993 年版。
20. 程燎原、王人博:《权利及其救济》,山东人民出版社 1998 年版。
21. 陈舜:《权利及其维护——一种交易成本的观点》,中国政法大学出版社

1999 年版。
22. 李雨峰:《权利是如何实现的》,法律出版社 2009 年版。
23. 尹奎杰:《权利正当性观念的实践理性批判》,科学出版社 2008 年版。
24. 钟丽娟:《自然权利制度化研究》,山东人民出版社 2010 年版。
25. 李旭东:《法律话语论》,山东人民出版社 2009 年版。
26. 陈征楠:《法正当性问题的道德面向》,中国政法大学出版社 2014 年版。
27. 朱志昊:《实践商谈与理性参与——立法科学化问题研究的新视角》,法律出版社 2014 年版。
28. 杨仁寿:《法学方法论》,中国政法大学出版社 1999 年版。
29. 刘作翔:《权利冲突:案例、理论与解决机制》,社会科学文献出版社 2014 年版。
30. 王雅林:《城市休闲:上海、天津、哈尔滨城市居民时间分配的考察》,社会科学文献出版社 2003 年版。
31. 王琪延:《中国人的生活时间分配》,经济科学出版社 2000 年版。
32. 马惠娣、张景安主编:《中国公众休闲状况调查》,中国经济出版社 2004 年版。
33. 湛晓白:《时间的社会文化史——近代中国时间制度与观念变迁研究》,社会科学文献出版社 2013 年版。
34. 吴国盛:《时间的观念》,北京大学出版社 2006 年版。
35. 王守颂:《休闲:基于马克思休闲生存范式的解读》,山东人民出版社 2015 年版。
36. 石培华:《国家旅游休闲战略与国家时间管理创新》,中国旅游出版社 2015 年版。

中文译著

1. [德]约瑟夫·皮珀:《闲暇:文化的基础》,刘森尧译,新星出版社 2005 年版。
2. [古希腊]赫西俄德:《工作与时日》,蒋平译,商务印书馆 2006 年版。
3. [古希腊]亚里士多德:《政治学》,吴寿彭译,商务印书馆 1965 年版。
4. [古希腊]亚里士多德:《尼各马可伦理学》,苗力田译,中国人民大学出版社 2003 年版。
5. [英]米尔恩:《人的权利与人的多样性——人权哲学》,夏勇、张志铭译,中国大百科全书出版社 1995 年版。
6. [印度]阿马蒂亚·森:《以自由看待发展》,任赜、于真译,中国人民大学出版社 2002 年版。
7. [德]尤尔根·哈贝马斯:《在事实与规范之间:关于法律和民主治国的商谈理论》,童世骏译,生活·读书·新知三联书店 2011 年版。
8. [德]尤尔根·哈贝马斯:《公共领域的结构转型》,曹卫东等译,学林出版社 1999 年版。
9. [德]马丁·海德格尔:《存在与时间》,陈嘉映译,生活·读书·新知三联书店 2006 年版。
10. [美]罗纳德·德沃金:《认真对待权利》,信春鹰、吴玉章译,中国大百科全书出版社 1998 年版。
11. [美]庞德:《通过法律的社会控制、法律的任务》,沈宗灵、董世忠译,商务印书馆 1984 年版。
12. [美]博登海默:《法理学:法律哲学与法律方法》,邓正来译,中国政法大学出版社 1999 年版。
13. [法]卢梭:《社会契约论》,何兆武译,商务印书馆 1980 年版。
14. [德]鲁道夫·冯·耶林:《为权利而斗争》,胡宝海译,中国法制出版社 2004 年版。
15. [美]贝思·J. 辛格:《可操作的权利》,邵强进、林艳译,上海人民出版社 2004 年版。
16. [法]让·波德里亚:《消费社会》,刘成富等译,南京大学出版社 2001 年版。
17. [美]赫伯特·马尔库塞:《单向度的人》,刘继译,上海译文出版社 2008 年版。
18. [美]艾里希·弗洛姆:《健全的社会》,孙恺祥译,上海译文出版社 2009 年版。
19. [美]加耳布雷思:《丰裕社会》,徐世平译,上海人民出版社 1965 年版。
20. [美]汉娜·阿伦特:《人的境况》,王寅丽译,上海人民出版社 2009 年版。
21. [英]E. P. 汤普森:《英国工人阶级的形成》(上),钱承旦译,译林出版社

2001 年版。
22. [德]马克思:《1844 年经济学哲学手稿》,中共编译局译,人民出版社 2000 年第三版。
23.《马克思恩格斯全集》(第 26 卷),人民出版社 1974 年版。
24.《马克思恩格斯全集》(第 31 卷),人民出版社 1998 年版。
25.《马克思恩格斯全集》(第 44 卷),人民出版社 2001 年版。
26. [德]阿图尔·考夫曼、[德]温弗里德·哈斯默尔主编:《当代法哲学和法律理论导论》,郑永流译,法律出版社 2013 年版。
27. [美]霍菲尔德:《基本法律概念》,张书友译,中国法制出版社 2009 年版。
28. [美]凡勃伦:《有闲阶级论》,李华夏译,中央编译出版社 2012 年版。
29. [美]冯·贝塔朗菲:《一般系统论》,秋同、袁嘉新译,社会科学文献出版社 1987 年版。
30. [瑞士]皮亚杰:《结构主义》,倪连生、王琳译,商务印书馆 1984 年版。
31. [美]约翰·罗尔斯:《正义论》,谢延光译,上海译文出版社 1991 年版。
32. [美]罗伯特·阿克塞尔罗德:《合作的进化》,吴坚忠译,上海人民出版社 2007 年版。
33. [美]大卫·刘易斯:《约定论:一份哲学上的考量》,吕捷译,生活·读书·新知三联书店 2009 年版。
34. [英]罗素:《权威与个人》,储智勇译,商务印书馆 2012 年版。
35. [英]罗素:《悠闲颂》,李金波、蔡晓译,中国工人出版社 1993 年版。
36. [德]拉德布鲁赫:《法学导论》,米健译,法律出版社 2012 年版。
37. [德]拉德布鲁赫:《法律智慧警句集》,舒国滢译,中国法制出版社 2001 年版。
38. [德]迪特尔·梅迪库斯:《请求权基础》,陈卫佐等译,法律出版社 2012 年版。
39. [美]詹姆斯·S. 科尔曼:《社会理论的基础》(上),邓方译,社会科学文献出版社 2008 年版。
40. [美]詹姆斯·S. 科尔曼:《社会理论的基础》(下),邓方译,社会科学文献出版社 2008 年版。
41. [德]诺伯特·埃利亚斯:《符号理论》,熊浩、高乐田译,商务印书馆 2018 年版。

42. [美]理查德·A. 波斯纳:《道德和法律理论的疑问》,苏力译,中国政法大学出版社 2001 年版。
43. [美]罗宾·保罗·马洛伊:《法律和市场经济——法律经济学价值的重新诠释》,钱弘道、朱素梅译,法律出版社 2006 年版。
44. [美]罗伯特·C. 埃里克森:《无需法律的秩序——邻人如何解决纠纷》,苏力译,中国政法大学出版社 2003 年版。
45. [美]加里·S. 贝克尔:《人类行为的经济分析》,王业宇、陈琪译,格致出版社、上海三联书店、上海人民出版社 2015 年版。
46. [美]乔纳森·克拉里:《24/7:晚期资本主义与睡眠的终结》,许多、沈清译,中信出版社 2015 年版。
47. [德]哈尔特穆特·罗萨:《加速:现代社会中时间结构的改变》,董璐译,北京大学出版社 2015 年版。
48. [英]理查德·惠普、[英]芭芭拉·亚当、[英]艾达·萨伯里斯编:《建构时间:现代组织中的时间与管理》,冯周卓译,北京师范大学出版社 2009 年版。
49. [法]乔治·古尔维奇:《社会时间的频谱》,朱洪文、高宁、范璐璐译,北京师范大学出版社 2010 年版。
50. [奥]赫尔嘉·诺沃特尼:《时间:现代与后现代经验》,金梦兰、张网成译,北京师范大学出版社 2011 年版。
51. [英]赛门·加菲尔:《计时简史》,黄开译,台北,大雁文化事业股份有限公司 2017 年版。
52. [英]查理·海曼:《劳动运动》,马康庄译,台北,桂冠图书股份有限公司 1988 年版。
53. [爱尔兰]布莱恩·奥康纳:《闲散的哲学》,王喆、赵铭译,北京联合出版公司 2019 年版。
54. [日]森冈孝二:《过劳时代》,米彦军译,新星出版社 2019 年版。

期刊文章

1. 葛洪义:《论法律权利的本质》,载《当代法学》1988 年第 3 期。
2. 徐显明:《"基本权利"析》,载《中国法学》1991 年第 6 期。

3. 公丕祥:《论权利的实现》,载《江苏社会科学》1991 年第 2 期。
4. 黄建武:《法律调整社会关系的机制与科学立法》,载《法治论坛》2011 年第 4 期。
5. 黄建武:《法权的构成及人权的法律保护》,载《现代法学》2008 年第 4 期。
6. 蓝寿荣:《休息何以成为权利——劳动者休息权的属性与价值探析》,载《法学评论》2014 年第 4 期。
7. 李雨峰:《权利是如何实现的——纠纷解决过程中的行动策略、传媒与司法》,载《中国法学》2007 年第 5 期。
8. 余军:《论宪法中的"人的形象"》,载《浙江学刊》2011 年第 1 期。
9. 贾海龙:《从非正式规范到地方法制——中国现代化进程中规范补充供给路径的嬗变》,载《学术研究》2011 年第 7 期。
10. 孙笑侠、郭春镇:《法律父爱主义在中国的适用》,载《中国社会科学》2006 年第 1 期。
11. 郝铁川:《权利实现的差序格局》,载《中国社会科学》2002 年第 5 期。
12. 吴睿:《法定权利实现的理论模型之构建》,载《前沿》2013 年第 14 期。
13. 黄小寒:《试论系统哲学与结构主义的异同》,载《教学与研究》2005 年第 12 期。
14. 刘志刚:《立法缺位状态下的基本权利》,载《法学评论》2011 年第 6 期。
15. 俞吾金:《物、价值、时间和自由》,载《哲学研究》2004 年第 11 期。
16. 王涌:《寻找法律概念的"最小公分母"——霍菲尔德法律概念分析思想研究》,载《比较法研究》1998 年第 2 期。
17. 陈坤:《信号传递、社会规范与法律——评 Eric A. 波斯纳的〈法律与社会规范〉》,载《环球法律评论》2011 年第 3 期。
18. 王彬:《信号传递、彩礼习惯与法律边界——一个法律经济学的分析》,载《政治与法律》2013 年第 9 期。
19. 陈思静、马剑虹:《第三方惩罚与社会规范激活——社会责任感与情绪的作用》,载《心理科学》2011 年第 3 期。
20. 马德华:《社会规范、理性选择与信号传递》,载《东岳论丛》2011 年第 7 期。
21. 钱弘道:《法律的经济分析工具》,载《法学研究》2004 年第 4 期。
22. 乔岳、熊秉元:《望远镜里的法经济学:理论架构和分析工具》,载《法律科学》2014 年第 4 期。
23. 于光远、马惠娣:《关于“闲暇”与“休闲”两个概念的对话录》,载《自然辩证法研究》2006 年第 9 期。
24. 于光远:《论普遍有闲的社会》,载《自然辩证法研究》2002 年第 1 期。
25. 马惠娣:《关于自由时间的理性思考》,载《自然辩证法研究》2003 年第 1 期。
26. 马惠娣、刘耳:《西方休闲学研究评述》,载《自然辩证法研究》2001 年第 5 期。
27. 吴育林:《论马克思的劳动休闲观》,载《自然辩证法研究》2006 年第 7 期。
28. 刘晨晔:《解读马克思休闲思想的几个问题》,载《自然辩证法研究》2003 年第 6 期。
29. 于俊文、张忠任:《马克思的自由时间理论》,载《当代经济研究》2003 年第 1 期。
30. 刘新刚、盛卫国:《关于马克思自由时间范畴的思考》,载《马克思主义研究》2008 年第 12 期。
31. 宁泽群:《旅游:是经济增长工具还是生活方式》,载《北京联合大学学报》(人文社会科学版)2015 年第 1 期。
32. 宁泽群、单位:《休闲研究中的时间:几个相关概念的辨析及逻辑关系》,载《北京联合大学学报》(人文社会科学版)2015 年第 1 期。
33. 冯彦君:《劳动权论略》,载《社会科学战线》2003 年第 1 期。
34. 金哲:《休息权概念解析》,载《法制与社会》2010 年第 3 期。
35. 王德志:《论我国宪法劳动权的理论建构》,载《中国法学》2014 年第 3 期。
36. 李海明:《论劳动法上的劳动者》,载《清华法学》2011 年第 2 期。
37. 季卫东:《法律程序的意义》,载《中国社会科学》1993 年第 1 期。
38. 杨福忠:《论劳动者的休息权及其法律保障》,载《中国劳动关系学院学报》2012 年第 3 期。
39. 张志伟:《劳动者休息权之检视》,载《江西社会科学》2010 年第 11 期。
40. 李磊:《劳动者权利的基本范畴研究——以法律解释学为视角》,载《政治与法律》2008 年第 4 期。

41. 王旭:《劳动、政治承认与国家伦理——对我国〈宪法〉劳动权规范的一种阐释》,载《中国法学》2010 年第 3 期。
42. 谢增毅:《劳动关系的内涵及雇员和雇主身份之认定》,载《比较法研究》2009 年第 6 期。
43. 郑尚元:《雇佣关系调整的法律分界——民法与劳动法调整雇佣类合同关系的制度与理念》,载《中国法学》2005 年第 3 期。
44. 郑尚元:《社会法的定位与未来》,载《中国法学》2003 年第 5 期。
45. 黎建飞:《从雇佣契约到劳动契约的法理和制度变迁》,载《中国法学》2012 年第 3 期。
46. 许建宇:《雇佣关系的定位及其法律调整模式》,载《浙江大学学报》(人文社会科学版)2003 年第 2 期。
47. 曹艳:《"劳动者"的法律重释:境况、身份与权利》,载《法学家》2013 年第 2 期。
48. 马俊驹:《人与人格分离技术的形成、发展与变迁——兼论德国民法典中的权利能力》,载《现代法学》2006 年第 4 期。
49. 汪传才:《立法克制:旅游基本法制定之我见》,载《旅游学刊》2008 年第 12 期。
50. 郑爱青:《法国带薪年休假制度及启示》,载《比较法研究》2014 年第 6 期。
51. 唐文胜:《带薪年休假工资报酬的法律适用》,载《中国劳动》2012 年第 11 期。
52. 周国良等:《带薪年休假连续工作时间的认定》,载《中国劳动》2013 年第 11 期。
53. 王宁:《压力化生存——"时间荒"解析》,载《山东社会科学》2013 年第 9 期。
54. 钱叶芳、徐顺铁:《"996 类工作制"与休息权立法——资本与法律的博弈》,载《浙江学刊》2019 年第 4 期。
55. 孙中伟、刘明巍、贾海龙:《内部劳动力市场与中国劳动关系转型——基于珠三角地区农民工的调查数据和田野资料》,载《中国社会科学》2018 年第 7 期。
56. 庄家炽:《从被管理的手到被管理的心——劳动过程视野下的加班研

究》，载《社会学研究》2018 年第 3 期。
57. 冯彦君：《劳动法上“合理”的多重意蕴及其应用》，载《中国法学》2018 年第 5 期。
58. 谢增毅：《劳动力市场灵活性与劳动合同法的修改》，载《法学研究》2017 年第 3 期。
59. 王天玉：《工作时间基准的体系构造及立法完善》，载《法律科学》（西北政法大学学报）2016 年第 1 期。
60. 黎建飞：《从雇佣契约到劳动契约的法理和制度变迁》，载《中国法学》2012 年第 3 期。
61. 沈同仙：《工作时间认定标准探析》，载《法学》2011 年第 5 期。
62. 常凯：《劳动关系的集体化转型与政府劳动政策的完善》，载《中国社会科学》2013 年第 6 期。
63. 董保华：《雇佣、劳动立法的历史考量与现实分析》，载《法学》2016 年第 5 期。
64. 王全兴、刘琦：《我国新经济下灵活用工的特点、挑战和法律规制》，载《法学评论》2019 年第 4 期。
65. 刘诚：《劳动观、劳动关系与劳动政策——基于创造性劳动、人本主义和劳资合作的思考》，载《探索与争鸣》2015 年第 8 期。
66. 刘诚：《〈劳动法〉、〈劳动合同法〉与中国劳动立法的未来》，载《工会理论研究》2014 年第 5 期。
67. 阎天：《劳动规章性质三分说：以比例原则为检验标准》，载《交大法学》2017 年第 4 期。

学位论文

1. 黄达安：《超越工作至上的世界——论休闲的本质及其当代意义》，吉林大学 2011 年博士学位论文。
2. 张永红：《马克思的休闲观及其当代价值研究》，中南大学 2010 年博士学位论文。
3. 金哲：《休息权及其法律保障机制研究》，吉林大学 2010 年博士学位论文。

工具书

1. 金炳华主编:《马克思主义哲学大辞典》,上海辞书出版社 2003 年版。

2.《法学词典》编委会:《法学词典》,上海辞书出版社 1989 年版。

3. 北京大学法学百科全书编委会:《北京大学法学百科全书 · 民法学 · 商法学》,北京大学出版社 2004 年版。

4. 梅里亚姆—韦伯斯特公司编著:《韦氏法律词典》,中国法制出版社 2014 年版。

外文文献

1. M. Spence,"Job Market Signaling",*The Quarterly Journal of Economics* 87, 1973.

2. Ronald H. Coase,"The Problem of Social Cost",*Journal of Law and Economics* 3,1960.

3. Jean C. Oi,"Communism and Clientelism: Rural Politics in China",*World Politics* 37,1985.

4. Victor Nee,"A Theory of Market Transition: From Redistribution to Markets in State Socialism",*American Sociological Review* 54,1989.

5. Michael Spence,"Job Market Signaling",*The Quarterly Journal of Economics* 87,1973.

6. Eric A. Posner, "Symbols, Signals, and Social Norms in Politics and the Law", *The Journal of Legal Studies* 27,1998.

7. Edward Gross,"A Functional Approach to Leisure Analysis",*Social Problems* 9,1961.

8. Alfred H. Lloyd,"Ages of leisure",*American Journal of Sociology* 28,1922.

9. None. Supplement: Official Documents,"American Declaration of the Rights and Duties of Man",*The American Journal of International Law*,43,1949.

10. Stanley Parker,"Change, Flexibility, Spontaneity, and Self – Determination in Leisure",*Social Forces* 60,1981.

11. Phyllis Moen, Donna I. Dempster – McClain,"Employed Parents: Role Strain, Work Time, and Preferences for Working Less",*Journal of Marriage*

and Family 49, 1987.

12. Teri L. Caraway, "Labor Rights in East Asia: Progress or Regress?", *Journal of East Asian Studies* 9, 2009.
13. Mihaly Csikszentmihalyi, "Leisure and Socialization", *Social Forces* 60, 1981.
14. Florence Kelley, "Leisure by Law for Women", *Social Service Review* 2, 1928.
15. Douglas A. Kleiber and Lynn A. Barnett, "Leisure in Childhood", *Young Children* 35, 1980.
16. Christine Bell and Johanna Keenan, "Lost on the Way Home? The Right to life in Northern Ireland", *Journal of Law and Society* 32, 2005.
17. V. M. Dandekar. "Making Right to Work Fundamental", *Economic and Political Weekly* 26, 1991.
18. DavidA. Simmons, "Man's One Fundamental Right: To Be Let Alone", *American Bar Association Journal* 36, 1950.
19. Michael G. Flaherty, "Time Work: Customizing Temporal Experience", *Social Psychology Quarterly* 66, 2003.
20. John Wilson, "Sociology of Leisure", *Annual Review of Sociology* 6, 1980.
21. Daniel C. Kramer, "The Constitution and the Right to Leisure", *The Good Society* 10, 2001.
22. Robert A. Stebbins, "The Semiotic Self and Serious Leisure", *The American Sociologist* 42, 2011.
23. Deborah M. Figart and Lonnie Golden, "The Social Economics of Work Time: Introduction", *Review of Social Economy* 56, 1988.
24. David T. Herbert, "Work and Leisure: Exploring a Relationship", *Area*, 1988.
25. JulianaMansvelt, "Working at Leisure: Critical Geographies of Ageing", *Area* 29, 1997.
26. Gerold S, Nocker M., "More Leisure or Higher Pay? A Mixed – methods Study on Reducing Working Time in Austria", *Ecological Economics* 143, 2018.

27. Landivar L C. ,"The Gender Gap in Employment Hours: Do Work – hour Regulations Matter?", *Work, Employment and Society* 29, 2015.

28. Charles Epp, *The Rights Revolution: Lawyers, Activists, and Supreme Courts in Comparative Perspective*, Chicago, University of Chicago Press, 1998.

29. Donald Black, *Sociological Justice*, New York, Oxford University Press, 1989.

30. E. A. Posner, *Law and Social Norms*, Cambridge, Harvard University Press, 2009.

31. [日]森冈孝二:《企业中心的时间构造》,日本青木书店 1995 年版。

资讯

1. 梁慧星:《劳动合同法:有什么错? 为什么错?》,载中国普法网:www.legalinfo.gov.cn/index/content/2009 – 08/28/content_1145473.htm,2019 年 12 月 1 日最后访问。

2.《CCTV 中国经济生活大调查 2014 – 2015》,载中央电视台经济频道:http://jingji.cntv.cn/special/jjshddc2015/index.shtml,2019 年 3 月 10 日最后访问。

3.《12・19 广东佛山工人聚集要求加班事件》,载搜狗百科:http://baike.sogou.com/v69670185.htm,2019 年 3 月 10 日最后访问。

研究报告

1. 香港劳工处:《标准工时政策研究报告》,2012 年。

2. 葛洪义主编:《地方法制发展报告》,法律出版社 2012 年版。

3. 马惠娣主编:《中国休闲研究学术报告》,旅游教育出版社 2014 年版。

4. 赖德胜、孟大虎、李长安、王琦等:《2014 中国劳动力市场发展报告——迈向高收入国家进程中的工作时间》,北京师范大学出版社 2014 年版。

5. 杜凤莲、王文斌、董晓媛等:《时间都去哪儿了? ——中国时间利用调查研究报告》,中国社会科学出版社 2018 年版。

6. 宋瑞主编:《休闲绿皮书:2017 ~ 2018 年中国休闲发展报告》,社会科学文献出版社 2018 年版。

附录

编号	案件字号	案件名称	案件性质	审结日期	地点
XS001	(2000)赣中刑终字第38号	郭某某、邱某某诉赖某某、徐某某等9人非法搜查及徐某某反诉郭某某、邱某某诬告陷害案	刑事附带民事赔偿纠纷	2000.05.12	江西省赣州市
XZ001	(2010)岳中行终字第62号	蔡某某与岳阳市君山区教育局等教育人事行政管理纠纷上诉案	行政确认纠纷	2010.09.14	湖南省岳阳市
XZ002	(2010)岳中行终字第39号	曹某某与岳阳市君山区教育局等教育人事行政管理纠纷上诉案	行政确认纠纷	2010.09.14	湖南省岳阳市
XZ003	(2010)岳中行终字第38号	段某某与岳阳市君山区教育局等教育人事行政管理纠纷上诉案	行政确认纠纷	2010.09.14	湖南省岳阳市
XZ004	(2010)岳中行终字第61号	付某某与岳阳市君山区教育局等教育人事行政管理纠纷上诉案	行政确认纠纷	2010.09.14	湖南省岳阳市
XZ005	(2010)岳中行终字第33号	何某某与岳阳市君山区教育局等教育人事行政管理纠纷上诉案	行政确认纠纷	2010.09.14	湖南省岳阳市

续表

编号	案件字号	案件名称	案件性质	审结日期	地点
XZ006	(2010)岳中行终字第52号	何某某与岳阳市君山区教育局等教育人事行政管理纠纷上诉案	行政确认纠纷	2010.09.14	湖南省岳阳市
XZ007	(2010)岳中行终字第35号	何某某与岳阳市君山区教育局等教育人事行政管理纠纷上诉案	行政确认纠纷	2010.09.14	湖南省岳阳市
XZ008	(2010)岳中行终字第65号	江某某与岳阳市君山区教育局等教育人事行政管理纠纷上诉案	行政确认纠纷	2010.09.14	湖南省岳阳市
XZ009	(2010)岳中行终字第40号	李某某与岳阳市君山区教育局等教育人事行政管理纠纷上诉案	行政确认纠纷	2010.09.14	湖南省岳阳市
XZ010	(2010)岳中行终字第50号	李某某与岳阳市君山区教育局等教育人事行政管理纠纷上诉案	行政确认纠纷	2010.09.14	湖南省岳阳市
XZ011	(2010)岳中行终字第51号	李某某与岳阳市君山区教育局等教育人事行政管理纠纷上诉案	行政确认纠纷	2010.09.14	湖南省岳阳市
XZ012	(2010)岳中行终字第53号	李某某与岳阳市君山区教育局等教育人事行政管理纠纷上诉案	行政确认纠纷	2010.09.14	湖南省岳阳市
XZ013	(2010)岳中行终字第67号	李某某与岳阳市君山区教育局等教育人事行政管理纠纷上诉案	行政确认纠纷	2010.09.14	湖南省岳阳市

续表

编号	案件字号	案件名称	案件性质	审结日期	地点
XZ014	(2010)岳中行终字第34号	李某某与岳阳市君山区教育局等教育人事行政管理纠纷上诉案	行政确认纠纷	2010.09.14	湖南省岳阳市
XZ015	(2010)岳中行终字第72号	李某与岳阳市君山区教育局等教育人事行政管理纠纷上诉案	行政确认纠纷	2010.09.14	湖南省岳阳市
XZ016	(2010)岳中行终字第66号	梁某某与岳阳市君山区教育局等教育人事行政管理纠纷上诉案	行政确认纠纷	2010.09.14	湖南省岳阳市
XZ017	(2010)岳中行终字第55号	林某与岳阳市君山区教育局等教育人事行政管理纠纷上诉案	行政确认纠纷	2010.09.14	湖南省岳阳市
XZ018	(2010)岳中行终字第43号	刘某某与岳阳市君山区教育局等教育人事行政管理纠纷上诉案	行政确认纠纷	2010.09.14	湖南省岳阳市
XZ019	(2010)岳中行终字第44号	刘某某与岳阳市君山区教育局等教育人事行政管理纠纷上诉案	行政确认纠纷	2010.09.14	湖南省岳阳市
XZ020	(2010)岳中行终字第47号	刘某某与岳阳市君山区教育局等教育人事行政管理纠纷上诉案	行政确认纠纷	2010.09.14	湖南省岳阳市
XZ021	(2010)岳中行终字第57号	刘某某与岳阳市君山区教育局等教育人事行政管理纠纷上诉案	行政确认纠纷	2010.09.14	湖南省岳阳市

续表

编号	案件字号	案件名称	案件性质	审结日期	地点
XZ022	(2010)岳中行终字第69号	刘某某与岳阳市君山区教育局等教育人事行政管理纠纷上诉案	行政确认纠纷	2010.09.14	湖南省岳阳市
XZ023	(2010)岳中行终字第71号	刘某某与岳阳市君山区教育局等教育人事行政管理纠纷上诉案	行政确认纠纷	2010.09.14	湖南省岳阳市
XZ024	(2010)岳中行终字第41号	刘某某与岳阳市君山区教育局等教育人事行政管理纠纷上诉案	行政确认纠纷	2010.09.14	湖南省岳阳市
XZ025	(2010)岳中行终字第46号	龙某某与岳阳市君山区教育局等教育人事行政管理纠纷上诉案	行政确认纠纷	2010.09.14	湖南省岳阳市
XZ026	(2010)岳中行终字第70号	彭某某与岳阳市君山区教育局等教育人事行政管理纠纷上诉案	行政确认纠纷	2010.09.14	湖南省岳阳市
XZ027	(2010)岳中行终字第32号	彭某某与岳阳市君山区教育局等教育人事行政管理纠纷上诉案	行政确认纠纷	2010.09.14	湖南省岳阳市
XZ028	(2010)岳中行终字第63号	任某某与岳阳市君山区教育局等教育人事行政管理纠纷上诉案	行政确认纠纷	2010.09.14	湖南省岳阳市
XZ029	(2010)岳中行终字第37号	孙某某与岳阳市君山区教育局等教育人事行政管理纠纷上诉案	行政确认纠纷	2010.09.14	湖南省岳阳市

续表

编号	案件字号	案件名称	案件性质	审结日期	地点
XZ030	(2010)岳中行终字第73号	谭某某与岳阳市君山区教育局等教育人事行政管理纠纷上诉案	行政确认纠纷	2010.09.14	湖南省岳阳市
XZ031	(2010)岳中行终字第75号	汤某某与岳阳市君山区教育局等教育人事行政管理纠纷上诉案	行政确认纠纷	2010.09.14	湖南省岳阳市
XZ032	(2010)岳中行终字第31号	王某某与岳阳市君山区教育局等教育人事行政管理纠纷上诉案	行政确认纠纷	2010.09.14	湖南省岳阳市
XZ033	(2010)岳中行终字第74号	王某某与岳阳市君山区教育局等教育人事行政管理纠纷上诉案	行政确认纠纷	2010.09.14	湖南省岳阳市
XZ034	(2010)岳中行终字第56号	王某某与岳阳市君山区教育局等教育人事行政管理纠纷上诉案	行政确认纠纷	2010.09.14	湖南省岳阳市
XZ035	(2010)岳中行终字第59号	魏某某与岳阳市君山区教育局等教育人事行政管理纠纷上诉案	行政确认纠纷	2010.09.14	湖南省岳阳市
XZ036	(2010)岳中行终字第54号	吴某某与岳阳市君山区教育局等教育人事行政管理纠纷上诉案	行政确认纠纷	2010.09.14	湖南省岳阳市
XZ037	(2010)岳中行终字第36号	肖某某与岳阳市君山区教育局等教育人事行政管理纠纷上诉案	行政确认纠纷	2010.09.14	湖南省岳阳市

续表

编号	案件字号	案件名称	案件性质	审结日期	地点
XZ038	(2010)岳中行终字第58号	谢某某与岳阳市君山区教育局等教育人事行政管理纠纷上诉案	行政确认纠纷	2010.09.14	湖南省岳阳市
XZ039	(2010)岳中行终字第42号	徐某某与岳阳市君山区教育局等教育人事行政管理纠纷上诉案	行政确认纠纷	2010.09.14	湖南省岳阳市
XZ040	(2010)岳中行终字第30号	严某某与岳阳市君山区教育局等教育人事行政管理纠纷上诉案	行政确认纠纷	2010.09.14	湖南省岳阳市
XZ041	(2010)岳中行终字第48号	严某某与岳阳市君山区教育局等教育人事行政管理纠纷上诉案	行政确认纠纷	2010.09.14	湖南省岳阳市
XZ042	(2010)岳中行终字第49号	严某某与岳阳市君山区教育局等教育人事行政管理纠纷上诉案	行政确认纠纷	2010.09.14	湖南省岳阳市
XZ043	(2010)岳中行终字第45号	余某某与岳阳市君山区教育局等教育人事行政管理纠纷上诉案	行政确认纠纷	2010.09.14	湖南省岳阳市
XZ044	(2010)岳中行终字第60号	余某某与岳阳市君山区教育局等教育人事行政管理纠纷上诉案	行政确认纠纷	2010.09.14	湖南省岳阳市
XZ045	(2010)岳中行终字第68号	喻某某与岳阳市君山区教育局等教育人事行政管理纠纷上诉案	行政确认纠纷	2010.09.14	湖南省岳阳市

续表

编号	案件字号	案件名称	案件性质	审结日期	地点
XZ046	(2010)岳中行终字第64号	周某某与岳阳市君山区教育局等教育人事行政管理纠纷上诉案	行政确认纠纷	2010.09.14	湖南省岳阳市
XZ047	(2011)粤高法行终字第14号	广州市人民政府等与李某某行政复议纠纷上诉案	行政复议纠纷	2011.04.25	广东省广州市
XZ048	(2014)马行终字第00006号	马鞍山市青青保洁有限公司与马鞍山市人力资源和社会保障局行政确认纠纷上诉案	行政确认纠纷	2014.03.26	安徽省马鞍山市
XZ049	(2013)浦行初字第8号	孙某某诉上海市公安局浦东分局治安行政处罚纠纷案	行政处罚纠纷	2013.03.15	上海市浦东区
XZ050	(2011)东行初字第109号	王某某诉北京市东城区城市管理监察大队要求确认不履行法定职责违法案	行政确认纠纷	2011.07.25	北京市东城区
XZ051	(1995)闽法委赔字第1号	郑某某请求福建省南平市中级人民法院刑事赔偿案	国家赔偿	1996.12.07	福建省南平市
XZ052	法宝引证码:CLI.C.21674	王某某等因被错判申请吉林省高级人民法院刑事赔偿案	国家赔偿	1997.08.04	吉林省长春市
XZ053	(2006)天行初字第49号	周某某不服常州市规划局变更建设工程规划行政许可证案	行政许可纠纷	2006.08.03	江苏省常州市
MS001	(2011)沪一中民三(民)终字第2503号	A与B等劳务派遣合同纠纷上诉案	劳务派遣合同纠纷	2012.01.20	上海市浦东区

续表

编号	案件字号	案件名称	案件性质	审结日期	地点
MS002	(2012)沪一中民三(民)终字第801号	A与B货运有限公司劳动合同纠纷上诉案	劳动合同纠纷	2012.07.30	上海市长宁区
MS003	(2013)沪一中民三(民)终字第1296号	A与B劳动合同纠纷上诉案	劳动合同纠纷	2013.08.07	上海市闵行区
MS004	(2012)奉民三(民)初字第1001号	某某公司诉白某某劳动合同纠纷案	劳动合同纠纷	2012.05.21	上海市奉贤区
MS005	(2009)深中法民六终字第12034号	奥某有限公司与王某劳动合同纠纷上诉案	劳动合同纠纷	2009.11.28	广东省深圳市
MS006	(2014)甬仑民初字第133号	宝威塑料包装(宁波)有限公司诉张某某劳动争议纠纷案	劳动争议纠纷	2014.05.06	浙江省宁波市
MS007	(2005)一中民终字第977号	北京卫星制造厂诉赵某劳动争议案	劳动争议纠纷	2005.03.18	北京市海淀区
MS008	(2011)一中民终字第13388号	北京中视天阳传媒科技有限公司诉邢某劳动争议案	劳动争议纠纷	2011.09.07	北京市海淀区
MS009	(2004)穗中法民一终字第3630号	蔡某与杭州默沙东制药有限公司广州办事处等劳动合同纠纷上诉案	劳动合同纠纷	2005	广东省广州市

续表

编号	案件字号	案件名称	案件性质	审结日期	地点
MS010	(2012)穗中法民一终字第3869号	曾某某与广州安迅保诚巴士有限公司等劳动争议上诉案	劳动争议纠纷	2012	广东省广州市
MS011	(2012)穗中法民一终字第3870号	吕某某与广州安迅保诚巴士有限公司等劳动争议上诉案	劳动争议纠纷	2012	广东省广州市
MS012	(2012)穗中法民一终字第3871号	姚某某与广州安迅保诚巴士有限公司等劳动争议上诉案	劳动争议纠纷	2012	广东省广州市
MS013	(2012)穗中法民一终字第3872号	郭某与广州安迅保诚巴士有限公司等劳动争议上诉案	劳动争议纠纷	2012	广东省广州市
MS014	(2012)穗中法民一终字第3873号	王某某与广州安迅保诚巴士有限公司等劳动争议上诉案	劳动争议纠纷	2012	广东省广州市
MS015	(2012)穗中法民一终字第3875号	李某某与广州安迅保诚巴士有限公司等劳动争议上诉案	劳动争议纠纷	2012	广东省广州市
MS016	(2012)穗中法民一终字第3876号	王某某与广州安迅保诚巴士有限公司等劳动争议上诉案	劳动争议纠纷	2012	广东省广州市
MS017	(2012)穗中法民一终字第3874号	曹某某与广州安迅保诚巴士有限公司等劳动争议上诉案	劳动争议纠纷	2012	广东省广州市

续表

编号	案件字号	案件名称	案件性质	审结日期	地点
MS018	(2013)穗萝法民一初字第408号	曾某某诉广州大友汽车座椅有限公司劳动合同纠纷案	劳动合同纠纷	2014.03.31	广东省广州市
MS019	(2013)穗萝法民一初字第407号	苏某某诉广州大友汽车座椅有限公司劳动合同纠纷案	劳动合同纠纷	2014.03.31	广东省广州市
MS020	(2014)穗中法民一终字第4306号	陈某某与广州大友汽车座椅有限公司劳动合同纠纷上诉案	劳动合同纠纷	2014.10.10	广东省广州市
MS021	(2014)穗中法民一终字第4307号	刘某某与广州大友汽车座椅有限公司劳动合同纠纷上诉案	劳动合同纠纷	2014.10.10	广东省广州市
MS022	(2014)穗中法民一终字第4308号	罗某某与广州大友汽车座椅有限公司劳动合同纠纷上诉案	劳动合同纠纷	2014.10.10	广东省广州市
MS023	(2014)穗中法民一终字第4309号	张某某与广州大友汽车座椅有限公司劳动合同纠纷上诉案	劳动合同纠纷	2014.10.10	广东省广州市
MS024	(2013)三亚民二终字第60号	陈某某与三亚西岛大洲旅业有限公司劳动争议纠纷上诉案	劳动争议纠纷	2013.03.21	海南省三亚市
MS025	(2013)三亚民二终字第59号	陈某某与三亚西岛大洲旅业有限公司劳动争议纠纷上诉案	劳动争议纠纷	2013.03.21	海南省三亚市

续表

编号	案件字号	案件名称	案件性质	审结日期	地点
MS026	(2013)三亚民二终字第55号	李某某与三亚西岛大洲旅业有限公司劳动争议纠纷上诉案	劳动争议纠纷	2013.03.21	海南省三亚市
MS027	(2013)三亚民二终字第56号	黎某某与三亚西岛大洲旅业有限公司劳动争议纠纷上诉案	劳动争议纠纷	2013.03.21	海南省三亚市
MS028	(2013)三亚民二终字第54号	苏某某与三亚西岛大洲旅业有限公司劳动争议纠纷上诉案	劳动争议纠纷	2013.03.21	海南省三亚市
MS029	(2013)三亚民二终字第53号	唐某与三亚西岛大洲旅业有限公司劳动争议纠纷上诉案	劳动争议纠纷	2013.03.21	海南省三亚市
MS030	(2013)三亚民二终字第58号	黎某某与三亚西岛大洲旅业有限公司劳动争议纠纷上诉案	劳动争议纠纷	2013.03.21	海南省三亚市
MS031	(2013)沪一中民三(民)终字第2003号	陈某某与上海紫泰物业管理有限公司劳动合同纠纷上诉案	劳动合同纠纷	2014.01.16	上海市松江区
MS032	(2013)沪一中民三(民)终字第2004号	张某某与上海紫泰物业管理有限公司劳动合同纠纷上诉案	劳动合同纠纷	2014.01.16	上海市松江区
MS033	(2013)沪一中民三(民)终字第2005号	奚某某与上海紫泰物业管理有限公司劳动合同纠纷上诉案	劳动合同纠纷	2014.01.16	上海市松江区

续表

编号	案件字号	案件名称	案件性质	审结日期	地点
MS034	(2013)沪一中民三(民)终字第2006号	丁某某与上海紫泰物业管理有限公司劳动合同纠纷上诉案	劳动合同纠纷	2014.01.16	上海市松江区
MS035	(2013)沪一中民三(民)终字第2007号	舒某某与上海紫泰物业管理有限公司劳动合同纠纷上诉案	劳动合同纠纷	2014.01.16	上海市松江区
MS036	(2013)沪一中民三(民)终字第2008号	彭某某与上海紫泰物业管理有限公司劳动合同纠纷上诉案	劳动合同纠纷	2014.01.16	上海市松江区
MS037	(2010)沪一中民二(民)终字第822号	陈某某与上海云间房地产开发有限公司等侵权纠纷上诉案	相邻关系纠纷	2010	上海市松江区
MS038	(2009)松民一(民)初字第2855号	陈某甲诉上海某甲房地产开发有限公司、上海某乙物业管理有限公司排除妨害纠纷案	相邻关系纠纷	2009.12.18	上海市松江区
MS039	(2010)沪二中民三(民)终字第303号	陈某某与上海东之鸣仓储有限公司劳动合同纠纷上诉案	劳动合同纠纷	2010.03.15	上海市杨浦区
MS040	(2010)沪二中民三(民)终字第300号	邓某某与上海东之鸣仓储有限公司劳动合同纠纷上诉案	劳动合同纠纷	2010.03.15	上海市杨浦区
MS041	(2010)沪二中民三(民)终字第299号	刘甲与上海东之鸣仓储有限公司劳动合同纠纷上诉案	劳动合同纠纷	2010.03.15	上海市杨浦区

续表

编号	案件字号	案件名称	案件性质	审结日期	地点
MS042	(2010)沪二中民三(民)终字第301号	赵甲与上海东之鸣仓储有限公司劳动合同纠纷上诉案	劳动合同纠纷	2010.03.15	上海市杨浦区
MS043	(2010)沪二中民三(民)终字第302号	蒋某某与上海东之鸣仓储有限公司劳动合同纠纷上诉案	劳动合同纠纷	2010.03.15	上海市杨浦区
MS044	(2010)沪二中民三(民)终字第298号	于某某与上海东之鸣仓储有限公司劳动合同纠纷上诉案	劳动合同纠纷	2010.03.15	上海市杨浦区
MS045	(2010)沪二中民三(民)终字第297号	郑某与上海东之鸣仓储有限公司劳动合同纠纷上诉案	劳动合同纠纷	2010.03.15	上海市杨浦区
MS046	(2010)沪一中民二(民)终字第822号	陈某与上海某房地产开发有限公司等因排除妨害纠纷上诉案	相邻关系纠纷	2010.03.11	上海市松江区
MS047	(2012)思民初字第2701号	陈某某诉厦门市侨洪物业管理有限公司相邻权纠纷案	相邻关系纠纷	2012.04.10	福建省厦门市
MS048	(2006)穗中法民二终字第539号	陈某某与广州市广骏旅游汽车企业集团有限公司第二分公司等出租车承包经营合同纠纷上诉案	承包经营合同纠纷	2006.08.15	广东省广州市
MS049	(2009)穗中法民一终字第4053号	邓某某与广州市月亮贺卡有限公司劳动争议纠纷上诉案	劳动争议纠纷	2009	广东省广州市

续表

编号	案件字号	案件名称	案件性质	审结日期	地点
MS050	(2009)穗中法民一终字第4050号	尹某某与广州市月亮贺卡有限公司劳动争议纠纷上诉案	劳动争议纠纷	2009	广东省广州市
MS051	(2009)穗中法民一终字第4054号	肖某某与广州市月亮贺卡有限公司劳动争议纠纷上诉案	劳动争议纠纷	2009	广东省广州市
MS052	(2009)穗中法民一终字第4052号	王某某与广州市月亮贺卡有限公司劳动争议纠纷上诉案	劳动争议纠纷	2009	广东省广州市
MS053	(2009)穗中法民一终字第4051号	姜某某与广州市月亮贺卡有限公司劳动争议纠纷上诉案	劳动争议纠纷	2009	广东省广州市
MS054	(2006)佛中法民四终字第307号	邓某某与佛山市公共交通有限公司劳动合同纠纷上诉案	劳动合同纠纷	2006.06.23	广东省佛山市
MS055	(2006)佛中法民四终字第306号	陆某某与佛山市公共交通有限公司劳动合同纠纷上诉案	劳动合同纠纷	2006.06.23	广东省佛山市
MS056	(2010)牧民一初字第599号	董某某诉新乡红阳机器制造有限公司劳动争议纠纷案	劳动争议纠纷	2011.03.23	河南省新乡市
MS057	(2010)牧民一初字第612号	赵某某诉新乡红阳机器制造有限公司劳动争议纠纷案	劳动争议纠纷	2011.03.23	河南省新乡市
MS058	(2010)牧民一初字第600号	高某某诉新乡红阳机器制造有限公司劳动争议纠纷案	劳动争议纠纷	2011.03.23	河南省新乡市

续表

编号	案件字号	案件名称	案件性质	审结日期	地点
MS059	(2010)牧民一初字第609号	梁某某诉新乡红阳机器制造有限公司劳动争议纠纷案	劳动争议纠纷	2011.03.23	河南省新乡市
MS060	(2010)牧民一初字第619号	杨某某新乡红阳机器制造有限公司劳动争议纠纷案	劳动争议纠纷	2011.03.23	河南省新乡市
MS061	(2010)牧民一初字第628号	张某某诉新乡红阳机器制造有限公司劳动争议纠纷案	劳动争议纠纷	2011.03.23	河南省新乡市
MS062	(2010)牧民一初字第635号	夏某某新乡红阳机器制造有限公司劳动争议纠纷案	劳动争议纠纷	2011.03.23	河南省新乡市
MS063	(2010)牧民一初字第613号	李某某诉新乡红阳机器制造有限公司劳动争议纠纷案	劳动争议纠纷	2011.03.23	河南省新乡市
MS064	(2010)牧民一初字第623号	庄某某诉新乡红阳机器制造有限公司劳动争议纠纷案	劳动争议纠纷	2011.03.23	河南省新乡市
MS065	(2010)牧民一初字第614号	田某某诉新乡红阳机器制造有限公司劳动争议纠纷案	劳动争议纠纷	2011.03.23	河南省新乡市
MS066	(2010)牧民一初字第627号	郜某某诉新乡红阳机器制造有限公司劳动争议纠纷案	劳动争议纠纷	2011.03.23	河南省新乡市
MS067	(2010)牧民一初字第626号	杨某某诉新乡红阳机器制造有限公司劳动争议纠纷案	劳动争议纠纷	2011.03.23	河南省新乡市
MS068	(2013)云民初字第3371号	董某某诉徐州国华物业管理有限公司劳动争议纠纷案	劳动争议纠纷	2014.05.26	江苏省徐州市

续表

编号	案件字号	案件名称	案件性质	审结日期	地点
MS069	(2007)宜中民一终字第00114号	杜某某与秭归县平湖水泥有限公司劳动争议纠纷上诉案	劳动争议纠纷	2007.04.30	湖北省宜昌市
MS070	(2010)港北民初字第304号	杜某某诉广西洁宝纸业投资股份有限公司劳动争议纠纷案	劳动争议纠纷	2010.08.04	广西壮族自治区贵港市
MS071	(2009)港北民初字第1835号	杨某某诉广西洁宝纸业投资股份有限公司劳动争议纠纷案	劳动争议纠纷	2010.04.08	广西壮族自治区贵港市
MS072	(2009)港北民初字第1834号	叶某某广西洁宝纸业投资股份有限公司劳动争议纠纷案	劳动争议纠纷	2010.04.08	广西壮族自治区贵港市
MS073	(2010)港北民初字第310号	蒋某某诉广西洁宝纸业投资股份有限公司劳动争议纠纷案	劳动争议纠纷	2010.08.04	广西壮族自治区贵港市
MS074	(2010)港北民初字第313号	冯某诉广西洁宝纸业投资股份有限公司劳动争议纠纷案	劳动争议纠纷	2010.08.04	广西壮族自治区贵港市
MS075	(2010)贵民三终字第99号	姚某某与广西洁宝纸业投资股份有限公司劳动争议纠纷上诉案	劳动争议纠纷	2010.12.08	广西壮族自治区贵港市
MS076	(2014)乐民终字第100号	樊某与乐山市市容环境卫生管理局劳动争议纠纷上诉案	劳动争议纠纷	2014.09.02	四川省乐山市

续表

编号	案件字号	案件名称	案件性质	审结日期	地点
MS077	(2010)穗中法民一终字第266号	张某某与广州造纸集团有限公司等劳动争议纠纷上诉案	劳动争议纠纷	2010	广东省广州市
MS078	(2010)穗中法民一终字第267号	王某某与广州造纸集团有限公司等劳动争议纠纷上诉案	劳动争议纠纷	2010	广东省广州市
MS079	(2010)穗中法民一终字第305号	黄某某与广州造纸集团有限公司等劳动争议纠纷上诉案	劳动争议纠纷	2010	广东省广州市
MS080	(2010)穗中法民一终字第271号	梁某某与广州造纸集团有限公司等劳动争议纠纷上诉案	劳动争议纠纷	2010	广东省广州市
MS081	(2010)穗中法民一终字第263号	温某某与广州造纸集团有限公司等劳动争议纠纷上诉案	劳动争议纠纷	2010	广东省广州市
MS082	(2010)穗中法民一终字第270号	吴某与广州造纸集团有限公司等劳动争议纠纷上诉案	劳动争议纠纷	2010	广东省广州市
MS083	(2010)穗中法民一终字第262号	王某某与广州造纸集团有限公司等劳动争议纠纷上诉案	劳动争议纠纷	2010	广东省广州市
MS084	(2010)穗中法民一终字第265号	李某与广州造纸集团有限公司等劳动争议纠纷上诉案	劳动争议纠纷	2010	广东省广州市

续表

编号	案件字号	案件名称	案件性质	审结日期	地点
MS085	(2010)穗中法民一终字第261号	莫某某与广州造纸集团有限公司等劳动争议纠纷上诉案	劳动争议纠纷	2010	广东省广州市
MS086	(2010)穗中法民一终字第260号	林某某与广州造纸集团有限公司等劳动争议纠纷上诉案	劳动争议纠纷	2010	广东省广州市
MS087	(2010)穗中法民一终字第269号	刘某与广州造纸集团有限公司等劳动争议纠纷上诉案	劳动争议纠纷	2010	广东省广州市
MS088	(2009)穗中法民一终字第306号	梁某某与广州造纸集团有限公司等劳动争议纠纷上诉案	劳动争议纠纷	2010	广东省广州市
MS089	(2010)穗中法民一终字第268号	李某某与广州造纸集团有限公司等劳动争议纠纷上诉案	劳动争议纠纷	2010	广东省广州市
MS090	(2010)穗中法民一终字第264号	冯某与广州造纸集团有限公司等劳动争议纠纷上诉案	劳动争议纠纷	2010	广东省广州市
MS091	(2012)覃民初字第705号	甘某某诉贵港市覃塘区教育和科技局(诉讼期间更名为贵港市覃塘区教育局)辞退争议纠纷案	劳动争议纠纷	2012.11.28	广西壮族自治区贵港市

续表

编号	案件字号	案件名称	案件性质	审结日期	地点
MS092	(1993)汇民初字第1477号	高某诉顾铭志相邻权案	相邻权纠纷	1993.12.18	上海市南汇县
MS093	(2013)穗中法民一终字第1484号	广东合诚环境工程有限公司与黎某劳动合同纠纷上诉案	劳动合同纠纷	2013.04	广东省广州市
MS094	(2013)佛中法民四终字第1624号	广东新宝电器股份有限公司与韩某某劳动合同纠纷上诉案	劳动合同纠纷	2013.12.17	广东省佛山市
MS095	(2013)佛中法民四终字第1623号	广东新宝电器股份有限公司与袁某某劳动合同纠纷上诉案	劳动合同纠纷	2013.12.17	广东省佛山市
MS096	(2011)穗中法民一终字第2067号	广州地铁永通广告有限公司等与广州市地下铁道总公司劳动纠纷上诉案	劳动合同纠纷	2011	广东省广州市
MS097	(2011)穗中法民一终字第483号	广州番禺纬和刺绣有限公司与肖某某劳动争议纠纷上诉案	劳动争议纠纷	2011	广东省广州市
MS098	(2011)穗中法民一终字第481号	广州番禺纬和刺绣有限公司与张某某劳动争议纠纷上诉案	劳动争议纠纷	2011	广东省广州市
MS099	(2013)穗中法民一终字第2107、2108号	广州铭锋电子实业有限公司与陈某某劳动合同纠纷案	劳动合同纠纷	2013.07	广东省广州市

续表

编号	案件字号	案件名称	案件性质	审结日期	地点
MS100	(2008)穗中法民一终字第4099号	广州市庞美灯具照明有限公司与邓某某事实劳动关系争议上诉案	劳动争议纠纷	2008	广东省广州市
MS101	(2008)穗中法民一终字第4102号	广州市庞美灯具照明有限公司与冯某某事实劳动关系争议上诉案	劳动争议纠纷	2008	广东省广州市
MS102	(2008)穗中法民一终字第4100号	广州市庞美灯具照明有限公司与黎某某事实劳动关系争议上诉案	劳动争议纠纷	2008	广东省广州市
MS103	(2008)穗中法民一终字第4103号	广州市庞美灯具照明有限公司与李某某事实劳动关系争议上诉案	劳动争议纠纷	2008	广东省广州市
MS104	(2008)穗中法民一终字第4096号	广州市庞美灯具照明有限公司与刘某某事实劳动关系争议上诉案	劳动争议纠纷	2008	广东省广州市
MS105	(2008)穗中法民一终字第4104号	广州市庞美灯具照明有限公司与司某某事实劳动关系争议上诉案	劳动争议纠纷	2008	广东省广州市
MS106	(2008)穗中法民一终字第4098号	广州市庞美灯具照明有限公司与宋某某事实劳动关系争议上诉案	劳动争议纠纷	2008	广东省广州市
MS107	(2008)穗中法民一终字第4101号	广州市庞美灯具照明有限公司与武某事实劳动关系争议上诉案	劳动争议纠纷	2008	广东省广州市

续表

编号	案件字号	案件名称	案件性质	审结日期	地点
MS108	(2008)穗中法民一终字第4097号	广州市庞美灯具照明有限公司与殷某某事实劳动关系争议上诉案	劳动争议纠纷	2008	广东省广州市
MS109	(2008)穗中法民一终字第4095号	广州市庞美灯具照明有限公司与周某事实劳动关系争议上诉案	劳动争议纠纷	2008	广东省广州市
MS110	(2007)穗中法民一终字第390号	广州市越秀区登峰赏色专业发型设计室等与许某某劳动合同纠纷上诉案	劳动合同纠纷	2007.07	广东省广州市
MS111	(2011)杭江民初字第1413号	郭某某诉杭州师范大学劳动争议纠纷案	劳动争议纠纷	2011.11.15	浙江省杭州市
MS112	(2011)杭江民初字第1412号	张某某诉杭州师范大学劳动争议纠纷案	劳动争议纠纷	2011.11.15	浙江省杭州市
MS113	(2012)海中法民一终字第476号	海口美兰永新隆俱乐部与吕某某劳动争议纠纷上诉案	劳动争议纠纷	2012.04.01	海南省海口市
MS114	(2001)海中法民终字第438号	海口南江塑料制品厂诉贾某某人身损害赔偿纠纷案	健康权纠纷	2001.12.17	海南省海口市
MS115	(2008)琼民一终字第16号	海南航空股份有限公司与晨某劳动合同纠纷上诉案	劳动合同纠纷	2008.06.06	海南省海口市

续表

编号	案件字号	案件名称	案件性质	审结日期	地点
MS116	(2008)琼民一终字第18号	海南航空股份有限公司与胡某某劳动合同纠纷上诉案(18号)	劳动合同纠纷	2008.06.06	海南省海口市
MS117	(2008)琼民一终字第17号	海南航空股份有限公司与胡某某劳动合同纠纷上诉案(17号)	劳动合同纠纷	2008.06.06	海南省海口市
MS118	(2008)琼民一终字第29号	海南航空股份有限公司与祁某某劳动合同纠纷上诉案	劳动合同纠纷	2008.06.06	海南省海口市
MS119	(2008)琼民一终字第3号	海南航空股份有限公司与姚某某劳动合同纠纷上诉案	劳动合同纠纷	2008.06.06	海南省海口市
MS120	(2008)琼民一终字第20号	海南航空股份有限公司与张某劳动合同纠纷上诉案	劳动合同纠纷	2008.06.06	海南省海口市
MS121	(2008)琼民一终字第21号	张某与海南航空股份有限公司劳动合同纠纷上诉案	劳动合同纠纷	2008.06.06	海南省海口市
MS122	(2001)海中法民终字第17号	海南生生百货商场诉尹某某劳动争议纠纷案	劳动争议纠纷	2001.03.26	海南省海口市
MS123	(2012)沪一中民三(民)终字第361号	韩某某与上海L测量技术有限公司劳动合同纠纷案	劳动合同纠纷	2012.05.29	上海市松江区
MS124	(2004)穗中法民一终字第3623号	杭州默沙东制药有限公司广州办事处等与范某劳动合同纠纷上诉案	劳动合同纠纷	2005	广东省广州市

续表

编号	案件字号	案件名称	案件性质	审结日期	地点
MS125	(2008)穗中法民一终字第409号	胡某某与广州南洋理工职业学院劳动争议纠纷上诉案	劳动争议纠纷	2008	广东省广州市
MS126	(2012)甬慈民初字第956号	胡某某诉宁波某某电器有限公司劳动争议纠纷案	劳动争议纠纷	2013.01.05	浙江省慈溪市
MS127	(2011)浦民一(民)初字第27840号	黄某某与某某企业管理(上海)有限公司追索劳动报酬纠纷案	劳动合同纠纷	2011.09.08	上海市浦东新区
MS128	(2014)渝一中法民终字第01594号	黄某某与力帆实业(集团)股份有限公司劳动争议上诉案	劳动争议纠纷	2014.05.06	重庆市沙坪坝区
MS129	(2009)穗中法民一终字第3070号	黄某某与广州医学院第一附属医院劳动合同纠纷上诉案	劳动合同纠纷	2009	广东省广州市
MS130	(2004)通中民一终字第166号	江某等与南通中远船务工程有限公司环境污染损害赔偿纠纷上诉案	环境污染侵权纠纷	2004.03.19	江苏省南通市
MS131	(2011)杭上民初字第98号	蒋某某等诉浙江东方市政园林工程有限公司人身损害赔偿纠纷案	健康权纠纷	2011.03.31	浙江省杭州市
MS132	(2013)宁民终字第292号	李某某与南京市浦口区中心医院等劳动争议纠纷上诉案	劳动争议纠纷	2013.04.08	江苏省南京市

续表

编号	案件字号	案件名称	案件性质	审结日期	地点
MS133	(2014)徐民终字第00225号	李某某等与徐州市公安局贾汪区分局机动车交通事故责任纠纷上诉案	机动车交通事故责任纠纷	2014.04.01	江苏省徐州市
MS134	(2012)平民劳终字第30号	李某某与某交通总公司劳动争议纠纷上诉案	劳动争议纠纷	2012.09.30	河南省平顶山市
MS135	(2011)甬镇民初字第606号	李某诉百隆东××股××司劳动争议案	劳动争议纠纷	2012.02.21	浙江省宁波市
MS136	(2013)长县民初字第268号	李某诉某厂劳动争议纠纷案	劳动争议纠纷	2013.04.25	湖南省长沙县
MS137	(2013)长县民初字第269号	刘某诉某厂劳动争议纠纷案	劳动争议纠纷	2013.04.25	湖南省长沙县
MS138	(2013)长县民初字第270号	袁某诉某厂劳动争议纠纷案	劳动争议纠纷	2013.04.25	湖南省长沙县
MS139	(2013)穗萝法民一初字第497号	李某某诉广州日锻汽门有限公司劳动合同纠纷案	劳动合同纠纷	2014.02.27	广东省广州市
MS140	(2009)穗中法民一终字第5193号	林某某与广州市正大方圆有限公司追索劳动报酬纠纷上诉案	劳动合同纠纷	2009	广东省广州市
MS141	(2003)佛中法民一终字第89号	林某某与顺德市大良区府又居民委员会劳动合同纠纷上诉案	劳动合同纠纷	2003.02.17	广东省佛山市

续表

编号	案件字号	案件名称	案件性质	审结日期	地点
MS142	（2012）穗中法民一终字第1066号	林某与依利安达（广州）电子有限公司经济补偿金纠纷上诉案	劳动合同纠纷	2012	广东省广州市
MS143	（2011）沪二中民三（民）终字第26号	刘某、上海华阳实业公司因劳动合同纠纷案	劳动合同纠纷	2011.01.21	上海市宝山区
MS144	（2008）渝五中民终字第3491号	刘某某与重庆钢铁集团矿业有限公司劳动争议纠纷上诉案	劳动争议纠纷	2009.02.25	重庆市大渡口区
MS145	（2010）汉民一终字第221号	刘某某与湖北金鸿制笔有限公司劳动争议纠纷上诉案	劳动争议纠纷	2010.11.23	湖北省潜江市
MS146	（2009）川民初字第1381号	刘某某、张某、李某某、魏某、谢某、张某某、聂某某、郭某某诉河南豪嘉置业有限公司物权保护纠纷案	物权纠纷	2011.07.26	河南省周口市
MS147	（2012）穗中法审监民再字第75号	龙某某诉广州市天河区妇幼保健院劳动争议纠纷再审案	劳动争议纠纷	2012.11	广东省广州市
MS148	（2014）佛中法民一终字第566号	卢某某诉刘某某等机动车交通事故责任纠纷案	机动车交通事故责任纠纷	2014.3.14	广东省佛山市
MS149	（2006）佛中法民四终字第306号	陆某某与佛山市公共交通有限公司劳动合同纠纷上诉案	劳动合同纠纷	2006.06.23	广东省佛山市

续表

编号	案件字号	案件名称	案件性质	审结日期	地点
MS150	(2010)岑民初字第130号	罗某某诉赵超良服务合同纠纷案	服务合同纠纷	2010.03.19	广西壮族自治区岑溪市
MS151	(2013)南民一终字第00483号	吕某某与吴某某、孔某某、吴某某保管合同纠纷案	保管合同纠纷	2013.09.04	河南省南阳市
MS152	(2013)黄浦民一(民)初字第641号	吕某诉某公司福利待遇纠纷案	劳动争议纠纷	2013.01.25	上海市黄浦区
MS153	(2013)黄浦民一(民)初字第644号	宋某诉某公司福利待遇纠纷案	劳动争议纠纷	2013.01.25	上海市黄浦区
MS154	(2013)黄浦民一(民)初字第642号	徐某诉某公司福利待遇纠纷案	劳动争议纠纷	2013.01.25	上海市黄浦区
MS155	(2013)黄浦民一(民)初字第643号	王某诉某公司劳务雇佣合同纠纷案	劳务合同纠纷	2013.01.25	上海市黄浦区
MS156	(2007)元民初字第84号	马某某等诉福建三明鸿闽工贸有限公司相邻权纠纷案	相邻权纠纷	2007.03.15	福建省三明市
MS157	(2009)穗中法民一终字第1313、1314号	马某某与广东省星海音乐厅劳动争议纠纷上诉案	劳动争议纠纷	2009	广东省广州市

续表

编号	案件字号	案件名称	案件性质	审结日期	地点
MS158	(2007)穗中法民一终字第3469号	敏腾(广州)实业有限公司与梁某某劳动合同纠纷上诉案	劳动合同纠纷	2007	广东省广州市
MS159	(2007)穗中法民一终字第3470号	敏腾(广州)实业有限公司与韦某某劳动合同纠纷上诉案	劳动合同纠纷	2007	广东省广州市
MS160	(2012)长民四(民)初字第40号	某房地产有限公司诉王某劳动合同纠纷案	劳动合同纠纷	2012.05.15	上海市长宁区
MS161	(2009)穗中法民一终字第2262号	潘某某与港联物业(广州)有限公司劳动合同纠纷上诉案	劳动合同纠纷	2009	广东省广州市
MS162	(2011)渝三中法民终字第01032号	潘某某与重庆市涪陵区某某物业管理有限公司劳动争议纠纷上诉案	劳动争议纠纷	2011.10.12	重庆市涪陵区
MS163	(2011)渝三中法民终字第01031号	谢某某与重庆市涪陵区某某物业管理有限公司劳动争议纠纷上诉案	劳动争议纠纷	2011.10.12	重庆市涪陵区
MS164	(2012)乌中民五终字第605号	漆某某与新疆中航投资有限公司等劳动争议纠纷上诉案	劳动合同纠纷	2012.12.19	新疆维吾尔自治区乌鲁木齐市
MS165	(2013)宁民终字第75号	荣某某与南京江宁科学园高校物业有限公司追索劳动报酬纠纷上诉案	劳动合同纠纷	2013.03.18	江苏省南京市

续表

编号	案件字号	案件名称	案件性质	审结日期	地点
MS166	(2000)晋法民初字第6号	山西省河津市清涧镇任家庄村民委员会诉山西铝厂环境污染损害赔偿纠纷案	环境污染侵权纠纷	2000.06.05	山西省河津市
MS167	(2011)神民初字第00759号	陕西延长石油漠源镁业有限责任公司诉曹某某医疗费、医疗保险待遇纠纷案	劳动争议纠纷	2011.06.30	陕西省榆林市
MS168	(2011)徐民一(民)初字第4202号	上海某某电子科技公司与支某某劳动合同纠纷案	劳动合同纠纷	2011.09.26	上海市徐汇区
MS169	(2014)沪一中民三(民)终字第23号	上海川也电机有限公司与孙某某劳动合同纠纷上诉案	劳动合同纠纷	2014.02.19	上海市浦东新区
MS170	(2012)沪二中民三(民)终字第847号	上海市引进设备维修中心有限公司与盛某某劳动合同纠纷上诉案	劳动合同纠纷	2012.08.28	上海市黄浦区
MS171	(2013)嘉民四(民)初字第971号	施都凯仪器设备(上海)有限公司诉蔡某某劳动合同纠纷案	劳动合同纠纷	2013.11.27	上海市嘉定区
MS172	(2013)华民初字第33号	石某某等诉吴睿图等健康权纠纷案	健康权纠纷	2013.05.14	甘肃省平凉市
MS173	(2012)万法民初字第06702号	王某诉某通信公司等劳动争议纠纷案	劳动合同纠纷	2012.09.24	重庆市万州区

续表

编号	案件字号	案件名称	案件性质	审结日期	地点
MS174	(2012)万法民初字第06700号	魏某诉某通信公司劳动争议纠纷案	劳动合同纠纷	2012.09.24	重庆市万州区
MS175	(2010)青民四(民)初字第538号	王某诉上海某工程股份有限公司劳动合同纠纷案	劳动合同纠纷	2010.09.02	上海市青浦区
MS176	(2012)浦民一(民)初字第32961号	唐某某诉刘某某身体权纠纷案	身体权纠纷	2012.12.26	上海市浦东新区
MS177	(2009)绍越民初字第3号	陶某某诉绍兴旭昌科技企业有限公司劳动争议纠纷案	劳动争议纠纷	2011.08.05	浙江省绍兴市
MS178	(2003)东民一初字第2086号	王某某诉张某某民间借贷纠纷案	借贷合同纠纷	2003.12.18	山东省日照市
MS179	(2007)穗中法民一终字第2506号	吴某某与番禺锦兴纺织漂染有限公司劳动争议纠纷上诉案	劳动争议纠纷	2008	广东省广州市
MS180	(2007)穗中法民一终字第2507号	吴某某与番禺锦兴纺织漂染有限公司劳动争议纠纷上诉案	劳动争议纠纷	2008	广东省广州市
MS181	(2014)州民一终字第132号	夏某某与湖南汉瑞矿业新材料科技公司劳动合同纠纷上诉案	劳动合同纠纷	2014.06.23	湖南省湘西土家族苗族自治州

续表

编号	案件字号	案件名称	案件性质	审结日期	地点
MS182	(2012)邵中民一终字第469号	向某某与洞口县为百水泥厂劳动合同纠纷上诉案	劳动合同纠纷	2012.08.13	湖南省邵阳市
MS183	(2010)禹民一初字第295号	徐某诉禹州市银梅饮料有限公司劳动争议纠纷案	劳动争议纠纷	2010.11.12	河南省禹州市
MS184	(2011)沪二中民三(民)终字第92号	许某某与上海某某招待所劳动合同纠纷上诉案	劳动合同纠纷	2011.02.18	上海市虹口区
MS185	(2014)渝一中法民终字第03224号	重庆嘉华摩托车曲轴工业有限公司与秦某失业保险待遇纠纷上诉案	劳动争议纠纷	2014.05.29	重庆市沙坪坝区
MS186	(2014)渝一中法民终字第03256号	重庆嘉华摩托车曲轴工业有限公司与吴某某失业保险待遇纠纷上诉案	劳动争议纠纷	2014.05.29	重庆市沙坪坝区
MS187	(2014)渝一中法民终字第03251号	重庆嘉华摩托车曲轴工业有限公司与王某某失业保险待遇纠纷上诉案	劳动争议纠纷	2014.05.29	重庆市沙坪坝区
MS188	(2014)渝一中法民终字第03253号	重庆嘉华摩托车曲轴工业有限公司与王某某失业保险待遇纠纷上诉案	劳动争议纠纷	2014.05.29	重庆市沙坪坝区
MS189	(2014)渝一中法民终字第03228号	重庆嘉华摩托车曲轴工业有限公司与秦某失业保险待遇纠纷上诉案	劳动争议纠纷	2014.05.29	重庆市沙坪坝区

续表

编号	案件字号	案件名称	案件性质	审结日期	地点
MS190	(2014)渝一中法民终字第03247号	重庆嘉华摩托车曲轴工业有限公司与杜某某失业保险待遇纠纷上诉案	劳动争议纠纷	2014.05.29	重庆市沙坪坝区
MS191	(2007)渝五中民终字第1673号	杨某某与中国银行股份有限公司重庆市分行等劳动争议纠纷上诉案	劳动争议纠纷	2007.09.18	重庆市渝中区
MS192	(2014)沪二中民三(民)终字第216号	杨某某与上海小山日式料理有限公司劳动合同纠纷上诉案	劳动合同纠纷	2014.05.05	上海市黄浦区
MS193	(2011)常民一终字第8号	杨某某与湖南云锦集团股份有限公司劳动争议纠纷上诉案	劳动争议纠纷	2011.05.19	湖南省常德市
MS194	(2005)二中民终字第4567号	杨某诉北京城市开发集团有限责任公司、北京首创股份有限公司、北京市政工程管理处、北京地铁运营有限责任公司环境污染损害赔偿纠纷案	环境污染损害赔偿纠纷	2005.12.13	北京市朝阳区
MS195	(2010)沪一中民三(民)终字第3031号	乙与甲公司劳动合同纠纷上诉案	劳动合同纠纷	2011.03.17	上海市徐汇区
MS196	(2013)清新法民一初字第325号	余某某诉清远市广硕鞋业有限公司经济补偿金纠纷案	劳动合同纠纷	2014.02.24	广东省清远市

续表

编号	案件字号	案件名称	案件性质	审结日期	地点
MS197	(2009)闵民一(民)初字第2418号	俞某诉上海市A医疗急救站等劳动合同纠纷案	劳动合同纠纷	2010.02.01	上海市闵行区
MS198	(2013)闵民一(民)初字第7594号	张某诉上海某商务广场管理有限公司劳动合同纠纷案	劳动合同纠纷	2013.06.21	上海市闵行区
MS199	(2013)浦民一(民)初字第10487号	张某某等诉上海某某汽车安全气囊有限公司生命权纠纷案	劳动合同纠纷	2013.09.16	上海市浦东新区
MS200	(2010)卢民一(民)初字第1567号	张某诉某公司身体权纠纷案	健康权纠纷	2011.01.24	上海市卢湾区
MS201	(2013)宁民终字第4144号	张某某与雅玛多(中国)运输有限公司劳动合同纠纷上诉案	劳动合同纠纷	2013.12.16	江苏省南京市
MS202	(2003)婺民一初字第3023号	章某某等诉上海盛彤实业有限公司金华分公司侵权赔偿案	财产损害赔偿纠纷	2003.10.16	浙江省金华市
MS203	(2011)浙绍民终字第427号	浙江某某医药有限公司与陈某某劳动争议纠纷上诉案	劳动争议纠纷	2011.05.09	浙江省绍兴市
MS204	(2014)沪一中民三(民)终字第352号	中国大地财产保险股份有限公司与吕某某劳动合同纠纷案	劳动合同纠纷	2014.06.03	上海市浦东新区

续表

编号	案件字号	案件名称	案件性质	审结日期	地点
MS205	(2013)闽民提字第110号	钟某某诉玉晶光电(厦门)有限公司劳动争议纠纷案	劳动合同纠纷	2014.02.27	福建省厦门市
MS206	(2004)通中民一终字第0152号	周某某等与南通中远船务工程有限公司环境污染损害赔偿纠纷上诉案	环境污染损害赔偿纠纷	2004.03.19	江苏省南通市
MS207	(2012)穗中法民一终字第1065号	周某某与依利安达(广州)电子有限公司经济补偿金纠纷上诉案	劳动合同纠纷	2012	广东省广州市
MS208	(2010)沪二中民三(民)终字第2409号;(2010)沪二中民三(民)终字第2410号	朱某、上海华阳实业公司因劳动合同纠纷案	劳动合同纠纷	2011.01.21	上海市宝山区
MS209	(2011)慈民一初字第268号	朱某某诉张家界市瑞星饲料有限公司劳动争议纠纷案	劳动争议纠纷	2011.03.11	湖南省张家界市

图书在版编目(CIP)数据

工时博弈：休息权的实现与限度 / 黄镇著. -- 北京：法律出版社，2020
ISBN 978-7-5197-4704-6

Ⅰ.①工… Ⅱ.①黄… Ⅲ.①公民-休息权-研究-中国 Ⅳ.①D922.514

中国版本图书馆 CIP 数据核字(2020)第 117757 号

工时博弈
——休息权的实现与限度
GONGSHI BOYI
— XIUXIQUAN DE SHIXIAN YU XIANDU

黄 镇 著

责任编辑 陈 慧
装帧设计 凌点工作室

编辑统筹 法律教育出版分社

出版 法律出版社
总发行 中国法律图书有限公司
经销 新华书店
印刷 北京建宏印刷有限公司
责任印制 胡晓雅

开本 A5
印张 8.875
字数 235 千
版本 2020 年 6 月第 1 版
印次 2020 年 6 月第 1 次印刷

法律出版社/北京市丰台区莲花池西里 7 号(100073)
网址/www.lawpress.com.cn
投稿邮箱/info@lawpress.com.cn
举报维权邮箱/jbwq@lawpress.com.cn
销售热线/400-660-8393
咨询电话/010-63939796

中国法律图书有限公司/北京市丰台区莲花池西里 7 号(100073)
全国各地中法图分、子公司销售电话：
统一销售客服/400-660-8393/6393
第一法律书店/010-83938432/8433　西安分公司/029-85330678　重庆分公司/023-67453036
上海分公司/021-62071639/1636　深圳分公司/0755-83072995

书号:ISBN 978-7-5197-4704-6　**定价**:32.00 元
(如有缺页或倒装,中国法律图书有限公司负责退换)